알찬 예제로
배우는
series

itkyohak

포토샵CC

영문판 VER **20 &19**

김지연 지음

PHOTOSHOP

haksa

알찬 예제로 배우는
Photoshop CC

머리말

'MAKE IT. EVERYWHERE'

2016년 최신 업데이트 기능을 소개하는 Adobe 오프라인 행사의
슬로건입니다. 언제 어디서나 당신의 창조적인 아이디어를 우리의
기술로 현실화시켜 주겠다는 Adobe의 강력한 의지를 담고 있다고 할
수 있습니다.

슬로건에서도 알 수 있듯이 Adobe Creative Cloud는 시간, 공간,
기기의 제약이 없는 클라우드 기반의 디자인 솔루션입니다. 또 온라인에
중점을 두고 크리에이티브 싱크 기술을 적용한 Creative Cloud
라이브러리 기능으로 언제 어디서나 작업을 시작하고 마무리할 수
있습니다. 물론, 카메라의 흔들림을 지능적으로 캐치하여 사진의
선명도를 개선하는 고급 선명 효과나 사진에서 얼굴형 및 이목구비를
자동으로 인식하여 수정할 수 있는 안면 인식 픽셀 유동화 등 생산성을
높여주는 기능도 많이 추가되어 그래픽 프로그램의 대명사라는 입지를
다지고 있습니다.

초보자들도 쉽게 따라올 수 있도록 단계별 파트를 나눠 체계적으로
구성하고, Photoshop CC의 유용한 핵심 기능을 실무 중심 예제로
설명한 본 도서와 함께한다면 어느새 자신만의 노하우로 창조적인
콘텐츠를 제작하고 많은 사람들과 공유할 수 있을 것입니다.

포토샵을 배우려는 모든 분들께 이 책이 좋은 길잡이가 되길 소망하며
모두 건강하고 행복하시길 바랍니다.
                                               저자 김지연

이 책의 포지션

포토샵을 알고 싶고 다양한
그래픽 노하우가 필요하다면
알찬 예제로 배우는 포토샵이
정답입니다.

Version _ Photoshop CC 2017

응용능력

난이도

편의성

실무능력

기초능력

Series Point

알찬 예제로 배우는 시리즈만의 7대 특징

실습과 실전 문제 중심으로 구성

하나의 실습을 진행하는데 있어 먼저 소스와 완성 샘플을 보여주고, 전체적인
제작 포인트를 제시하여 예제에 접근하는데 필요한 기본 골격을 확실히
심어준 상태에서 따라해 볼 수 있어 빠른 이해 및 다양한 응용이 가능합니다.

반복 학습에 따른 실력 향상 극대화

하나의 섹션이 시작될 때마다 전체적인 개요를 잡아주고 실습에
들어감과 동시에, 해당 섹션의 마지막에 내용을 한 번 더 총정리 해주어
반복 학습에 따른 능률의 극대화를 꾀했습니다.

예제의 양과 질적인 면에서 알차게 구성

일상생활이나 업무에 조금만 응용하면 사용할 수 있는 예제들만을
엄선하여 단계별 난이도 조정에 따라 배열해 놓아, 기초부터 차근차근
실력을 향상시킬 수 있습니다.

베테랑 강사들의 알찬 노하우를 제공

실습 중간중간에 필자들이 현장에서 강의하면서 교안에 빽빽하게
써놓았던 자기만의 노하우 및 학생들의 집중적인 질문을 받았던 핵심 사항을
[강의노트]와 [포인트]라는 제목하에 달아 놓아 저자의 노하우를 고스란히
자신의 재산으로 만들 수 있습니다.

강의 교재로 최적화한 구성

일선에서의 교육에 맞도록 최대한 실습 위주로 만들었고, 기능에 대한 설명은
한눈에 볼 수 있게끔 일목요연하게 정돈시켜 놓았습니다.

교재 자료 온라인 다운로드 제공

본 교재에 사용된 예제 파일 및 완성 파일은 (주)교학사 홈페이지(www.
kyohak.co.kr) [IT/기술/수험서]-[도서 자료]의 자료실에 등록되어 있습니다.
교육시 필요한 자료들은 언제든지 이곳에서 다운로드하면 됩니다.

스스로 마스터할 수 있는 능력을 배양

매 단원 직접 해보기 및 실전 문제를 통해 다양한 응용력을 키우고,
의문사항은 교학사 도서문의를 통해 언제든지 문의 및 해결하여 자신을 한
단계 업그레이드시킬 수 있습니다.

알찬 예제로 배우는 시리즈의 예제 및 결과 파일은 교학사 홈페이지
(www.kyohak.co.kr)에서 다운 받을 수 있습니다.

1. 인터넷 브라우저를 실행한 후 교학사 홈페이지(www.kyohak.co.kr)
   에 접속합니다. 상단 메뉴에서 [IT/기술/수험서]-[도서자료]를 클릭
   합니다.
2. **[알찬예제로 배우는 시리즈]**를 선택한 후 검색 창에 **"포토샵 CC
   20&19"**을 입력한 후 [검색] 버튼을 클릭합니다.
3. 검색된 도서의 압축 아이콘을 클릭하여 다운로드합니다.
4. 다운로드가 완료되면 압축을 풀어 사용합니다.

알찬 예제로 배우는
Photoshop CC
01.

일러두기

본문은 예제 중심으로 구성되어 있습니다. 따라서 모든 예제들을
따라하기 전에 꼭 '소스 미리보기'를 먼저 보십시오.
소스 미리보기에서는 어떤 파일을 가지고 어떤 결과를 만들어
내는지 한눈에 확인할 수 있습니다. 뿐만 아니라 그 예제를
만들어 가는데 꼭 필요한 '제작 포인트'가 서술되어 있어
쉽게 섹션의 핵심 기능을 알고 시작할 수 있습니다.
포토샵 원본 폴더의 예제에 사용한 폰트가 컴퓨터의
'C:\windows\font' 폴더에 없는 경우 화면과 다르게 보일 수
있습니다. 이러한 경우 여러분의 컴퓨터에 있는 폰트 중에서
가장 비슷한 폰트로 변경해서 사용해 주시길 바랍니다.

알찬 예제로 배우는
Photoshop CC
02.

이 책의 구성

섹션 설명

섹션에서 다룰 내용에 대한 전체적인 개념을 설명합니다.
본문에 대한 이해도를 높이기 위한 코너이므로 필독해 주세요.

직접 해보기

실제로 만들어 가는 과정을 따라하기 식으로 설명하여
누구나 쉽게 예제를 만들어 나갈 수 있고 알찬 기능을 익힐
수 있도록 구성하였습니다.

소스 미리보기

본문에서 배울 예제의
준비 파일과 완성
파일을 미리 보여주어,
전체적인 흐름을 잡을
수 있도록 하였습니다.

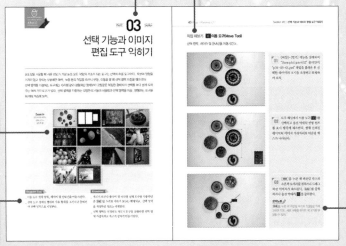

키포인트 툴/노하우

학습하는 섹션의 핵심
툴을 알아보고 내용을
완벽하게 습득하기
위한 저자의 노하우를
정리 하였습니다.

강의노트

알아두면 도움이 되는
내용, 막히는 부분을
더 쉽게 이해할 수
있도록 설명해 줍니다.

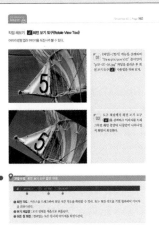

보충수업

해당 섹션에서 설명한
부분 이외에 좀더
고급적인 기능이나
알아두면 큰 도움이 될
부분을 기술하고
있습니다.

실전 문제

앞에서 배운 내용을
응용하여 혼자서 실습
해 볼 수 있도록 실습
예제를 수록하였습
니다. 준비 파일과
완성 파일을 보여주고
실습에 필요한 간단한
힌트도 제공합니다.

알찬 예제로 배우는
Photoshop CC
03.

Contents

Part 01 Photoshop CC 살펴보기

Section 01. Photoshop CC 살펴보기 12
    Step 01　Photoshop CC 기본 구성 12
    Step 02　작업 환경 관리하기 20
    Step 03　기본기 다지기 25

Part 02 포토샵 초보자를 위한 기본학습

Section 02. 레이어, 이미지 복사와 이동시키기 32
    직접 해보기　레이어의 선택과 이미지의 표시 33
    직접 해보기　레이어 이미지의 정렬 36

Section 03. 선택 기능과 이미지 편집 툴 익히기 40
    직접 해보기　사각형 선택 툴(Rectangular Marquee Tool) 41
    직접 해보기　원형 선택 툴(Elliptical Marquee Tool) 45
    직접 해보기　단일 가로, 단일 세로 툴(Single Row, Column Marquee Tool) ... 48
    직접 해보기　올가미 툴(Lasso Tool) 51
    직접 해보기　다각형 올가미 툴(Polygonal Lasso Tool) 53
    직접 해보기　자석 올가미 툴(Magnetic Lasso Tool) 55
    직접 해보기　빠른 선택 툴(Quick Selection Tool) 58
    직접 해보기　자동 선택 툴(Magic Wand Tool) 60
    직접 해보기　자르기 툴(Cut Tool) 63
    직접 해보기　원근 자르기 툴(Perspective Crop Tool) 65
    직접 해보기　분할 영역 툴(Slice Tool) 67
    직접 해보기　분할 영역 선택 툴(Slice Select Tool) 68
    직접 해보기　프레임 툴(Frame Tool) 70

Section 04. 이미지 복원 및 브러시 툴 익히기   **74**

직접 해보기   스팟 복구 브러시 툴(Spot Healing Brush Tool)   75

직접 해보기   복구 브러시 툴(Healing Brush Tool)   78

직접 해보기   패치 툴(Patch Tool)   80

직접 해보기   내용 인식 이동 툴(Content-Aware Move Tool)   82

직접 해보기   적목 현상 툴(Red Eye Tool)   84

직접 해보기   복제 도장 툴(Clone Stamp Tool)   85

직접 해보기   패턴 도장 툴(Pattern Stamp Tool)   88

직접 해보기   브러시 툴(Brush Tool)   90

직접 해보기   연필 툴(Pencil Tool)   94

직접 해보기   색상 대체 툴(Color Replace Tool)   95

직접 해보기   혼합 브러시 툴(Mixer Brush Tool)   96

직접 해보기   히스토리 브러시 툴(History Brush Tool)   98

직접 해보기   아트 히스토리 브러시 툴(Art History Brush Tool)   100

직접 해보기   그레이디언트 툴(Gradient Tool)   103

직접 해보기   페인트 통 툴(Paint Bucket Tool)   106

직접 해보기   3D 재질 놓기 툴(3D Material Drop Tool)   107

직접 해보기   지우개 툴(Eraser Tool)   110

직접 해보기   배경 지우개 툴(Background Eraser Tool)   111

직접 해보기   자동 지우개 툴(Magic Eraser Tool)   112

Section 05. 이미지 리터칭과 패스 툴 익히기   **116**

직접 해보기   흐림 효과 툴(Blur Tool)   117

직접 해보기   선명 효과 툴(Shapen Tool)   118

직접 해보기   손가락 툴(Smudge Tool)   119

직접 해보기   닷지 툴(Dodge Tool)   120

직접 해보기   번 툴(Burn Tool)   121

직접 해보기   스폰지 툴(Sponge Tool)   122

직접 해보기   펜 툴(Pen Tool)   124

직접 해보기   자유 펜 툴(Freedom Pen Tool)   131

직접 해보기   곡률 펜 툴(Curvature Pen Tool)   134

알찬 예제로 배우는
Photoshop CC
03.

Contents

Section 06. 타이포그래피와 모양 툴 익히기   138

직접 해보기 수평 문자 툴(Horizontal Type Tool)   139

직접 해보기 세로 문자 툴(Vertical Type Tool)   141

직접 해보기 세로 문자 마스크 툴, 수평 문자 마스크 툴   143

직접 해보기 패스 따라 흐르는 문자 만들기   145

직접 해보기 뒤틀어진 텍스트 만들기   147

직접 해보기 사각형 툴(Rectangle Tool)   150

직접 해보기 모서리 둥근 직사각형, 타원, 다각형, 선 툴   153

직접 해보기 사용자 정의 모양 툴(Custom Shape Tool)   158

Section 07. 작업 효율성 툴 익히기   164

직접 해보기 스포이드 툴(Eyedropper Tool),

색상 샘플러 툴(Color Sample Tool)   165

직접 해보기 3D 재질 스포이드 툴(3D Material Eyedropper Tool)   167

직접 해보기 눈금자 툴(Ruler Tool)   168

직접 해보기 메모 툴(Note Tool)   170

직접 해보기 카운트 툴(Count Tool)   172

직접 해보기 손 툴(Hand Tool), 돋보기 툴(Zoom Tool)   173

직접 해보기 회전 보기 툴(Rotate View Tool)   176

Part 03 실무 포토샵 예제로 레벨 업

Section 08. 내용 인식 비율 기능으로 빈 공간 똑똑하게 채우기   180

Section 09. 새로워진 Camera Raw로 이미지 보정 한 번에 끝내기   188

Section 10. 클리핑 마스크와 레이어 혼합 모드로 독특한 질감의 오브젝트 만들기   200

Section 11. 레이어 스타일로 스크랩 이미지 만들기   216

Section 12. 레이어 마스크로 이미지 강조하고 연기 만들기   226

Section 13. 조정 레이어로 원본 보호하며 이미지 보정하기   234

Section 14. 필터 갤러리를 활용한 스케치 효과 만들기   242

Section 15. 필터를 활용한 주목 효과와 유리볼 만들기   258

Section 16. 필터 이용하여 흔들린 사진 보정하고 주제 부각시키기   266

Section 17. 필터와 레이어 혼합 모드로 팝아트 이미지 만들기   274

Section 18. 신기능 원근 뒤틀기로 간단하게 원근 조정하기   282

Section 19. 새로워진 픽셀 유동화 기능으로 웃는 얼굴 만들기   288

Section 20. 변형 메뉴로 모양에 맞춰 이미지 합성하기   296

Section 21. 퍼펫 뒤틀기 기능으로 포즈 변경하기   304

Section 22. 중첩된 레이어 스타일로 네온사인 효과 적용하기   310

Section 23. 3D 개체 만들기   320

Section 24. 애니메이션 기능으로 움직이는 사진 만들기   334

PHOTOSHOP CC

디자인은 어떻게 보이고 느껴지냐의 문제만은 아닙니다.
디자인은 어떻게 기능하냐의 문제입니다

— 스티브잡스 —

Part **01**

Photoshop CC 살펴보기

Photoshop CC는 애플의 아이클라우드나 마이크로소프트사의 MS 오피스처럼 클라우드 기반 소프트웨어로
제품을 구매하면 영구 라이선스를 부여하던 기존과 달리 온라인을 중심으로 월/연정액 정기구독형의 새로운 형태로
서비스된다. 달라진 유통 방식에 따라 설치 방법도 달라지고 Photoshop 운용에 새로운 개념이 추가되었기
때문에 Section 01에서는 Creative Cloud와 Photoshop의 신기능에 대해 알아보고
Section 02에서는 Photoshop CC의 구성 화면 및 도구 명칭과 사용자 편의에 맞춰
작업 환경을 구축하는 법에 대해 알아보도록 하겠다.

Photoshop CC 살펴보기

포토샵의 설치하고 [시작]-[모든 프로그램]-[Adobe Photoshop CC]를 선택하거나 바탕 화면의 바로 가기 아이콘을 더블 클릭합니다. Photoshop CC가 실행되면 Home 화면이 표시됩니다. [ESC]를 눌러 Home 화면을 숨긴 후 Photoshop CC의 기본 화면 구성과 도구 패널 및 각 패널에 대해 알아보겠습니다.

Step 01. Photoshop CC 기본 구성

❶ 메뉴 바

화면 상단의 각 메뉴를 클릭하면 세부 메뉴 목록이 나타납니다.

❷ 옵션 막대

선택한 도구의 세부 옵션을 설정합니다.

❸ 툴 패널

이미지 편집을 위한 툴을 모아 놓은 패널로 유사한 기능의 도구끼리 묶여있습니다. 도구 편집 기능이 추가되어 사용자 임의 구성이 가능합니다.

❹ 문서창(도큐먼트)

작업이 이루어지는 영역으로 상단의 이미지 탭과 하단의 상태 표시줄에서 문서 정보를 볼 수 있습니다.

❺ 이미지 탭

파일명, 보기 배율, 이미지 모드가 표시됩니다. 이미지 탭을 클릭하여 문서창을 이동할 수 있고 하나의 문서창에 여러 개의 탭을 추가할 수 있습니다.

❻ 상태 표시줄

이미지의 배율을 수정할 수 있고 레이어 개수, 선택된 툴 등 문서의 세부 정보를 확인할 수 있습니다.

❼ 패널

메뉴나 툴 패널과 연계하여 좀 더 향상된 작업을 할 수 있는 기능들이 모여 있습니다. 사용 빈도에 따라 패널을 배치하거나 그룹으로 묶어 사용할 수 있습니다. 보이지 않는 패널은 [Window] 메뉴에서 불러옵니다.

❽ 검색

포토샵 기능, 도움말 및 학습 컨텐츠, Adobe Stock의 에셋을 검색할 수 있습니다.

❾ 작업 영역

[Window]-[WorkSpace] 메뉴에서 전환해야 했던 작업 영역을 아이콘으로 손쉽게 전환할 수 있습니다.

자세히 알아보기 **툴 패널**

이미지 편집을 위해 자주 사용되는 도구를 모아 놓았기 때문에 어떤 도구가 있는지, 도구의 사용법은 무엇인지 충분히 숙지해 두어야 합니다. 툴 위로 마우스를 가져가면 툴 이름과 단축키가 팁으로 나타나고, 툴을 잠시 누르고 있거나 마우스 오른쪽 버튼을 클릭하면 유사한 기능의 숨은 툴이 나타납니다.

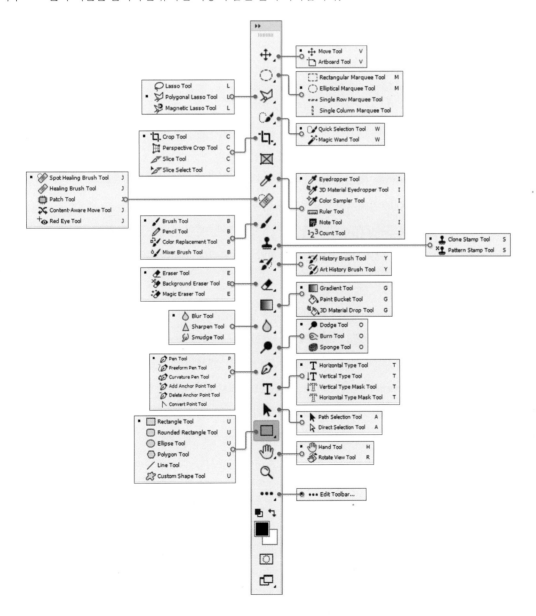

❶ 선택 툴

이동 툴(Movie Tool) : 선택한 요소를 이동합니다.

아트보드 툴(ArtBoard Tool) : 아트보드 문서 작업 시 아트보드를 추가, 복제, 편집합니다.

사각형 선택 윤곽 툴(Rectangular Marquee Tool) : 사각형 모양으로 선택 영역을 만듭니다.

원형 선택 윤곽 툴(Elliptical Marquee Tool) : 원형 모양으로 선택 영역을 만듭니다.

단일 가로 선택 툴(Single Row Marquee Tool) : 세로 1px의 가로 선을 선택합니다.

단일 세로 선택 툴(Single Column Marquee Tool) : 가로 1px의 세로 선을 선택합니다.

올가미 툴(Lasso Tool) : 자유롭게 드래그하여 선택 영역을 만듭니다.

다각형 올가미 툴(Polygonal Lasso Tool) : 클릭한 지점을 직선으로 연결하여 다각형 형태의 선택 영역을 만듭니다.

자석 올가미 툴(Magnetic Lasso Tool) : 색상 경계를 자동으로 인식하여 선택 영역을 만듭니다.

빠른 선택 툴(Quick Selection Tool) : 브러시를 사용하여 이미지를 따라 드래그하면 선택 영역이 지정됩니다.

자동 선택 툴(Magic Wand Tool) : 색상의 차이를 기준으로 비슷한 색상을 가진 영역을 한 번에 선택합니다.

❷ 자르기 및 분할 영역 툴

자르기 툴(Crop Tool) : 이미지를 원하는 크기로 자릅니다.

원근 자르기 툴(Perspective Crop Tool) : 이미지의 원근을 변형하며 자릅니다.

분할 영역 툴(Slice Tool) : 이미지의 영역을 나눕니다.

분할 영역 선택 툴(Slice Select Tool) : 분할 영역 도구로 나눈 분할 영역을 선택, 이동, 복사 및 삭제합니다.

프레임 툴(Frame Tool) : 이미지를 프레임 안에서만 표시합니다. 레이어 마스크와 비슷한 기능입니다.

❸ 측정 툴

스포이드 툴(Eyedropper Tool) : 이미지에서 클릭한 부분의 색상을 추출합니다.

3D 재질 스포이드 툴(3D Material Eyedropper Tool) : 3D 개체의 재질을 추출합니다.

색상 샘플 툴(Color Sampler Tool) : 클릭 지점의 색상 정보를 데이터로 확인하고 저장합니다.

측정 툴(Ruler Tool) : 지정한 두 점 사이의 거리와 각도, 위치를 측정합니다.

노트 툴(Note Tool) : 지정한 지점에 메모를 입력하여 이미지에 첨부합니다.

카운트 툴(Count Tool) : 이미지의 특정 부분을 순서대로 표시할 수 있습니다.

❹ 사진 수정 툴

스팟 복구 브러시 툴(Spot Healing Brush Tool) : 클릭한 지점의 주변 픽셀을 자동으로 감지하여 복원합니다.

복구 브러시 툴(Healing Brush Tool) : 복제 지점을 지정하고 드래그하여 이미지를 복원합니다.

패치 툴(Patch Tool) : 선택 영역을 자유롭게 지정한 후 드래그하여 선택 영역을 복제합니다.

내용 인식 이동 툴(Content-Aware Move Tool) : 선택 영역을 이동하면 주위 환경을 인식하여 선택 영역과 이동 지점의 영역을 자연스럽게 채웁니다. 선택 영역 이동 후 크기 조절 기능이 추가되었습니다.

적목 현상 툴(Red Eye Tool) : 적목 현상을 제거합니다.

복제 도장 툴(Clone Stamp Tool) : 이미지의 특정 부분을 복제합니다.

패턴 도장 툴(Pattern Stamp Tool) : 이미지의 특정 부분을 패턴으로 채웁니다.

지우개 툴(Earser Tool) : 이미지의 특정 부분을 지우개로 지웁니다.

배경 지우개 툴(Background Earser Tool) : 이미지를 지우면 지워진 부분이 투명으로 변경됩니다.

자동 지우개 툴(Magic Earser Tool) : 자동 선택 도구처럼 클릭한 지점과 유사한 색상을 한 번에 지웁니다. 지운 부분은 투명으로 변경됩니다.

블러 툴(Blur Tool) : 드래그한 부분의 이미지를 흐리게 합니다.

샤픈 툴(Sharpen Tool) : 드래그한 부분의 이미지를 선명하게 합니다.

스머지 툴(Smudge Tool) : 손가락으로 페인트를 찍어 그림을 그리는 것처럼 클릭 지점의 색상을 가지고 드래그 방향으로 픽셀을 연장합니다.

닷지 툴(Dodge Tool) : 드래그한 부분의 이미지를 밝게 합니다.

번 툴(Burn Tool) : 드래그한 부분의 이미지를 어둡게 합니다.

스펀지 툴(Sponge Tool) : 이미지의 채도를 높이거나 낮춥니다.

❺ 페인팅 툴

브러시 툴(Brush Tool) : 붓의 크기와 모양, 색상을 선택하여 그림을 그리거나 칠합니다.

연필 툴(Pencil Tool) : 브러시 도구와 비슷한 기능으로 거친 선을 그릴 수 있습니다.

색상 대체 툴(Color Replacement Tool) : 사진의 질감이나 음영은 그대로 둔 채 색상을 변경합니다.

혼합 브러시 툴(Mixer Brush Tool) : 색상을 혼합하여 채색합니다.

작업 내역 브러시 툴(History Brush Tool) : History 패널에서 지정한 소스를 현재 이미지 창에 페인팅합니다.

미술 작업 내역 브러시 툴(Art History Brush Tool) : 회화적인 느낌을 추가하여 작업 내역 소스로 복원합니다.

그라디언트 툴(Grandient Tool) : 두 가지 이상의 색상을 자연스러운 혼색을 만들어 선택 영역을 채웁니다.

페인트 통 툴(Paint Bucket Tool) : 같은 색 범위를 인식하여 특정 색이나 패턴으로 채웁니다.

3D 재질 놓기 툴(3D Material Drop Tool) : 페인트 통 툴과 비슷합니다. 옵션 막대에서 재질을 선택하고 3D 개체를 클릭하면 바로 재질이 입혀집니다.

❻ 패스 및 문자 툴

펜 툴(Pen Tool) : 클릭하여 직선, 곡선의 패스를 그립니다.

자유 펜 툴(Freeform Pen Tool) : 자유롭게 드래그하여 패스를 만듭니다.

곡률 펜 툴(Curvature Pen Tool) : 곡선 패스를 빠르고 정확하게 그릴 수 있습니다.

포인트 추가 펜 툴(Add Anchor Point Tool) : 패스 위에 기준점을 추가하여 패스를 수정합니다.

포인트 삭제 펜 툴(Delete Anchor Point Tool) : 필요 없는 기준점을 삭제합니다.

포인트 변환 툴(Convert Point Tool) : 핸들을 삭제하거나 생성시켜 기준점의 속성을 변경합니다.

가로 문자 툴(Horizontal Type Tool) : 가로로 문자를 입력합니다.

세로 문자 툴(Vertical Type Tool) : 세로로 문자를 입력합니다.

세로 문자 마스크 툴(Vertical Type Mask Tool) : 가로로 문자를 입력하고 문자 경계를 선택 영역으로 만듭니다.

가로 문자 마스크 툴(Horizontal Type Mask Tool) : 세로로 문자를 입력하고 문자 경계를 선택 영역으로 만듭니다.

패스 선택 툴(Path Selection Tool) : 패스를 선택하고 이동합니다.

직접 선택 툴(Direct Selection Tool) : 패스나 도형의 기준점, 방향점을 선택하여 수정합니다.

사각 도형 툴(Rectangle Tool) : 사각형 벡터 도형이나 패스 또는 사각형 모양으로 픽셀을 채웁니다.

둥근 모서리 사각 도형 툴(Rounded Rectangle Tool) : 모서리가 둥근 사각형 모양의 벡터 형식 도형, 패스를 만들거나 모서리가 둥근 사각형 모양으로 픽셀을 채웁니다.

타원 툴(Ellipse Tool) : 원형 모양의 벡터 형식 도형, 패스를 만들거나 원형 모양으로 픽셀을 채웁니다.

다각형 툴(Polygon Tool) : 다각형 모양의 벡터 형식 도형, 패스를 만들거나 다각형 모양으로 픽셀을 채웁니다.

라인 툴(Line Tool) : 선이나 화살표 모양의 벡터 형식 도형, 패스를 만들거나 픽셀을 채웁니다.

사용자 정의 모양 툴(Custom Shape Tool) : 사용자 정의 모양의 벡터 형식 도형, 패스를 만들거나 그린 모양대로 픽셀을 채웁니다.

❼ 내비게이션 도구

손바닥 툴(Hand Tool) : 화면에서 보이지 않는 부분으로 이동합니다.

도큐먼트 회전 툴(Rotate View Tool) : 이미지 변형없이 이미지를 회전시켜서 봅니다.

돋보기 툴(Zoom Tool) : 이미지를 확대하거나 축소합니다.

❽ 기타

도구 모음 편집 : 도구 패널의 구성을 사용자 임의대로 변경할 수 있습니다.

전경색/배경색 : 전경색과 배경색을 기본 색상으로 변경하거나 색상 박스를 클릭하여 색상을 지정합니다.

퀵 마스크 모드로 편집 : 클릭하면 빠른 마스크 모드로 전환됩니다.

표준 모드로 편집 : 클릭하면 표준 모드로 전환됩니다.

화면 모드 변경 : 표준 모드, 전체 화면 모드 등의 여러 가지 화면 모드로 변경할 수 있습니다.

자세히 알아보기 **패널 알아보기**

툴이 하나의 기능을 적용한다면 패널은 그 기능을 다양하게 활용하고 컨트롤한다고 할 수 있습니다. 모든 패널은
상단의 [Window] 메뉴를 클릭하여 불러오거나 닫을 수 있습니다.

3D 패널

선택한 레이어, 작업 패스, 현재 선택 및 파일 중 하나를 소스로 선택한 후 3D 엽서, 돌출, 메시 등의 3D 개체나 환경을 조성합니다.

Paragraph 패널

단락의 정렬, 들여쓰기, 내어쓰기 등의 옵션을 설정합니다.

Paragraph Styles 패널

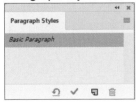

지정된 단락 옵션을 스타일로 등록하고 관리합니다.

Glyphs 패널

글꼴 별로 할당된 특수 문자를 입력합니다. [Type]-[Pannel] 메뉴의 하위 메뉴에서 선택할 수 있습니다.

Tool Presets 패널

모든 툴의 사전 설정을 관리합니다. Current Tool Only만 항목에 클릭하면 현재 선택된 도구의 사전 설정만 표시됩니다.

Character 패널

글꼴을 설정하고 크기, 행간, 자간 및 색상 등의 다양한 문자 옵션을 설정합니다.

Navigater 패널

화면에 보이는 이미지를 빨간 박스로 표시하고 하단의 슬라이드를 움직이거나 수치를 입력하여 화면 보기 배율을 조정합니다.

Library 패널

라이브러리를 새로 만들고 에셋을 추가하거나 라이브러리에 등록된 에셋을 문서로 가져올 수 있습니다. 패널 옵션 메뉴에서 공동 작업자를 추가하거나 링크를 공유합니다.

Layers 패널

포토샵을 사용할 때 가장 중요한 패널로 모든 이미지에는 하나 이상의 레이어가 포함되어 있어야 합니다. 문서에 포함된 모든 요소는 각각의 레이어로 관리되고, 요소에 따라 레이어 종류 및 속성도 달라집니다.

Clone Source 패널

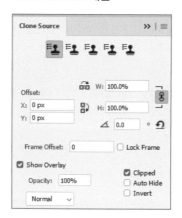

복제 도장 툴의 복제 소스 정보를 저장합니다.
지정된 소스는 크기와 각도를 조정할 수 있습니다.

Brush 패널

브러시의 크기를 설정하고 브러시 획 미리 보기를 제공합니다.

Brush Settings 패널

브러시 도구의 옵션을 설정합니다. 패널 하단에서 현재 옵션이 적용된 브러시 획을 확인할 수 있습니다.

Color 패널

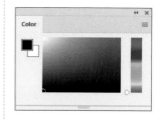

색상 모드별로 제공되는 색상 스펙트럼과 색상 필드로 색상을 선택합니다.

Histogram 패널

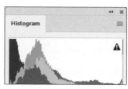

이미지 색상 정보를 그래프로 표시합니다.

Swatches 패널

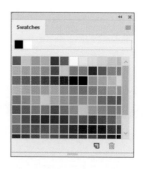

표준 색상으로 사용하는 색상표나 사진 필터 색상, 웹에 적합한 색상 등 분류별 색상 모음을 제공합니다. 사용자가 자주 사용하는 색상을 관리할 수 있습니다.

Styles 패널

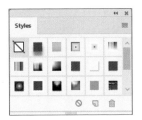

레이어 스타일 효과의 사전 설정을 제공합니다. 새 스타일을 만들어 등록할 수 있습니다.

Channels 패널

이미지 모드와 관련된 색상 정보를 보여주는 색상 채널과 선택 영역을 저장하는 알파 채널을 편집하고 관리합니다.

Action 패널

작업 순서 및 작업 내역을 기록하여 반복 작업을 쉽게 해줍니다.

History 패널

작업 과정을 순서대로 기록하고 현재 화면을 스냅숏으로 만들어 돌아갈 수 있습니다. 작업 내역 브러시 툴과 미술 작업 내역 브러시 툴을 사용할 때 History 패널에서 소스를 지정합니다.

Adjustments 패널

16개의 이미지 보정 메뉴를 조정 레이어로 만들어 적용합니다.

Info 패널

마우스 포인터가 위치한 지점의 색상 정보와 크기를 알려주며, 색상 샘플 툴로 클릭한 지점의 색상 정보를 기록합니다.

Properties 패널

조정 레이어, 고급 개체, 3D 메뉴 등의 세부 속성을 관리합니다.

Timeline 패널

프레임 애니메이션 모드와 비디오 타임라인 모드가 있으며 프레임 애니메이션으로 움직이는 이미지를 만들거나 비디오 타임라인 모드로 동영상을 편집합니다.

Paths 패널

패스를 저장하고 관리합니다.

Step 02. 작업 환경 관리하기

그동안 새로운 버전이 출시되면서 사용자 정의 기능은 계속 강화되었습니다. 다른 업체의 그래픽 프로그램들도 출시되고 프로그램 성능이 상향 평준화되면서 이제는 프로그램 선택의 기준이 성능 중심에서 사용자 중심으로 바뀌었습니다. 그런 의미에서 이번 Photoshop CC에 추가된 도구 패널의 사용자 구성은 최적화된 워크플로 구축에 큰 도움이 될 것입니다. 인터페이스부터 단축키, 작업 영역 및 도구 모음을 재구성하여 나에게 맞는 작업 환경을 구성해 봅시다.

자세히 알아보기 인터페이스 색상 변경하기

밝은 회색 인터페이스 색상에 3가지 색상이 추가되어 검은색까지 총 4단계가 제공됩니다. [Edit]-[Preferences]-[Interface] 메뉴에서 사용자 취향에 맞게 색상 테마 및 기타 옵션을 선택할 수 있고, 단축키 Shift + F1 을 누르면 한 단계씩 어둡게, Shift + F2 를 누르면 한 단계씩 밝게 색상 테마가 변경됩니다.

• 변경 전 기본 인터페이스

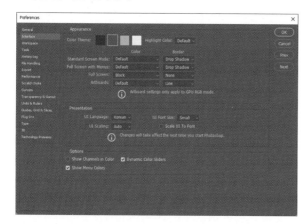 

• 변경 후 인터페이스 : 색상 테마 및 표준 화면 모드에 있을 때 배경 채우기 색 변경

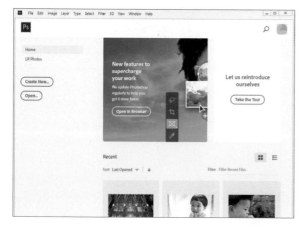 

자세히 알아보기 도구 패널 구성하기

[Edit]–[Toolbar] 메뉴를 선택하거나 툴 패널 하단의 [...]을 마우스 오른쪽 버튼으로 클릭하여 [Edit Toolbar]를
선택합니다. Customize Toolbar 대화상자가 나타나면 왼쪽의 Toolbar 리스트 중 사용 빈도가 낮은 툴을 선택하여
오른쪽 Extra Toos로 이동시킵니다. 선택한 툴을 묶고 싶은 툴의 위나 아래로 가져다 놓으면 툴 묶음도 재구성할
수 있습니다. [Save Preset...]을 누르면 변경된 툴 패널 구성이 저장됩다.
Extra Tools로 이동시킨 도구는 툴 패널 하단의 [...]을 눌러 사용할 수 있습니다.

강의노트 ✎

작업 도중 툴 패널이 사라졌을 때 [Tab]을 누르면 다시 나타납니다.
• [Tab] : 툴 패널, 툴 바, 패널을 한꺼번에 숨기거나 표시합니다.
• [Shift]+[Tab] : 모든 패널을 한꺼번에 숨기거나 표시합니다.

자세히 알아보기 툴 모음 사용자 정의 대화상자의 버튼들

• **Restore Defaults** : 초기 상태의 툴 패널 구성
  으로 복원합니다.
• **Clear Tools** : 클릭하면 모든 툴이 추가 툴로
  이동합니다.
• **Save Preset** : 툴 패널의 재구성 값을 저장합
  니다.
• **Load Preset** : 이전에 저장한 사용자 정의 툴
  모음을 불러옵니다. 사전 설정 값은 Adobe-
  Adobe Photoshop CC–Presets–Custom
  Toolbars 폴더에 저장됩니다.
• **Show** : 'Disable Shortcuts for Hidden
  Toolbar Extras'에 체크하면 추가 도구 표시/
  숨기기, 전경/배경 색상 표시/숨기기, 빠른 마
  스크 모드 표시/숨기기, 화면 모드 표시/숨기
  기 토글 버튼을 클릭하여 표시하거나 숨길 수 있습니다.

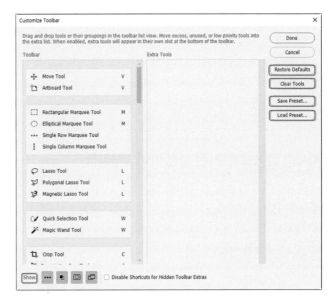

자세히 알아보기 자주 사용하는 툴 옵션 등록하기

툴을 선택하면 화면 상단의 옵션 바에 툴의 옵션이 표시됩니다. 자주 사용하는 옵션 설정을 저장해두면 툴 패널에서 툴을 선택하고 옵션을 재설정하는 과정이 생략되기 때문에 작업 효율을 높일 수 있습니다.

❶ 툴 바에서 옵션 설정을 한 후 왼쪽의 툴 아이콘을 클릭하면 Tool Preset의 전체 목록이 표시됩니다. 목록의 사전 설정을 선택하면 즉시 선택 도구를 사용할 수 있습니다. 'Current Tool Only'에 체크하면 현재 툴의 사전 설정만 표시됩니다.

❷ Tool Preset 팝업 창에서 Create new tool preset 아이콘(🗐)을 클릭하고 이름을 설정합니다.

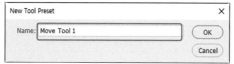

❸ 🔧.을 눌러 팝업 메뉴의 [Preset Manager]를 선택하거나 [Edit]-[Preset]-[Preset Manager] 메뉴를 선택하면 기본으로 제공하는 브러시, 스타일, 그레이디언트, 패턴 등의 사전 설정과 사용자가 등록한 모든 사전 설정을 관리할 수 있습니다.

자세히 알아보기 사전 설정 마이그레이션

이전 버전에서 사용하던 사전 설정을 최신 버전으로 가져올 수 있습니다. [Edit]-[Preset]-[Migraet Preset] 메뉴를 선택하면 이전 버전에서 마이그레이션 하겠는지에 대한 대화창이 나타납니다. [OK] 버튼을 클릭합니다.

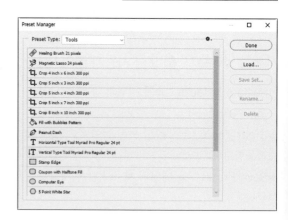

자세히 알아보기 패널 다루기

메뉴 바를 제외한 툴 패널, 옵션 막대, 패널, 문서 창은 모두 도크에서 분리하여 사용자가 편의에 맞는 동선으로 재배치할 수 있습니다. 툴 패널을 제외한 모든 패널은 크기를 조절하거나 아이콘으로 표시도 할 수 있습니다.
패널의 종류에 따라 옵션과 내용은 조금씩 다르나 기본적인 구성은 유사합니다.

❶ 탭 : 패널 이름을 표시하며 그룹으로 묶인 패널의 경우 각 탭을 클릭하면 해당 패널의 내용이 나타납니다. 탭이 있는 바를 드래그하면 패널 그룹을 이동할 수 있습니다.

❷ ◀◀은 패널이 확장되었을 때, ▶▶은 아이콘 모양일 때 나타나며 클릭하여 패널을 확장하거나 아이콘으로 축소할 수 있습니다.

❸ 패널 도크에서 분리된 패널에 나타나며 ✕를 클릭하면 패널이 화면에서 숨겨집니다. 숨겨진 패널은 [Window] 메뉴를 통해 다시 불러올 수 있습니다.

❹ 패널의 하위 메뉴가 나타납니다.

자세히 알아보기 작업 영역 구성하기

Photoshop CC는 사전 설정된 6가지의 작업 영역을 제공하고 있으며 수정, 삭제하거나 새로 등록할 수 있습니다. [Window]-[Workspace] 메뉴를 선택하거나 옵션 막대 오른쪽의 ▣ 아이콘을 클릭하면 사전 설정된 작업 영역 리스트와 메뉴가 표시됩니다. 작업 도중 패널 구성을 변경하면 현재의 작업 영역에 자동으로 반영되며 초기 상태로 돌아가고 싶을 때는 팝업 메뉴의 재설정을 선택합니다.

참고 : Photoshop CC의 사전 설정 작업 영역 일부는 툴 패널도 재구성되어 일부 도구가 누락된 것으로 보입니다. 툴 패널에서 ⋯을 마우스 오른쪽으로 클릭하거나 [Edit]-[Toolbar] 메뉴를 선택하고 Customize Toolbar 대화상자에서 Restore Defaults를 선택하면 숨겨진 도구를 볼 수 있습니다.

자세히 알아보기 **나만의 단축키와 메뉴 구성하기**

[Edit]–[Keyboard Shortcuts], [Edit]–[Menus] 또는 [Window]–[Workspace]–[Keyboard Shortcuts & Menus] 메뉴를 실행하면 Keyboard Shortcuts and Menus 대화상자가 나타납니다. 기본적으로 저장되어 있는 단축키와 메뉴를 나의 작업 환경에 맞추어 새롭게 구성할 수 있습니다. 자주 사용하는 메뉴를 단축키로 지정하면 작업 속도를 향상시켜 작업의 효율성을 높일 수 있습니다.

단축키 구성

❶ 응용 프로그램 메뉴와 패널 메뉴, 도구 패널 중 단축키를 지정할 대상을 선택합니다.

❷ 선택한 대상의 종류 목록이 표시됩니다. 하나를 선택해서 클릭하면 하위 메뉴와 지정된 단축키가 나타나고 단축키가 지정되지 않으면 아무 표시가 없습니다.

❸ Shortcut이란을 클릭한 후 새로 지정할 단축키를 누르면 자동으로 변경, 추가됩니다.

❹ 메뉴에서 새롭게 지정할 단축키는 Ctrl 을 포함하거나 F 키가 포함되어야 합니다.

강의노트 🖉

다른 기능의 단축키와 겹치면 대화상자 하단에 경고 메시지가 표시되며 허용 버튼을 클릭하면 기존의 단축키 할당이 제거됩니다. 🖫를 클릭하면 변경한 단축키 세트를 저장할 수 있습니다.

메뉴 구성

❶ 단축키와 마찬가지로 응용 프로그램 메뉴와 패널 메뉴 중 새롭게 구성하고자 할 대상을 선택합니다.

❷ 선택한 대상의 종류와 하위 메뉴 목록이 표시됩니다. 눈 아이콘을 눌러 메뉴를 숨기거나 표시하고 색상을 할당하여 자주 사용하는 메뉴를 눈에 띄게 표시할 수 있습니다.

❸ 숨겨진 항목이 있는 메뉴는 가장 밑에 모든 메뉴 항목 표시가 추가됩니다. 모든 메뉴 항목 표시를 클릭하면 일시적으로 숨겨진 항목이 표시됩니다.

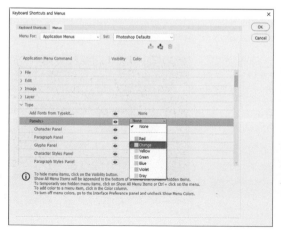

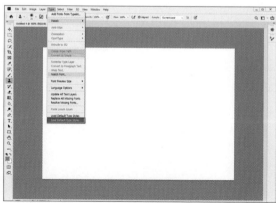

Step 03. 기본기 다지기

직접 해보기   새 문서 만들기

작업 목적별로 분류한 탭을 클릭하면 작업에 맞게 사전 설정된 빈 문서가 썸네일이나 리스트로 표시되고, 문서창 하단에는 Adobe Stock에 등록된 템플릿 썸네일과 검색창이 제공됩니다. 선택한 사전 설정의 정보는 오른쪽 세부 정보 영역에서 확인하고, <kbd>⬆</kbd>을 클릭하면 사전 설정 옵션을 설정하고 등록할 수 있습니다.

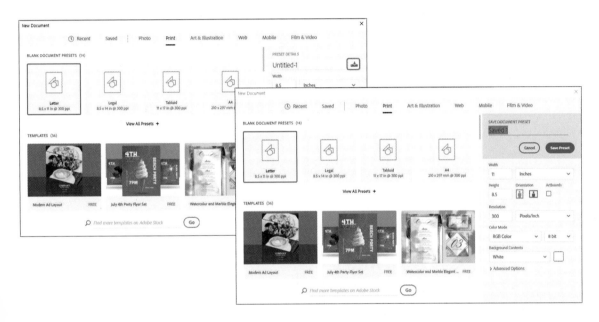

[Edit]–[Preferences]–[General] 메뉴를 실행한 후 'Use Legacy "New Document" Interface'에 체크하면 이전 버전에서 사용하던 새 문서 창을 불러올 수 있습니다.

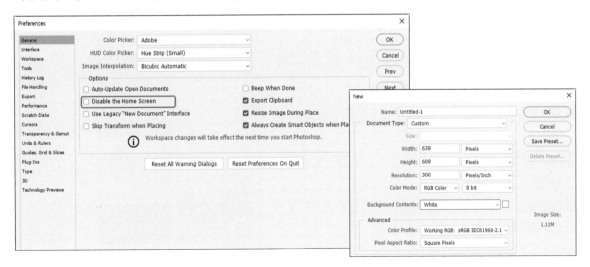

직접 해보기 아트보드 문서

아트보드란 레이어를 가진 특별한 그룹으로 다른 아트보드와 같이 한 캔버스에서 제어할 수 있습니다. 일반적인 포토샵 문서 여러 개를 한 캔버스에서 관리한다고 생각하면 이해하기 쉽습니다. 동일한 디자인을 화면 크기가 다른 장치에 맞추어 배치할 때나 한 화면 크기용으로 여러 페이지를 디자인 할 때 유용합니다.

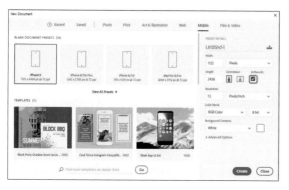
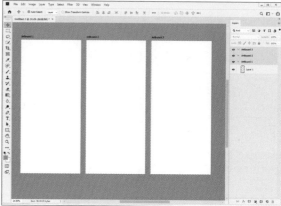

❶ [File]-[New] 메뉴를 실행하거나 [Ctrl]+[N]을 눌러 새로 만들기 문서 창을 불러옵니다.

❷ 사전 설정을 선택하거나 문서 옵션을 설정하고 아트보드 항목에 체크합니다.

❸ 아트보드 툴로 아트보드를 추가, 삭제하거나 크기 및 위치를 변경할 수 있습니다.

직접 해보기 Adobe Stock 템플릿 가져오기

Adobe Stock이란 디자이너와 기업에 5천5백만 여개의 사진, 비디오, 일러스트레이션, 벡터 그래픽, 3D 에셋, 템플릿 등을 제공하는 서비스입니다. Creative Cloud 데스크톱 앱 Market에서 라이브러리에 등록하고 사용하거나 새로 만들기 문서 창 하단의 템플릿 썸네일을 클릭하여 사용할 수 있습니다. 사용한 템플릿은 CC 라이브러리에 자동 등록됩니다. Creative Cloud 멤버가 아니어도 Adobe ID만 있으면 사이트를 통해 콘텐츠를 다운로드할 수 있습니다.

❶ 새로 만들기 문서 창의 템플릿 썸네일을 선택하면 오른쪽에 템플릿 구성, 가격, 크기 정보가 표시됩니다.

❷ 미리 보기를 클릭하면 템플릿 구성 내용을 확인할 수 있습니다.

❸ Download 버튼을 클릭하고 다운이 완료되면 열기 버튼을 클릭합니다.

❹ 템플릿의 내용이 각 레이어로 모두 제공되기 때문에 템플릿 내용을 기반으로 빠르게 새 작업물을 만들 수 있습니다.

직접 해보기 | 브릿지에서 파일 열기

[File]-[Browse in Bridge] 메뉴를 선택하면 Adobe Bridge CC가 실행됩니다. 왼쪽의 폴더 탭에서 원하는 경로를 지정하면 폴더 안의 이미지 썸네일을 볼 수 있습니다. 이미지를 선택하면 해당 이미지의 데이터와 미리보기가 제공되고 키워드 및 레이블을 할당하여 파일 관리를 쉽게 할 수 있습니다.

선택한 썸네일을 더블 클릭하거나 [File]-[Open] 메뉴를 선택하면 Photoshop CC에서 이미지가 열립니다.

 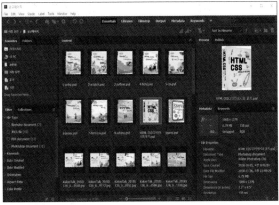

직접 해보기 | 문서창 이동하기

하나 이상의 이미지를 개별적으로 불러오면 도킹된 문서창에 각각의 이미지 탭으로 표시됩니다. 이미지 탭을 클릭하여 드래그하면 화면에 도킹된 문서창을 분리하거나 선택한 이미지 탭만 문서창에서 분리할 수 있습니다.

[Edit]-[Preference]-[Workspace] 메뉴에서 'Open Documents as Tabs' 항목의 선택을 해제하면 분리된 문서창으로 문서가 열립니다. 'Enable Floating Document Window Docking' 항목에 체크하면 분리된 문서창을 다른 문서창 혹은 화면에 도킹할 수 있습니다.

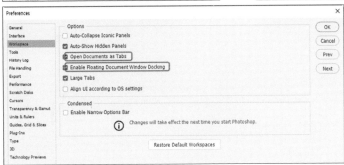

직접 해보기 문서 창 메뉴 이용하기

문서 창의 제목 표시줄을 마우스 오른쪽으로 클릭하면 팝업 메뉴가 표시됩니다. 작업 영역에 도킹된 상태일 때와 창이 분리되었을 때 메뉴가 달리 제공됩니다.

❶ 도킹된 문서의 제목 표시줄을 마우스 오른쪽 버튼으로 클릭하고 [Reveal in Explorer] 메뉴를 선택합니다.

❷ 탐색기 창이 열리면서 해당 문서가 포함된 폴더 내용이 표시됩니다.

❸ 이번에는 [Move to New Window] 메뉴를 선택합니다.

❹ 분리된 문서 창의 제목 표시줄을 마우스 오른쪽으로 클릭하고 [Duplicate Image] 메뉴를 선택합니다.

❺ 이미지 복제 대화상자가 나타나면 이름을 입력하고 [OK] 버튼을 클릭합니다. 환경 설정에 따라 탭 혹은 창으로 문서가 복제됩니다.

직접 해보기 **문서 창 정렬하기**

[Window]-[Arrange] 메뉴를 선택하면 문서 창을 정렬할 수 있는 하위의 메뉴가 표시됩니다. 산발적으로 배치된 문서 창을 일목요연하게 정돈할 수 있고 선택한 문서 창의 배율, 위치, 각도를 나머지 문서 창에 일괄 적용할 수 있어 보다 쉽게 다수의 문서 창을 관리할 수 있습니다.

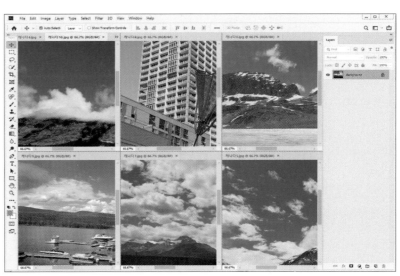

6-up

3-up Stacked

Match All

PHOTOSHOP CC

디자이너로서 당신이 디자인하는 모든 것이
사람들의 삶에 영감을 준다는 것을 기억하라.

―다니엘 보야스키―

Part **02**

포토샵 초보자를 위한
기본학습

자, 앞에서 Photoshop CC에 대해서 간단하게 살펴봤다면 지금부터는
직접 만져보고, 사용해 볼 시간입니다. part 02에서는 체계적인 학습을 위해
기본 툴부터 시작해서 연습이 필요한 툴까지 하나씩 모두 다뤄볼 것입니다.
난이도를 조절한 예제를 통해 툴 사용법을 설명하기 때문에 포토샵을
처음 접하는 초보자들도 쉽게 따라올 수 있습니다.
천 리 길도 한 걸음부터라는 속담을 마음속에 새기며
포토샵 완전 정복을 위한 첫걸음을 내디뎌 봅시다.

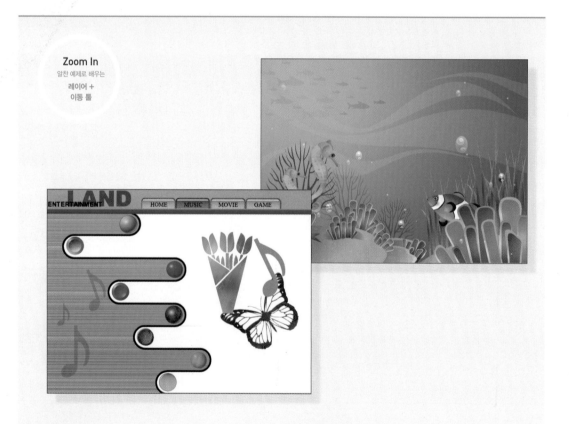

레이어, 이미지 복사와 이동시키기

포토샵에서 사진 작업을 할 때 가장 많이 사용되는 것이 레이어입니다. 레이어는 사진을 합성할 때 가장 유용한 기능으로 이번 예제에서는 레이어의 기본적인 기능과 더불어 [이동 툴]로 이미지를 간단히 합성하는 방법에 대해 알아보겠습니다.

Zoom In
알찬 예제로 배우는
레이어 +
이동 툴

Keypoint Tool

_ 이동 툴 선택 영역, 레이어 및 안내선을 이동시킵니다.

Knowhow

_ Layers 패널의 눈 아이콘을 이용하면 이미지를 표시하거나 숨길 수 있습니다.

_ Layers 패널에서 레이어의 위치를 변경하면 이미지를 다른 레이어 위나 아래에서 표시할 수 있습니다.

_ 이동 툴은 이미지의 위치를 변경할 수 있습니다.

직접 해보기 레이어의 선택과 이미지의 표시

작업을 하기 위한 Layers 패널에서 레이어를 선택하고 레이어의 이미지를 숨기고 표시합니다.

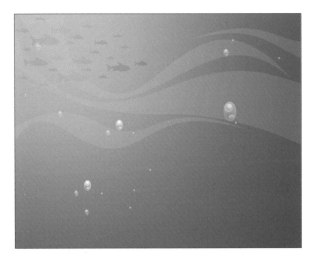

01 [File]-[Open] 메뉴를 실행하여 "Sample〉part02" 폴더에서 "p02-02-01.psd" 파일을 불러옵니다.

02 Layers 패널에서 '배경' 레이어를 클릭한 채로 '해마' 레이어 아래로 드래그합니다. '배경' 레이어가 레이어 패널 맨 아래로 내려가면서 이미지 창에는 '물고기' 레이어의 이미지가 표시됩니다.

강의노트 ✏️

Layers 패널의 맨 위에서부터 순서대로 이미지가 표시됩니다. '배경' 레이어는 전체가 그림인데, 맨 아래로 내렸기 때문에 아래의 다른 이미지들이 표시되는 것입니다.

03 Layers 패널에서 '수초' 레이어와 '물풀' 레이어 앞에 숨겨져 있는 눈 아이콘을 차례대로 클릭해 이미지를 표시합니다.

강의노트 ✏️

Layers 패널의 이미지를 표시하는 작은 아이콘을 썸네일이라고 하며 그 앞에 눈 모양의 아이콘은 이미지를 표시하는 역할을 합니다.

04 Layers 패널에서 '물고기' 레이어 선택하고 툴 패널에서 이동 툴(⊕)을 선택한 후 물고기 이미지 위를 클릭한 채로 오른쪽 하단으로 드래그합니다.

강의노트 ✎

Layers 패널에서 레이어를 클릭하면 진한색으로 표시됩니다. 이것은 레이어에 있는 이미지를 작업한다는 것을 의미합니다. 이동 툴로 이미지의 위치를 이동시키면 해당 레이어의 이미지만 이동하게 됩니다.

05 레이어 패널에서 '물고기' 레이어를 클릭한 채로 '수초' 레이어와 '물풀' 레이어 사이로 드래그하여 위치를 변경합니다.

06 '물고기' 레이어가 '수초' 레이어 아래로 이동되면서 물고기 이미지가 아래에 표시됩니다. 이와 같은 방법으로 '해마' 레이어를 맨 위로 올려 화면과 같이 변경해 보세요.

보충수업 레이어란

레이어란 각 층을 의미하며, 각 층에 해당하는 레이어에는 이미지가 차지하고 있습니다. 여러 개의 이미지를 각각의 층에 넣어 두었다가 특정한 층의 이미지를 꺼내어 수정하면 다른 층에 있는 이미지는 손상을 주지 않고 수정할 수 있는 장점으로 인하여 포토샵에서 가장 많이 사용되는 기능입니다.

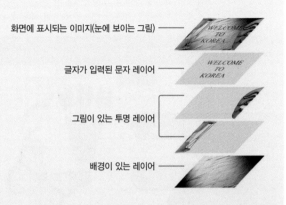

- 화면에 표시되는 이미지(눈에 보이는 그림)
- 글자가 입력된 문자 레이어
- 그림이 있는 투명 레이어
- 배경이 있는 레이어

보충수업 레이어의 종류

레이어는 크게 투명한 비닐의 그림과 같은 역할의 투명 레이어와 배경으로 사용되는 배경 레이어로 분류할 수 있습니다. 투명 레이어는 배경 레이어 위에 표시되며 투명 레이어 속에 포함된 이미지의 종류와 형태에 따라 래스터 레이어, 모양 레이어, 어드저스트먼트 레이어, 필 레이어, 문자 레이어로 분류할 수 있습니다 .

❶ 래스터 레이어
래스터 레이어란 일반적으로 투명 레이어에 포함된 비트맵 이미지가 포함된 레이어입니다.

❷ 모양 레이어
모양 레이어는 펜 툴이나 도형 툴로 그림을 그리면 자동으로 생성되는 레이어입니다. 모양 레이어에 있는 이미지는 패스로 만들어졌으므로 패스 선택 툴이나 직접 선택 툴로 수정합니다.

❸ 조정 레이어
조정 레이어는 다른 레이어에는 영향을 끼치지 않고 레이어 이미지에 색상을 변경할 때 사용되는 레이어입니다. 조정 레이어는 [Image]-[Adjustments] 메뉴에 있는 색상 보정과 관련된 메뉴 명령을 사용한 것과 같은 효과를 얻을 수 있습니다. 조정 레이어는 그 아래에 있는 레이어에만 영향을 주며 그 위의 레이어에는 영향을 주지 않습니다.

❹ 칠 레이어
칠 레이어는 레이어 위에 색상을 보정할 때 사용하는 조정 레이어와 비슷한 기능의 레이어입니다. 조정 레이어가 이미지의 색상 보정을 하는 기능이라면 새 칠 레이어는 색상을 덮어씌우는 기능을 합니다.

❺ 문자 레이어
문자 레이어는 문자 툴로 글자를 입력하면 생성되는 레이어입니다. 포토샵에서 문자가 비트맵으로 표시된다면 한번 입력했던 문자를 수정하기 곤란하게 되겠죠? 하지만 입력된 문자가 별도의 레이어에 있다면 언제라도 문자를 수정할 수 있습니다.

직접 해보기 레이어 이미지의 정렬

여러 개의 레이어를 한꺼번에 선택하고 이동 툴의 옵션 막대를 이용하면 레이어를 정렬할 수 있습니다.

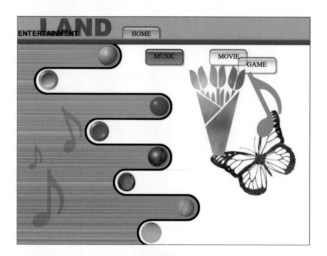

01 [File]-[Open] 메뉴를 실행하여 "Sample〉part02" 폴더에서 "p02-02-02.psd" 파일을 불러옵니다.

강의노트 ✎

Layers 패널 이외에 모든 패널을 숨기기 위해서는 숨기려는 패널 이름을 더블클릭해 보세요. 패널이 숨겨졌다 나타났다를 반복합니다.

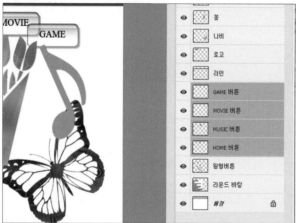

02 Layers 패널에서 'HOME 버튼' 레이어를 클릭하여 선택한 후 Shift를 누른 채로 'GAME 버튼' 레이어를 클릭하여 'HOME 버튼' 레이어와 'GAME 버튼' 레이어 사이의 모든 레이어를 선택합니다.

03 툴 패널에서 이동 툴(✛)을 선택하고 옵션 막대에서 '위쪽 가장자리 정렬(▼)'을 클릭해 보세요. Layers 패널에서 선택된 레이어의 이미지들이 상단을 기준으로 정렬됩니다.

04 계속해서 옵션 막대에서 [⋯]를 눌러 왼쪽 가장자리 분포(⏮)를 클릭해 보세요. 왼쪽과 오른쪽 끝의 이미지들이 같은 간격으로 정렬됩니다.

보충수업　이동 툴의 옵션 막대

❶ **Auto-Select** : 마우스로 클릭한 이미지가 있는 레이어 또는 그룹을 Layers 패널에서 선택합니다.

❷ **Show Transform Controls** : 선택한 레이어 이미지의 크기를 변경할 수 있도록 바운딩 박스가 표시됩니다.

❸ **Align left edges** : 선택한 레이어 이미지의 맨 왼쪽을 기준으로 링크된 레이어 이미지의 맨 아래쪽이 일정하게 정렬됩니다.

❹ **Align horizontal center** : 선택한 레이어 이미지의 가로 가운데를 기준으로 링크된 레이어 이미지의 가로 가운데가 일정하게 정렬됩니다.

❺ **Align right edges** : 선택한 레이어 이미지의 맨 오른쪽를 기준으로 링크된 레이어 이미지의 맨 오른쪽이 일정하게 정렬됩니다.

❻ **Distribute vertically** : 선택한 레이어의 이미지들을 세로 방향으로 간격을 일정하게 조절합니다. 단, 3개 이상의 레이어를 선택하였을 때만 활성화됩니다.

❼ **Align top edges** : 선택한 레이어 이미지의 맨 위를 기준으로 링크된 레이어 이미지의 위쪽이 같은 높이로 정렬됩니다.

❽ **Align vertical center** : 선택한 레이어 이미지의 세로 가운데를 기준으로 링크된 레이어 이미지의 세로 가운데가 같은 높이로 정렬됩니다.

❾ **Align bottom edges** : 선택한 레이어 이미지의 맨 아래를 기준으로 링크된 레이어 이미지의 맨 아래가 같은 높이로 정렬됩니다.

❿ **Distribute Horizontally** : 링크가 설정된 레이어 이미지들의 가로 방향으로 간격을 일정하게 조절합니다.

보충수업 레이어 마음대로 다루기

새로운 레이어 만들기

Layers 패널에서 새 레이어 만들기(🖼)를 클릭 또는 단축키 [Shift]+[Ctrl]+[N]을 누르거나 [Layer]-[New]-[Layer] 메뉴를 선택하거나 누르면 됩니다.

레이어 이름 변경하기

레이어의 이름을 변경하기 위해 레이어의 이름을 더블클릭하면 이름을 수정할 수 있도록 파란색으로 표시됩니다. 이때 이름을 입력하면 이름이 변경됩니다.

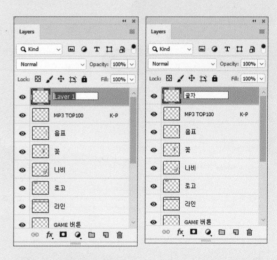

레이어 복제하기

레이어를 복제하기 위해 Layers 패널에서 복제할 레이어를 클릭한 채로 새 레이어 만들기(🖼)로 드래그하거나 복사하려는 레이어를 선택하고 [Layer] 메뉴에서 [Duplicate Layer]를 클릭합니다.

레이어 삭제하기

삭제할 레이어를 선택하고 휴지통 모양의 레이어 삭제(🗑)를 클릭하거나 선택한 레이어를 클릭한 채로 휴지통 모양의 레이어 삭제(🗑)로 드래그하거나 [Layer] 메뉴에서 [Dlelete]를 클릭해도 됩니다.

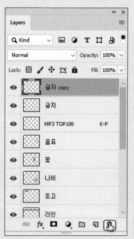

 **실전문제**

01. 레이어의 위치를 변경하여 보세요.

준비파일 | Sample〉part02〉p02-02-03.psd

완성파일 | Artwork〉part02〉p02-02-03.psd

Hint 1. 준비된 파일을 열고 Layers 패널에서 배경 이미지 레이어를 공 레이어 아래로 내립니다.
　　 2. 맨 위에 있는 가운데 라인 레이어를 배경 이미지와 공 레이어 사이로 이동시킵니다.

02. Layers 패널의 눈 아이콘을 이용해 이미지를 표시해 보세요.

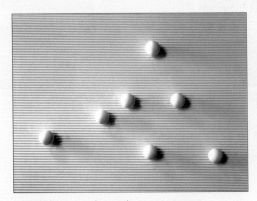

준비파일 | Sample〉part02〉p02-02-04.psd

완성파일 | Artwork〉part02〉p02-02-04.psd

Hint 1. 준비된 파일을 열고 Layers 패널에서 Background 레이어의 눈 아이콘을 클릭하여 레이어의 그림을 숨깁니다.
　　 2. 사격 레이어와 과녁 레이어의 눈 아이콘을 클릭하여 켜줘서 레이어 이미지를 표시합니다.

알찬 예제로 배우는
포토샵 CC

선택 기능과 이미지 편집 툴 익히기

포토샵을 사용할 때 사용 빈도가 가장 높고 모든 작업의 기초가 되는 툴은 선택 툴과 이동 툴입니다. 주변에 영향을 끼치지 않고 원하는 부분에만 채색, 보정 등의 작업을 하거나 변형, 이동을 할 때 선택 영역 지정을 해야 합니다. 선택 영역을 지정하는 툴에는 사각형 같이 정형화된 형태부터 깃털같은 복잡한 형태까지 선택을 보다 쉽게 도와주는 여러 가지 툴이 있습니다. 선택 영역을 지정하는 다양한 툴들의 사용법과 선택 영역을 이동, 변형하는 툴들에 대해 학습해 보겠습니다.

Zoom In
알찬 예제로 배우는
선택 툴 +
글리프 탭

Keypoint Tool

_ **이동 툴** 선택 영역, 레이어 및 안내선을 이동시킵니다.

_ **선택 툴** 정해진 형태와 자유 형태를 그리거나 클릭하여 선택 영역으로 지정합니다.

Knowhow

_ 자르기 툴이나 올가미 및 다각형 선택 툴을 사용하던 중 ESC 를 누르면 자르기 모드는 해제되고, 선택 영역을 지정하던 경로는 삭제됩니다.

_ 선택 영역을 지정하고 자르기 툴을 실행하면 선택 영역 가장자리로 자르기 상자가 만들어집니다.

직접 해보기 ⬚ 사각형 선택 툴(Rectangular Marquee Tool)

사각 형태로 선택 영역을 만듭니다. 선택 영역을 지정하면 영역 둘레에 깜박거리는 점선이 생깁니다.

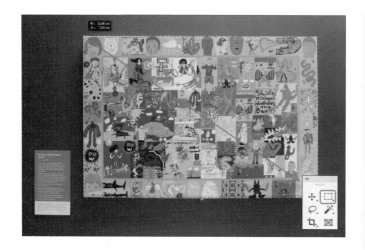

01 [File]-[Open] 메뉴를 이용하여 "Sample〉part02" 폴더에서 "p02-03-02.jpg" 파일을 불러옵니다. 툴 패널에서 사각형 선택 윤곽 툴(⬚)을 선택하고 그림 액자를 드래그하여 선택 영역을 만듭니다.

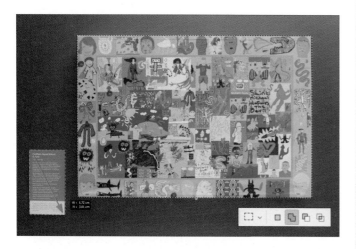

02 옵션 막대의 선택 옵션 모드를 선택 영역에 추가로 설정하고 액자 옆의 네임택도 드래그하여 선택합니다.

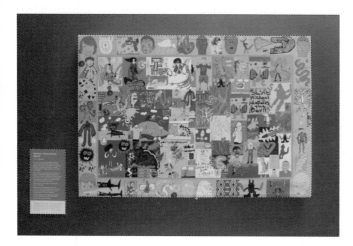

03 [Select]-[Invert] 메뉴와 [Image]-[Adjustments]-[Desturate] 메뉴를 차례로 실행합니다.

강의노트 ✏️

[Invert] 메뉴는 현재 선택된 영역을 반전시키는 기능으로 선택하려는 영역이 광범위할 때 유용합니다. 자주 사용하는 기능이므로 단축키를 숙지해두면 좋습니다. 단축키는 Ctrl + Shift + I 입니다.

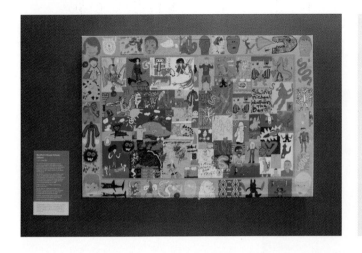

04 Ctrl + D 를 눌러 선택을 해제 합니다.

강의노트 🖋

Ctrl + D 를 누르거나 새 선택 영역 모드의 선택 툴이 지정된 상태에서 선택 영역 밖을 클릭하면 선택이 해제됩니다.

📍 **보충수업** 선택 툴 옵션 막대

❶ 현재 선택된 툴을 보여줍니다. 옆의 화살표를 누르면 툴 사전 설정 목록을 볼 수 있습니다. 자주 사용하는 툴의 옵션 값을 저장하여 다음 작업 때 불러 올 수 있습니다.

❷ **선택 옵션 모드**
• New Selection : 새로운 선택 영역을 만듭니다.
• Add to Selection : 기존에 선택된 영역에 새로운 선택 영역을 추가합니다.
• Subtract from selection : 기존에 선택된 영역에서 새로운 영역을 제거합니다.
• Intersect with selection : 기존에 선택된 영역과 새로 선택한 영역의 교차 영역만 남깁니다.

❸ **Feather**
지정한 수치만큼 선택 영역의 가장자리를 부드럽고 흐리게 만듭니다.

❹ **Anti-alias**
체크 시 선택 영역의 경계를 부드럽게 만들어 사선이나 곡선 주위의 계단 현상을 부드럽게 해줍니다.

❺ **Style**
• Normal : 자유롭게 드래그하여 선택 영역을 설정합니다.
• Fixed Aspect Ratio : 입력한 수치의 가로, 세로 비율로 선택 영역을 설정합니다.
• Fixed Size : 폭과 높이를 지정하여 선택 영역을 설정합니다.

❻ **Select and Mask**
Photoshop CC에서는 선택 영역의 윤곽선을 섬세하게 다듬어 보다 정교하게 선택할 수 있었던 가장자리 다듬기 기능이 한층 강화되었습니다. 선택 툴의 옵션 막대에서 선택 및 마스크를 클릭하면 전용 작업 영역으로 전환됩니다.

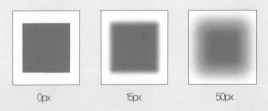

0px   15px   50px

ⓐ 선택 및 마스크 작업 영역 인터페이스

• 툴

　Refine Edge Brush Tool : 가장자리를 리터칭하면서 세세한 부분을 더욱 정교하게 선택합니다. 나머지 툴은 툴 패널의 다른 툴과 사용법이 같습니다.

• 툴 옵션

　선택한 툴의 옵션을 표시합니다.

• 조정 가능한 속성

　선택 작업 영역의 항목들을 미세 조정할 수 있습니다.

ⓑ View Mode : 보기 팝업 메뉴에서 7가지 보기 모드 중 하나를 선택합니다. 사용자가 상황에 맞는 비주얼 환경에서 리터칭할 수 있습니다.

• Onion Skin : 선택 영역 외의 영역을 반투명하게 표시합니다.
• Marching Ants : 선택 영역 테두리를 점선으로 표시합니다.
• Overlay : 선택 영역을 색상 오버레이 배경 위에 표시합니다. 기본색은 빨간색입니다.
• On Black : 선택 영역을 검정 배경 위에 표시합니다.
• On White : 선택 영역을 흰색 배경 위에 표시합니다.
• Black & White : 선택 영역을 흑백 마스크로 표시합니다.
• On Layers : 선택 영역 외의 영역을 투명하게 표시합니다.

Onion Skin

Marching Ants

Overlay

On Black

On White

Black & White

On Layers

• Show Edge : 다듬기 영역을 표시합니다.

• Show Original : 원래의 선택 영역을 표시합니다.

• High Quality Preview : 미리 보기를 고화질로 표현합니다.

• Transparency : 보기 모드의 투명도/불투명도를 설정합니다.

ⓒ Edge Detection

• Radius : 가장자리 다듬기를 적용할 반경을 설정합니다. 가장자리를 선명하게 하려면 낮게 설정합니다.

• Smart Radius : 선택 영역 가장자리 둘레에 자동으로 반경을 적용합니다.

Radius   Smart Radius

ⓓ Global Refinements

• Smooth : 선택한 영역의 가장자리를 매끄럽게 만듭니다.

• Feather : 값이 클수록 가장자리 부분이 부드럽게 흐려집니다.

• Contrast : 선택한 부분의 경계선을 선명하게 만들어 주기 때문에 흐릿한 부분이나 노이즈를 제거할 수 있습니다.

• Shift Edge : 음수 값을 주면 선택 영역이 축소되고 양수 값을 주면 확대되므로 가장자리에 원하지 않는 배경이 많이 선택되었을 때 음수 값을 적용합니다.

Smooth   Feather   Contrast   Shift Edge

ⓔ Output Settings

• Decontaminate Colors : 경계면의 색상을 근처 전체 선택된 픽셀 색으로 대체합니다. 색상 정화를 선택하면 픽셀 색이 변경되기 때문에 새 레이어 또는 새 문서에 출력해야 합니다.

• Output To : 가장자리 다듬기가 완료된 선택 영역을 현재 레이어의 선택 영역, 마스크, 새 레이어 또는 새 문서로 내보냅니다.

직접 해보기 ⬭ 원형 선택 툴(Elliptical Marquee Tool)

원 모양으로 이미지에 영역을 선택합니다.

01 [File]−[Open] 메뉴를 이용하여 "Sample〉part02" 폴더에서 "p02−03−03.jpg" 파일을 불러옵니다. 툴 패널에서 원형 선택 윤곽 툴(⬭)을 선택하고 화분의 안쪽 테두리에 맞추어 러프하게 드래그합니다.

02 [Selection]−[Transform Selection] 메뉴를 선택하면 선택 영역에 바운딩 박스가 나타납니다. 바운딩 박스의 조절점을 드래그하여 화분 안쪽 테두리에 정확히 맞게 선택 영역을 변형합니다. [Ctrl]을 누른 채 조절점을 드래그하면 자유롭게 이동시킬 수 있습니다. 바운딩 박스 안을 더블 클릭하여 변형을 완료합니다.

03 [Select]−[Save Selection] 메뉴를 선택합니다. 대화상자가 나타나면 옵션을 설정하고 [OK] 버튼을 클릭합니다.

04 다시 [Select]-[Transform Selection] 메뉴를 선택하고 바운딩 박스가 나타나면 화분 바깥 테두리에 맞추어 선택 영역을 변형합니다. 변형을 완료하면 박스 안을 더블 클릭합니다.

05 이번에는 [Select]-[Load Selection] 메뉴를 선택합니다. 대화상자가 나타나면 Subtract from Seletion을 선택한 후 [OK] 버튼을 클릭합니다.

06 원 영역에서 3번에 저장했던 선택 영역이 제거되어 화분만 선택되었으면 [Filter]-[Pixelate]-[Crystallize] 메뉴를 선택합니다. 대화상자가 나타나면 Cell Size를 20으로 설정한 후 [OK] 버튼을 클릭합니다.

07 선택 영역에 필터가 적용되면 `Ctrl`+`D`를 눌러 선택을 해제합니다.

보충수업 Save Selection 대화상자

❶ Destination
- Document : 선택 영역을 저장할 파일을 지정합니다.
- Channel : 선택 영역을 저장할 채널을 지정합니다.
- Name : 저장할 선택 영역의 이름을 설정합니다.

❷ Operation
위 옵션에서 선택한 채널 영역에 선택 영역을 추가, 제거 혹은 교차하여 저장할지 설정합니다. 채널을 새로 만들면 새 채널 항목만 활성됩니다.
저장한 선택 영역은 [Select]-[Load Selection] 메뉴를 선택하여 불러오거나 채널 패널에서 불러옵니다.

보충수업 Load Selection 대화상자

❶ Source
- Document : 선택 영역을 불러올 파일을 지정합니다.
- Channel : 선택 영역으로 불러올 채널을 지정합니다.
- Invert : 체크하면 선택 영역을 반전시켜 불러옵니다.

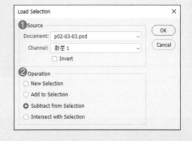

❷ Operation
불러올 선택 영역을 새로 불러올지 현재 선택 영역에 추가, 제거할지 혹은 현재 선택 영역과 교차된 부분만 선택 영역으로 남길지 설정합니다.

보충수업 [Select]-[Modify] 메뉴

입력한 픽셀 수만큼 선택 영역을 수정합니다.

| 원본 | Border 10픽셀 | Smooth 20픽셀 | Expand 5픽셀 | Contract 5픽셀 | Feather 10픽셀 |

직접 해보기 [⋯]단일 가로, [▯]단일 세로 툴(Single Row, Column Marquee Tool)

1픽셀 두께의 가로 방향 또는 세로 방향의 선택 영역을 만듭니다.

01 [File]-[Open] 메뉴를 이용하여 "Sample〉part02" 폴더에서 "p02-03-04.jpg" 파일을 불러온 후 단일 가로([⋯]) 및 세로 선택 툴([▯])로 이미지를 분할하여 보겠습니다.

02 [View]-[New Guide Layout] 메뉴를 선택하고 대화상자가 나타나면 Cumns과 Rows의 번호를 각각 4, 3으로 설정합니다. 이미지를 세로 4등분, 가로 3등분한 안내선이 표시됩니다.

강의노트 🖉

[View]-[Rules] 혹은 Ctrl+R을 눌러 눈금자를 불러온 후 눈금자를 클릭한 채로 드래그하여 원하는 지점에 놓는 방법으로도 안내선을 만들 수 있습니다.

03 툴 패널에서 단일 가로 선택 툴([⋯])을 선택하고 두 번째 가로 안내선을 클릭하면 세로 1픽셀 크기의 가로선 선택 영역이 만들어집니다.

04 Shift 를 누르면 단일 가로 선택 툴의 마우스 포인트에 +가 추가됩니다. 세 번째 가로 안내선을 클릭하여 선택 영역을 추가합니다.

05 이번에는 툴 패널에서 단일 세로 선택 툴( )을 선택한 후 Shift 를 누른 채 새로 가이드라인을 클릭하여 세로 선택 영역을 추가합니다.

06 툴 패널 하단의 기본 전경색과 배경색( )을 클릭하고 Ctrl + Delete 를 눌러 선택 영역을 흰색으로 채웁니다.

강의노트 ✏

Alt + Delete 는 선택 영역 혹은 이미지 전체를 전경색으로 채우고, Ctrl + Delete 는 배경색으로 채웁니다. [View]-[Clear Guide] 메뉴를 선택하면 안내선이 지워집니다.

07 툴 패널에서 사각형 선택 툴(▢)을 선택합니다. 분할 영역을 한 칸씩 띄어가며 Shift 를 누른 채 드래그하여 선택 영역으로 지정합니다.

08 [Image]-[Adjustments]-[Desturate] 메뉴를 이용하여 선택 영역을 흑백으로 변환한 후 Ctrl +D를 눌러 선택 영역을 해제합니다.

📍보충수업 단축키로 선택 영역 추가/삭제하기

❶ Shift +드래그 : 드래그할 때마다 선택 영역이 추가됩니다.

❷ Alt +드래그 : 기존 선택 영역에서 드래그 영역이 제거됩니다.

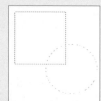 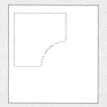

❸ Shift + Alt +드래그 : 선택 영역과 드래그한 영역의 교차 부분만 선택됩니다.

직접 해보기 ⭕ 올가미 툴(Lasso Tool)

불규칙한 형태의 이미지를 선택할 때 사용하며 원하는 영역을 마우스로 자유롭게 드래그하여 선택합니다. 마우스 버튼을 클릭한 상태에서 한 번에 드래그하여 선택하기 때문에 특정 영역을 빠르게 선택할 수 있습니다.

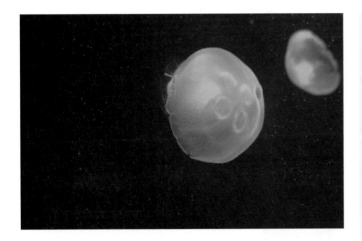

01 [File]-[Open] 메뉴를 이용하여 "Sample〉part02" 폴더에서 "p02-03-05.jpg" 파일을 불러온 후 올가미 툴(⭕)로 해파리를 빠르게 선택하고 복제하여 봅시다.

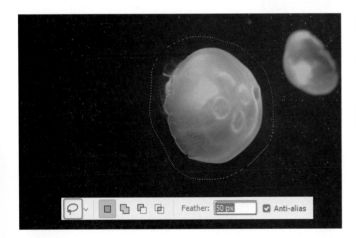

02 툴 패널에서 올가미 툴(⭕)을 선택하고 옵션 막대의 Feather 값을 50 px로 설정합니다. 문서 창으로 돌아가 해파리 크기보다 여유 있게 드래그하여 선택 영역으로 지정합니다.

강의노트 ✏️

Feather는 선택 영역 경계를 수정하는 기능입니다. 값이 높을수록 부드럽게 퍼지는 정도가 많아집니다.

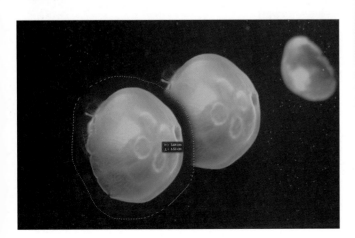

03 Ctrl + Alt 를 누른 채 왼쪽 빈 공간으로 드래그하면 선택 영역의 이미지가 복사됩니다.

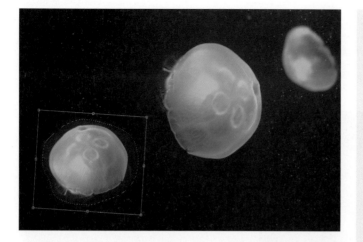

04 Ctrl + T 를 눌러 바운딩 박스가 나타나면 Shift 를 누른 채 바운딩 박스의 모서리 조절점을 드래그하여 크기를 축소합니다. 커서를 회전 포인터로 바꿔 박스를 회전시킨 후 박스 안을 더블 클릭합니다.

05 이번에는 Ctrl + C, Ctrl + V 를 차례로 누르면 선택 영역이 복사된 새 레이어가 생성됩니다.

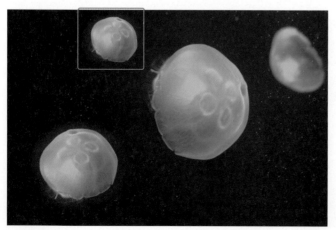

06 Ctrl + T 를 눌러 크기와 위치를 변경하고 Enter 를 눌러 작업을 완료합니다.

직접 해보기 다각형 올가미 툴(Polygonal Lasso Tool)

다각형 올가미 툴은 클릭한 지점을 직선으로 연결하여 선택 영역을 설정하므로 각이 진 형태의 이미지를 선택할 때 유용합니다.

01 [File]-[Open] 메뉴를 이용하여 "Sample〉part02" 폴더에서 "p02-03-06.jpg" 파일을 불러온 후 다각형 올가미 툴( )로 잔디를 선택하고 채도를 조정하여 봅시다.

02 잔디의 경계선을 따라 클릭하여 선택 영역을 만듭니다. 푯말의 테두리를 따라 선택 영역을 지정할 땐 이미지를 확대하여 정확하게 테두리를 클릭합니다. 다각형 올가미 툴을 사용하는 도중에는 돋보기 툴을 사용할 수 없으므로 Ctrl + + 를 눌러 이미지를 확대합니다.

강의노트 🖉
Spacebar 를 누르면 손 툴로 전환되어 화면에 보이지 않는 영역으로 이동할 수 있습니다.

03 시작점으로 되돌아간 후 커서의 모양이 일 때 클릭하면 선택 영역이 완성됩니다.

강의노트 🖉
선택 영역 설정 도중 Delete 를 누르면 클릭한 점이 차례대로 삭제됩니다.

04 [Image]-[Adjustments]- [Vibrance] 메뉴를 실행한 후 대화상자가 나타나면 Vibrance와 Saturation을 모두 100으로 설정하고 [OK] 버튼을 클릭합니다. Ctrl+D를 눌러 선택을 해제하고 작업을 완료합니다.

보충수업 퀵 마스크 모드로 선택하기

퀵 마스크 모드는 브러시 툴로 채색하면서 마스크 영역 혹은 선택 영역을 색상으로 구분합니다. 퀵 마스크 모드로 전환하면 전경색과 배경색이 기본 설정인 검정과 흰색으로 변경되고 브러시로 칠한 검정 영역은 옵션에서 설정한 색상으로 표시됩니다. 채색된 영역을 지울 때는 지우개 툴을 사용하거나 전경색을 흰색으로 지정하고 채색합니다. 브러시 툴을 사용하기 때문에 사용법이 간단하고 페더, 불투명도를 선택 영역에 반영할 수 있습니다.

❶ Quick Mask Options

툴 패널 하단의 Edit in Quik Mask Mode(▣) 모드 아이콘을 더블 클릭하면 Quick Mask Option 대화상자가 나타납니다. 브러시로 칠한 영역을 마스크 처리할 것인지 선택 영역으로 지정할 것인지에 대한 설정과 브러시로 칠한 영역을 표시할 색상과 불투명도 설정 옵션이 있습니다.

❷ 마스크 영역 지정하기

먼저, 빠른 마스크 옵션에서 색상 표시 내용이 마스크 영역으로 설정된 것을 확인합니다. 표준 편집 모드에서 툴 패널 하단의 ▣ 아이콘을 클릭하면 퀵 마스크 모드로 전환됩니다. 브러시 툴로 이미지를 칠하고 다시 툴 패널 하단의 ◼ 아이콘을 클릭하면 브러시로 칠하지 않은 영역이 선택 영역으로 지정됩니다.

직접 해보기　🧲자석 올가미 툴(Magnetic Lasso Tool)

선택하려는 이미지와 배경의 명도차가 클 때는 이미지 경계 부분에 마우스를 올려놓으면 자동으로 선택이 되는 자석 올가미 툴을 사용합니다.

01 [File]-[Open] 메뉴를 이용하여 "Sample〉part02" 폴더에서 "p02-03-07.jpg" 파일을 불러온 후 자석 올가미 툴(🧲)로 버섯을 선택하고 강조하여 보겠습니다.

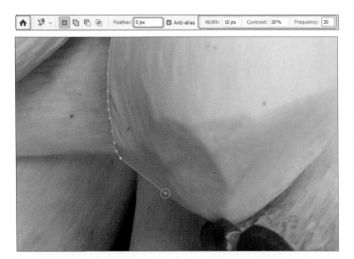

02 툴 패널에서 자석 올가미 툴(🧲)를 선택하고 그림과 같이 옵션 막대 항목을 설정합니다. Ctrl + + 를 여러 번 눌러 이미지를 확대한 후 가운데 버섯 테두리 한 곳을 클릭합니다. 버섯의 테두리를 따라 커서를 이동시키면 자동으로 고정점이 만들어집니다.

강의노트 ✏️
Caps Lock 을 누르면 커서의 모양이 가장자리 감지 폭을 나타내는 원 모양으로 변경됩니다.

03 색상 경계가 뚜렷하지 않은 곳은 클릭하여 고정점을 만들어주고 잘못 지정된 곳은 Delete 를 눌러 삭제합니다. 시작점이 있는 곳까지 되돌아가면 더블 클릭하거나 시작점을 클릭하여 선택 영역을 완성합니다.

강의노트 ✏️
마지막 고정점과 시작점을 직선으로 연결하려면 Alt 를 누른 채 더블 클릭합니다.

04 [Ctrl]+[T]를 눌러 크기를 조절한 후 [Select]-[Inverse] 메뉴를 선택하여 선택 영역을 반전시킵니다.

05 [Filter]-[Blur]-[Gaussian Blur] 메뉴를 실행하고 대화상자가 나타나면 Radius을 7로 설정합니다. [OK] 버튼을 클릭하면 배경에 흐림 효과가 적용됩니다.

06 [Ctrl]+[D]를 눌러 선택을 해제하고 작업을 완료합니다.

보충수업 자석 올가미 툴 옵션 막대

❶ **Width** : 가장자리를 감지하는 폭을 지정합니다. 1~256 픽셀 사이의 값을 입력하며 입력한 수치 범위 안에 있는 경계선을 감지하므로 수치가 낮을수록 정교하게 선택됩니다. ⌐Ctrl⌐을 누르면 커서의 모양이 가장자리 감지 폭을 나타내는 원형으로 변경됩니다.

❷ **Contrast** : 1. 1~100 % 사이의 값을 입력하여 가장자리의 색상, 명도, 채도 대비에 대한 민감도를 지정합니다. 값이 높을수록 배경과 선명하게 대비되는 가장자리만 감지하기 때문에 경계가 부드럽게 선택됩니다.

❸ **Frequency** : 1~100 사이의 값을 입력하여 올가미가 가장자리를 감지하여 고정점을 생성하는 속도를 지정합니다. 높은 값일수록 선택 영역 테두리가 제자리에 빠르게 고정됩니다.

빈도 수 20

빈도 수 60

❹ **Use tablet pressure to change pen width(태블릿 압력)** : 태블릿을 사용할 때 마우스 펜의 압력을 감지합니다.

직접 해보기   빠른 선택 툴(Quick Selection Tool)

브러시를 이용해 이미지를 드래그하면 선택 영역이 확장되어 빠르게 선택할 수 있습니다. 드래그한 자리의 색상을 기준으로 비슷한 색상을 가진 영역까지 선택됩니다.

01 [File]-[Open] 메뉴를 이용하여 "Sample〉part02" 폴더에서 "p02-03-08.jpg" 파일을 불러온 후 빠른 선택 툴( )로 자몽과 사과를 선택하고 대비를 강하게 보정해 보겠습니다.

02 툴 패널에서 빠른 선택 툴( )을 선택하고 옵션 막대에서 브러시의 크기를 조절합니다. Auto-Enhance에 체크 표시를 하고 자몽을 드래그하면 선택 영역이 확장되면서 빠르게 선택됩니다.

강의노트 🖊
Auto-Enhance는 가장자리의 대비와 반경을 수정한 것처럼 가장자리를 자동으로 향상시켜 보다 매끄럽게 선택됩니다.

03 자몽을 모두 선택한 후 사과를 드래그하여 선택 영역에 추가합니다. 잘못된 영역은 [Alt]를 누른 채 다시 드래그하면 선택 영역에서 제거할 수 있습니다.

강의노트 🖊
새 선택 영역이 만들어지면 드래그할 때마다 자동으로 선택 영역이 추가됩니다.

04 자몽과 사과를 모두 선택한 후 Ctrl + J 를 두 번 눌러 선택 영역의 이미지리를 새로운 레이어로 복제합니다. Layers 패널에서 선택 영역이 각각 Layer 1과 Layer 1 copy에 복사된 것을 확인할 수 있습니다.

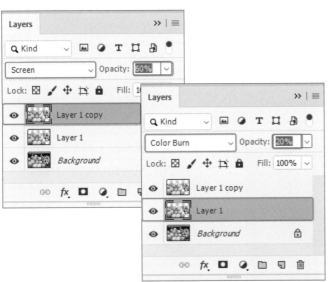

05 Layer 1 copy를 선택하고 혼합 모드를 Screen, Opacity를 60%로 설정합니다. Layer 1의 혼합 모드는 Color Burn, Opacity는 20으로 설정합니다.

06 복사한 두 레이어로 대비를 높여 원본 이미지보다 선명한 이미지가 만들어집니다.

보충수업 빠른 선택 툴 옵션 막대

❶ New selection : 새 선택 영역을 만듭니다. 선택 영역이 만들어지면 자동으로 Add to selection으로 바뀝니다.

❷ Add to selection : 기존의 선택 영역에 새로운 영역을 추가합니다.

❸ Subtract from selection : 기존의 선택 영역에서 새로운 영역을 빼냅니다.

❹ click to open the brush option : 선택 영역을 만드는 브러시의 크기, 경도, 모양 등의 옵션을 설정합니다.

❺ Sample All Layers : 모든 레이어를 기준으로 선택 영역을 만듭니다.

❻ Auto-Enhance : 체크하면 선택 영역이 이미지 가장자리를 향해 자동으로 흐르게 되고 가장자리의 대비와 반경을 수정한 것처럼 자동으로 가장자리가 향상되어 경계선을 좀 더 매끄럽게 선택합니다.

직접 해보기 자동 선택 툴(Magic Wand Tool)

클릭 지점의 색상을 기준으로 설정한 Tolerance 범위의 색상을 단번에 선택할 수 있어 단일 색상의 배경 이미지를 추출할 때 효과적입니다.

01 [File]-[Open] 메뉴를 이용하여 "Sample〉part02" 폴더에서 "p02-03-09.jpg" 파일을 불러온 후 자동 선택 툴( )로 해바라기를 선택하고 밝게 보정하여 봅시다.

02 툴 패널에서 자동 선택 툴( )을 선택한 후 옵션 막대의 Tolerance에 50을 입력하고 Contiguous의 체크를 해제합니다.

03 이미지의 오른쪽 상단을 클릭하면 허용 범위 내의 색상까지 선택이 됩니다. Shift를 누른 채 선택되지 않은 배경을 선택하면 잎과 줄기 사이의 배경까지 모두 선택됩니다.

강의노트 ✏️

옵션 막대의 인접 항목에 체크하면 허용치 범위 안의 연결된 픽셀만 선택되고, 체크를 해제하면 이미지 전체에서 허용치 범위 안의 모든 픽셀이 선택됩니다.

04 Ctrl + Shift + I 를 눌러 선택 영역을 반전시키고 [Image]-[Adjustments]-[Levels] 메뉴를 선택합니다. 대화상자가 나타나면 입력 레벨 값을 왼쪽부터 차례로 1, 1.13, 181로 입력하고 [OK] 버튼을 클릭합니다.

05 선택 영역이 전보다 밝아진 것을 확인하고 Ctrl + D 를 눌러 선택 해제합니다.

❶Sample Size : 클릭한 지점을 중심으로 샘플 크기 안의 평균 색상을 기준 색상으로 추출합니다.

❷Tolerance : 0~255 사이의 정수를 입력하여 기준 색상의 범위를 결정합니다. 허용치 값이 커질수록 선택 영역이 넓어집니다.

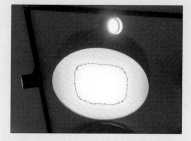

Tolerance 20

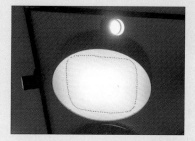

Tolerance 60

❸Contiguous : 체크 시 허용 범위 안의 연결된 픽셀만 선택됩니다. 해제하면 이미지 전체에서 허용 범위 안의 픽셀을 선택합니다.

Contiguous에 체크했을 때

Contiguous에 체크를 해제했을 때

직접 해보기   자르기 툴(Cut Tool)

구도를 수정하거나 불필요한 이미지를 자를 때 사용합니다. 또한 잘려나간 픽셀이 유지되는 옵션이 있어 원본을 훼손하지 않으면서 이미지를 잘라낼 수 있습니다.

01 [File]-[Open] 메뉴를 이용하여 "Sample〉part02" 폴더에서 "p02-03-10.jpg" 파일을 불러온 후 자르기 툴()로 원래 크기를 유지하며 이미지를 똑바르게 만들어 보겠습니다.

02 툴 패널에서 자르기 툴()을 선택하면 이미지 가장자리에 자르기 상자가 점선으로 표시됩니다. 옵션 막대에서 Straighten 아이콘 을 클릭하고 Delete Cropped Piels, Content-Aware 항목에 체크한 후 가운데 기둥의 중심부를 세로로 드래그합니다.

강의노트 🖉
자르기 툴을 선택하고 이미지 가장자리의 자르기 상자를 조절하거나 새 자르기 영역을 그려 자르기 테두리를 지정할 수 있습니다.

03 이미지의 기울기가 변경되면서 자르기 상자 안에 여백이 생깁니다. 옵션 막대에서 을 클릭하거나 자르기 상자 안을 더블 클릭합니다.

강의노트 🖉
자르기 상자 안의 여백은 배경색으로 채워집니다.

04 여백이 생긴 곳이 원래 이미지를 인식하여 자동으로 채워집니다.

강의노트 🖉

내용 인식은 CC 버전에 새롭게 추가된 기능입니다. 원본의 내용을 기반으로 자르기 후 생기는 여백을 자연스럽게 채웁니다.

보충수업 자르기 툴 옵션 막대

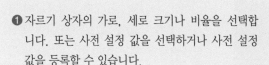

❶ 자르기 상자의 가로, 세로 크기나 비율을 선택합니다. 또는 사전 설정 값을 선택하거나 사전 설정 값을 등록할 수 있습니다.

❷ 가로, 세로, 해상도 값을 입력하여 자를 수 있습니다.

❸ 자르기 상자의 입력된 수치 값을 지웁니다.

❹ 드래그한 선을 기준으로 수평, 수직을 맞춥니다.

❺ 자를 때 삼등분 선, 격자, 골든 비율 등의 안내선을 표시하여 자른 후의 이미지 비율을 미리 볼 수 있습니다.

❻ Set additional Crop options

• Use ClassicMode : 체크하면 이미지는 고정하고

자르기 상자를 움직여 자를 영역을 설정합니다.

• show Cropped Area : 체크하면 잘려나갈 영역을 보여줍니다.

• Auto Center Preview : 체크하면 캔버스 중앙에 미리 보기를 배치합니다.

• Enable Crop Shield : 잘려나갈 영역의 투명도 및 색상을 지정합니다.

☐ Use ClassicMode	P
☑ Show Cropped Area	H
☑ Auto Center Preview	
☑ Enable Crop Shield	
Color: Match Canvas ▾ ☐	
Opacity: 75% ▾	
☑ Auto Adjust Opacity	

보충수업 선택 영역으로 자르기

알아두면 굉장히 편리한 기능입니다. 선택 영역을 지정한 후 자르기 툴로 이미지를 클릭하면 선택 영역이 자르기 상자로 전환되고 상자 안을 더블 클릭하면 바로 자르기가 실행됩니다.

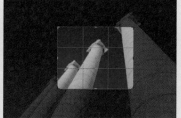

직접 해보기 원근 자르기 툴(Perspective Crop Tool)

이미지의 원근을 변형하며 자르는 툴로 왜곡된 이미지를 수정하거나 이미지의 원근을 왜곡시킬 수 있습니다.

01 [File]-[Open] 메뉴를 이용하여 "Sample>part02" 폴더에서 "p02-03-11.jpg" 파일을 불러온 후 원근 자르기 툴( )로 정면에서 바라본 액자를 만들어 보겠습니다.

02 툴 패널에서 원근 자르기 툴( )을 선택한 후 액자의 모서리를 차례대로 클릭하면 바운딩 박스가 표시됩니다.

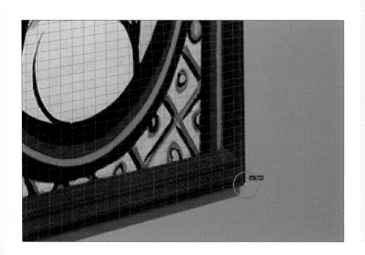

03 마우스 휠을 위로 굴리거나 Ctrl + + 를 눌러 확대한 후 액자 테두리와 바운딩 박스를 맞춥니다. Spacebar 를 눌러 손 툴로 전환되면 화면을 이동시켜 나머지 모서리도 정확하게 맞춰줍니다.

04 Shift + Alt 를 누른 채 왼쪽 상단 모서리 조절점을 드래그하면 윗면과 왼쪽면을 같은 비율로 조절할 수 있습니다. 오른쪽 하단 모서리 조절점도 드래그하여 바운딩 박스의 크기를 키운 후 박스 안을 더블 클릭합니다.

강의노트 🖊
ESC 를 누르면 자르기 모드가 해제됩니다.

05 원근 자르기가 완료되면 원근감이 제거되어 정면에서 바라본 액자가 완성됩니다.

📍 **보충수업** 원근 자르기 툴 옵션 막대

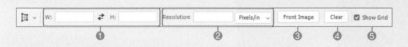

❶ 가로, 세로 값을 입력하여 잘라낼 이미지의 크기를 설정합니다.
❷ 잘라낼 이미지의 해상도를 설정합니다.
❸ 클릭하면 현재 열려있는 이미지의 크기, 해상도가 자동으로 입력됩니다.
❹ 입력된 값들을 모두 지웁니다.
❺ 체크하면 자르기 모드일 때 격자를 표시합니다.

직접 해보기 분할 영역 툴(Slice Tool)

이미지를 나누어 분할 영역을 만들 수 있습니다.

01 [File]-[Open] 메뉴를 이용하여 "Sample〉part02" 폴더에서 "p02-03-12.jpg" 파일을 불러옵니다. 분할 영역 툴( )을 선택하고 오른쪽 꽃대 부분을 드래그하면 이미지 분할 영역이 표시됩니다.

강의노트 ✎

이미지를 분할하고 노란색으로 분할 영역이 선택되어 있으면 분할 선을 수정할 수 있습니다.

02 같은 방법으로 이미지를 드래그하여 영역을 분할합니다.

강의노트 ✎

분할 영역은 분할 영역 툴을 사용하거나 레이어 기반 분할 영역을 작성하여 만들 수 있습니다.

📍 보충수업 레이어 기반 분할 영역 만들기

레이어를 선택하고 [Layer]-[New Layer Based Slice] 메뉴를 실행하면 선택한 레이어 내용 크기의 분할 영역을 만들 수 있습니다. 레이어 기반 분할 영역은 레이어의 픽셀 데이터를 포함하기 때문에 레이어 내용을 편집하면 분할 영역이 자동으로 조정됩니다.

또한, 레이어의 내용으로 영역이 정의되므로 레이어 분할 영역을 이동하거나 결합, 나누기, 크기 조정, 정렬을 할 수 없습니다. 레이어 기반 분할 영역을 편집하려면 분할 영역 선택 툴을 선택하고 옵션 막대의 [승격] 버튼을 눌러 사용자 분할 영역으로 변환됩니다.

직접 해보기 분할 영역 선택 툴(Slice Select Tool)

분할 영역을 선택, 이동, 복사 및 삭제할 수 있고, 분할 영역 옵션으로 링크를 설정할 수 있습니다. 분할 영역 이미지는 [웹용으로 저장] 메뉴를 이용하여 웹 페이지에 최적화합니다.

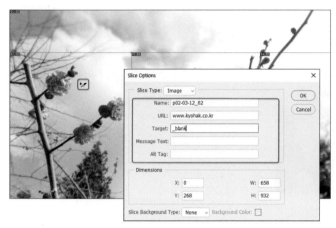

01 이번에는 분할된 이미지에 링크를 걸어봅니다. 분할 영역 선택 툴(   )을 선택하고 왼쪽 꽃대 이미지를 더블 클릭합니다. Slice Options 대화상자가 나타나면 URL 항목에 웹 문서 주소를 입력하고 대상 항목으로 _blank를 입력한 후 [OK] 버튼을 클릭합니다.

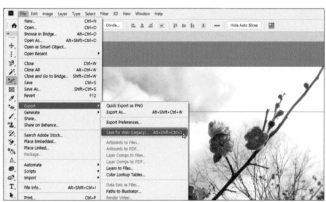

02 분할 이미지와 웹 문서를 만들기 위해 [File]-[Export]-[Save for Web(Lagecy)] 메뉴를 선택합니다.

03 Save for Web 대화상자가 나타나면 파일 형식을 지정하고 [OK] 버튼을 클릭합니다.

04 Save Optimized As 대화상자에서 파일 이름을 입력하고 Format을 HTML and Images로 설정한 후 [OK] 버튼을 클릭합니다. 지정한 경로에 이미지 폴더와 HTML 문서가 만들어집니다. HTML 문서를 더블 클릭하고 링크를 설정했던 왼쪽 꽃대 이미지를 클릭하면 해당 사이트로 이동합니다.

보충수업 분할 영역의 유형

분할 영역을 제작 방식으로 분류하면 분할 영역에는 3가지 유형이 있습니다. 분할 영역 툴로 만드는 사용자 분할 영역과 레이어 내용으로 지정되는 레이어 기반 분할 영역 그리고 나머지 영역에 자동으로 만들어지는 자동 분할 영역입니다. 사용자 분할 영역과 레이어 기반 분할 영역은 실선으로 정의되는 반면 자동 분할 영역은 점선으로 정의되고 영역의 내용과 번호를 표기하는 색도 파란색과 회색으로 구분됩니다. 자동 분할 영역은 웹에 최적화하기 위해 자동으로 생성되므로 사용자 분할 영역이나 레이어 기반 분할 영역을 추가하거나 편집하면 다시 만들어 집니다. 분할 영역 선택 툴의 옵션 막대에서 자동 분할 영역 표시를 숨기거나 표시할 수 있고, 사용자 분할 영역으로 변환할 수도 있습니다.

자동 분할 영역 표시

자동 분할 영역 숨기기

직접 해보기 ⊠ 프레임 툴(Frame Tool)

여러 장의 사진을 하나의 사진으로 레이아웃를 빠르고 쉽게 나열하고 디자인합니다.

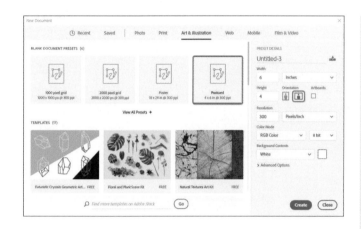

01 [File]-[New] 메뉴를 선택하여 New Document 대화상자가 나타나면 Art & Illustration을 선택합니다. BLANK DOCUMENT PRESETS에서 Postcard를 선택하고 오른쪽 Orientation을 가로 방향으로 선택한 후 [Create]를 클릭합니다. 새로운 이미지 창에 프레임 툴(⊠)을 사용해 여러 장의 사진을 넣어보겠습니다.

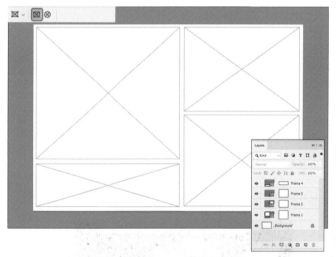

02 툴 패널에서 프레임 툴(⊠)을 선택하고 옵션 막대에서 사각형 프레임을 선택한 후 새로운 이미지 창에서 드래그하면 사각형의 프레임이 만들어집니다. 왼쪽의 화면과 같이 4개의 프레임을 생성합니다. Layers 패널을 열어서 확인해 보면 생성된 프레임 순서대로 Frame 레이어가 만들어집니다.

03 맨 왼쪽 위의 프레임을 클릭하여 선택하고 [File]-[Place Embadded] 메뉴가 나타나면 Sample〉part02 폴더에서 p02-03-12.jpeg. 파일을 선택하고 [Place] 버튼을 클릭하여 프레임에 사진을 넣습니다.

04 그림이 삽입되면서 그림 크기가 바운딩 박스로 표시됩니다. 이 상태에서 그림를 클릭하고 드래그하여 그림의 위치를 수정합니다.

05 [File]-[Place Embadded] 메뉴를 이용해 Sample〉Part2 폴더에 있는 여러 사진을 프레임 안에 불러옵니다. Layers 패널을 확인해 보면 이미지 썸네일과 마스크 썸네일로 이루어져 있는 것을 알 수 있습니다.

강의노트 ✏️

레이어 마스크는 사진에 마스크를 씌워서 일부만 표시하는 기능입니다.

📍 **보충수업** 프레임 툴 옵션 막대

❶❷

❶ 사각 프레임을 생성하고 그 안에 사진을 넣을 수 있습니다.
❷ 둥근 프레임을 생성하고 그 안에 사진을 넣을 수 있습니다. 정원 및 타원으로 프레임을 만들 수 있습니다.

〈사각형 프레임〉

〈원형 프레임〉

실전문제

01. 선택 툴을 이용하여 곰돌이를 스탠드가 있는 책상 위로 옮겨보세요.

준비 파일 | Sample〉part02〉p02-03-13.jpg, 14.jpg

완성파일 | Artwork〉part02〉p02-03-14.psd

Hint 1. 준비된 두 파일을 열고 툴 패널에서
빠른 선택 툴을 선택합니다.

2. 옵션 막대에서 브러시 크기를 조절하고
자동 향상에 체크한 후 곰돌이와
팸플렛을 드래그합니다. 곰돌이가
선택되면 Ctrl + C 를 눌러 클립보드에
복사합니다.

3. 책상 이미지에서 Ctrl + V 를 눌러
곰돌이를 붙여 넣은 후 Ctrl + T 를
눌러 크기가 위치를 조절합니다.

4. Layer 1을 더블 클릭한 후 Layer Style
대화상자가 나타나면 Drop Shadow에
체크하고 각도를 90°으로 설정합니다.

실전문제

02. 준비된 이미지의 색감을 조정하여 잎과 배경보다 튤립이 눈에 더욱 띄도록 만들어 보세요.

준비파일 | Sample〉part02〉p02-03-15.jpg   **완성파일** | Artwork〉part02〉p02-03-15.jpg

Hint 1. 준비된 파일을 열고 툴 패널에서 자동 선택 툴을 선택합니다.
2. 옵션 막대에서 선택 모드를 Add to selection로 설정한 후 Tolerance를 입력합니다. Contiguous에 체크를 해제한 후 노란 튤립과 빨간 튤립을 클릭합니다.
3. 잘못 선택된 영역은 선택 모드를 Subtrace from selection으로 설정한 후 클릭하거나 다른 선택 툴로 Alt 를 누른 채 선택 영역으로 지정합니다.
4. 자연스러운 색상 경계를 위해 [Select]-[Modify]-[Feather] 메뉴를 실행하고 가장자리에 부드럽게 해줍니다.
5. [Imgae]-[Adjustment]-[Vibrance] 메뉴에서 Vibrance와 Saturation 값을 높여 튤립의 색감이 더욱 선명하고 화려하게 조정합니다.
6. Ctrl + Shift + I 를 눌러 선택 영역을 반전시키고 다시 [Imgae]-[Adjustment]-[Vibrance] 메뉴를 실행합니다. 이번에는 Vibrance와 Sturation 값을 낮게 조정하고 Ctrl + D 를 눌러 선택을 해제합니다.

03. 원본 비율을 유지하며 다리가 사진의 중심이 되도록 이미지를 편집해 보세요.

준비파일 | Sample〉part02〉p02-03-16.jpg   **완성파일** | Artwork〉part02〉p02-03-16.jpg

Hint 1. 준비된 파일을 열고 자르기 툴을 선택합니다. 옵션 막대의 Straigten 아이콘을 누르고 강을 가로지르는 다리를 드래그합니다.
2. 자르기 상자의 오버레이를 삼등분으로 지정한 후 가운데에 다리를 배치합니다.
3. Shift 를 누른 채 자르기 상자의 크기를 조절하고 자르기 상자 안을 더블 클릭합니다.

이미지 복원 및 브러시 툴 익히기

복원 및 복제 툴과 페인팅 관련 툴로 인해 많은 사람들이 포토샵을 사용합니다. 포토샵에서 제공하는 복원 및 복제 툴은 사용법이 간단하지만 매우 효과적이며 복원 대상이나 복제 소스에 맞춰 툴을 선택할 수 있고, 실제 붓의 터치감을 살린 브러시 툴을 포함해 다양한 기능이 탑재된 페인팅 툴들은 사용자 편의와 의도에 맞춰 원하는 결과를 만들 수 있기 때문입니다. 그렇기 때문에 각 툴들의 특징과 사용 대상에 대해 충분히 이해하고 많이 연습해야 합니다. 특히, 이미지 복원 툴이나 채색 관련 툴들은 대부분 브러시로 원하는 부분을 칠해 효과를 적용하므로 브러시 툴의 옵션 사항과 세부 기능에 대한 심도 있는 학습이 필요합니다.

Zoom In
알찬 예제로 배우는
**이미지 복원
활용하기**

Keypoint Tool

_ 이미지 복원 툴 복원 영역에 따라 다양한 툴을 지원합니다. 주변 픽셀 정보를 기반으로 결함을 제거하므로 성능이 뛰어납니다.

_ 채색 관련 툴 브러시로 칠하며 색을 채우거나 샘플링 색상과 유사한 영역을 감지해 채웁니다.

Knowhow

_ 작업 효율 브러시를 사용하는 툴들은 마우스 오른쪽 버튼으로 이미지를 클릭하면 브러시 옵션 팝업 창이 나타납니다.

_ [편집] 메뉴 선택 영역을 패턴이나 브러시로 등록, 사용할 수 있습니다.

직접 해보기 스팟 복구 브러시 툴(Spot Healing Brush Tool)

브러시로 복구 지점을 클릭하거나 문지르면 주변 픽셀을 자동으로 인식하여 수정합니다. 인물의 점이나 먼지 같이 작은 흠집을 신속히 제거할 수 있습니다.

01 [File]-[Open] 메뉴를 이용하여 "Sample>part02" 폴더에서 "p02-04-01.jpg" 파일을 불러온 후 스팟 복구 브러시 툴(   )로 얼굴의 흉터와 난간의 흠집을 제거해 보겠습니다.

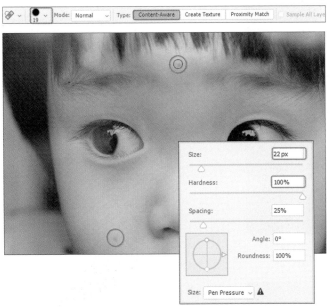

02 먼저 돋보기 툴(   )로 아이 얼굴을 확대하고 스팟 복구 브러시 툴(   )을 선택합니다. 옵션 막대의 Click to open the brush option를 클릭하여 브러시 옵션 창이 나타나면 그림과 같이 Size와 Hardness를 설정하고 Type은 Content-Aware로 지정합니다. 아이 얼굴 있는 잡티를 클릭하면 깨끗하게 지워집니다.

강의노트
[Edit]-[Preference]-[Tools] 메뉴를 실행하고 대화상자의 'Zoom with Scroll Wheel' 항목에 체크하면 돋보기 툴을 선택하지 않아도 이미지를 확대할 수 있습니다.

03 이번에는 화면을 마우스 오른쪽 버튼으로 클릭하여 브러시 옵션 창이 나타나면 브러시 크기를 40 px로 설정합니다.

강의노트
브러시 관련 툴은 이미지를 마우스 오른쪽 버튼을 클릭하면 브러시 옵션 창을 불러올 수 있습니다.

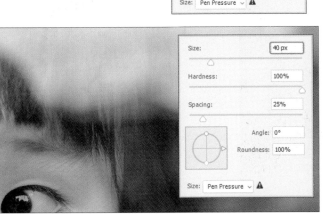

04 오른쪽 윗부분을 드래그하면 주변 이미지 정보를 기반으로 지저분한 부분이 자연스럽게 제거됩니다.

강의노트 🖉

작업 도중 Spacebar 를 누르면 커서 모양이 손바닥으로 바뀌어 빠르게 화면을 이동시킬 수 있습니다.

05 이번에는 유리창에 반사된 구름의 지저분한 곳을 제거해 봅시다. 키보드의 [를 여러 번 눌러 흠집 크기에 맞게 브러시 크기를 줄이고 지저분한 부분을 드래그합니다.

강의노트 🖉

키보드의 [를 누르면 브러시 크기가 작게 조절되고] 를 누르면 크게 조절됩니다.

06 추가로 제거하고 싶은 부분을 수정하고 작업을 마무리합니다.

보충수업 스팟 복구 브러시 툴 옵션 막대

❶ click to open the brush option : 브러시 크기와 모양을 설정합니다.
- Size : 브러시의 크기를 조절합니다.
- Hardness : 브러시 테두리의 페더를 조절합니다.
- Spacing : 획을 그었을 때 브러시 자국 사이의 거리를 조절합니다.

간격 25%

간격 100%

❷ Mode : 픽셀의 혼합 모드를 설정합니다.

❸ Type
- Content-Aware : 선택 영역을 주변 배경과 합성하여 복원합니다.
- Create Texture : 선택 영역의 픽셀을 사용하여 텍스처를 만듭니다.
- Proximity Match : 선택 영역 인근의 픽셀을 기반으로 클릭 지점을 복구합니다.

복구 지점   Content-Awarer   Create Texture   Proximity Match

❹ Sample All Layers : 여러 개의 레이어로 만든 파일일 때 레이어 상관없이 화면에 보이는 대로 사용합니다.

❺ 태블릿 사용시 태블릿 압력으로 크기를 조정합니다.

직접 해보기 복구 브러시 툴(Healing Brush Tool)

복원할 부분과 유사한 부분을 복구 소스로 지정한 후 복원할 부분을 드래그하면 주변 이미지의 텍스처, 조명, 투명도 및 음영을 반영하여 자연스럽게 복원됩니다. 주로 좁은 영역을 보정할 때 사용하며 Alt 를 누른 채 클릭하여 복구 소스를 지정합니다.

01 [File]-[Open] 메뉴를 이용하여 "Sample〉part02" 폴더에서 "p02-04-02.jpg" 파일을 불러온 후 돋보기 툴( )로 인물의 눈가를 확대합니다.

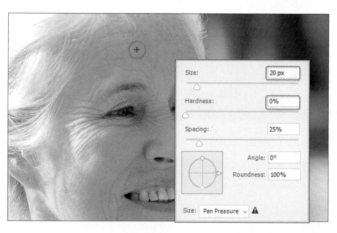

02 복구 브러시 툴( )을 선택한 후 옵션 막대에서 브러시 Size를 20 px, Hardness를 0 px로 설정합니다. 눈 밑의 주름을 제거하기 위해 Alt 를 누른 상태에서 주름이 없는 부위를 클릭하여 복원 소스로 지정합니다.

03 없애려는 주름을 드래그하면 소스 정보를 바탕으로 주름이 자연스럽게 사라집니다.

04 다시 Alt 를 눌러 새로운 영역을 지정하고 눈 옆의 주름도 복원시켜 나갑니다. 이때 브러시 크기를 적당한 크기로 조절해가면서 섬세하게 작업하여 주름을 모두 제거합니다.

📍 **보충수업** │ **복구 브러시 툴 옵션 막대**

❶ 복제 원본 패널을 불러오거나 숨깁니다.

❷ **Mode** : 혼합 모드를 설정합니다.

❸ **Source** : 복구에 사용할 소스를 지정합니다. 샘플은 현재 이미지를 소스로 사용하고 패턴은 선택한 패턴을 소스로 사용합니다.

소스 지점과 복구 지점

Sample

Pattern

❹ **Aligned** : 체크하면 드래그 도중 손을 떼어도 연결해서 복구할 수 있습니다. 체크 해제하면 복구를 다시 시작할 때마다 소스의 처음부터 복제됩니다.

❺ **Sample** : 지정한 레이어에서 소스를 샘플링합니다.
  • Current Layer : 현재 작업 레이어에서만 복구 소스를 샘플링합니다.
  • Current & Below : 작업 레이어와 밑에 있는 레이어에서 복구 소스를 샘플링합니다.
  • All Layers : 모든 레이어에서 복구 소스를 샘플링합니다.

❻ 아이콘을 켜면 조정 레이어를 무시하고 복구합니다.

직접 해보기   패치 툴(Patch Tool)

선택 영역을 지정하고 복제할 영역으로 드래그하면 그림자, 빛, 질감 등의 속성을 유지하면서 복제됩니다. 복구 브러시 툴에 비해 넓은 영역을 효율적으로 복구할 수 있습니다.

01 [File]-[Open] 메뉴를 이용하여 "Sample〉part02" 폴더에서 "p02-04-03.jpg" 파일을 불러온 후 패치 툴( )로 스티커를 감쪽같이 옮겨 봅시다.

02 툴 패널에서 패치 툴( )을 선택하고 그림과 같이 옵션 막대 옵션을 설정합니다. 사과에 붙은 스티커를 드래그하여 선택합니다.

03 선택 영역으로 지정한 스티커를 옆의 사과로 이동시키면 원래 있던 스티커처럼 자연스럽게 복제됩니다.

04 이번에는 옵션 막대에서 Source 를 선택하고 다시 처음의 스티커 를 드래그하여 선택 영역으로 지정합니 다. 그 후 선택 영역 주변의 빛과 유사한 지점으로 드래그합니다.

05 Ctrl+D를 눌러 선택 영역을 해제하고 부자연스러운 부분은 위와 같은 방법이나 복구 브러시 툴 (✎)로 수정합니다.

보충수업 패치 툴 옵션 막대

❶ **Patch** : 복구 방법을 선택합니다.

❷ **Source** : 대치 영역을 복제 소스로 사용하여 선택 영역을 복구 합니다. 선택 영역을 이동하면 마우스를 놓기 전 해당 위치의 이 미지를 미리 볼 수 있고, 마우스를 놓으면 해당 위치의 이미지가 자연스럽게 복제됩니다.

❸ **Destination** : 선택 영역을 복제 소스로 사용하여 대치 영역을 복 구합니다.

❹ **Transparent** : 단색이나 하늘같은 그레이디언트 배경일 때 체크 하면 배경은 제거되고 대상물만 깔끔하게 추출할 수 있습니다.

❺ **Use Pattern** : 선택 영역에 지정한 패턴이 적용됩니다.

❻ **Difussion** : 1~7까지 수치를 입력합니다. 수치가 클수록 선택 영 역 가장자리의 픽셀이 많이 확산됩니다.

Transparent 해제   Transparent 체크

Diffusion 1   Diffusion 7

직접 해보기 | 내용 인식 이동 툴(Content-Aware Move Tool)

일부 영역을 선택하고 이동하면 선택 영역이 있던 위치가 주변과 어울리도록 재구성되어 채워집니다. 이동된 선택 영역의 이미지 또한 옮긴 위치의 주변 픽셀과 어울리도록 복사됩니다.

01 [File]-[Open] 메뉴를 이용하여 "Sample〉part02" 폴더에서 "p02-04-04.jpg" 파일을 불러온 후 내용 인식 이동 툴(✂)로 모래에 파묻힌 신발을 만들어 보겠습니다.

02 툴 패널에서 내용 인식 이동 툴(✂)을 선택한 후 그림과 같이 옵션을 설정합니다. 옵션 설정 후 화면의 신발을 드래그하여 선택합니다.

03 선택 영역을 왼쪽으로 드래그하면 복제된 이미지와 바운딩 박스가 나타납니다. 바운딩 박스로 기울기를 조절하고 바운딩 박스 안을 더블 클릭합니다.

04 신발이 있던 원래 위치는 모래로 채워지고 복제한 신발은 자연스럽게 모래에 파묻힌 이미지로 수정됩니다. `Ctrl`+`D`를 눌러 선택을 해제합니다.

보충수업 내용 인식 이동 툴 옵션 막대

❶ **Mode**

- Move : 선택 영역을 대치 영역으로 이동하고 선택 영역은 주변 픽셀을 재구성하여 채웁니다.
- Extend : 선택 영역을 대치 영역에 복제합니다.

❷ **Structure** : 1~7까지 수치를 입력하여 원본 구조가 보존되는 정도를 조정합니다.

Structure 1   Structure 7

❸ **Color** : 1~10까지 수치를 입력하여 원본 색상의 수정 정도를 조정합니다.

색상 1   색상 10

❹ **Transform On Drop** : 체크하면 선택 영역을 드래그하고 마우스를 놓을 때 바운딩 박스가 표시되어 크기와 기울기를 조절할 수 있습니다. 형태 변형은 안 되기 때문에 `Shift`를 누르지 않고 바운딩 박스의 조절점을 이동해도 원본의 비율이 유지됩니다.

직접 해보기 ┃ 적목 현상 툴(Red Eye Tool)

어두운 곳에서 사진 촬영을 할 때 플래시로 눈동자가 붉게 찍히는 적목 현상을 제거합니다. 눈동자의 크기와 어두운 정도를 조절하여 간단하고 자연스럽게 수정할 수 있습니다.

01 [File]-[Open] 메뉴를 이용하여 "Sample〉part02" 폴더에서 "p02-04-05.jpg" 파일을 불러온 후 부엉이의 붉은 눈동자를 검은 눈동자로 보정하여 봅시다.

02 툴 패널에서 적목 현상 툴( )을 선택하고 옵션 막대의 Pupil Size와 Darken Amount를 모두 50%로 설정합니다. 눈동자가 가운데 위치하도록 드래그하면 눈동자 색상이 검은색으로 변경됩니다.

강의노트 ✏️

드래그 영역은 눈동자보다 충분히 크게 지정합니다.

03 이번에는 영역을 지정하지 말고 눈동자의 빨간 부분을 클릭해 봅니다. 영역을 지정했을 때와 마찬가지로 한 번에 적목 현상이 제거됩니다.

보충수업 적목 현상 툴 옵션 막대

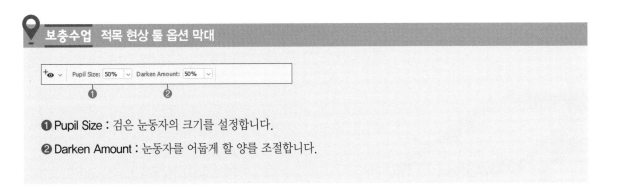

❶ **Pupil Size** : 검은 눈동자의 크기를 설정합니다.

❷ **Darken Amount** : 눈동자를 어둡게 할 양를 조절합니다.

직접 해보기 📷복제 도장 툴(Clone Stamp Tool)

선택한 이미지를 그대로 복제하거나 복제 원본 패널 옵션을 설정하여 크기, 각도를 다르게 복제할 수 있습니다.

01 [File]-[Open] 메뉴를 이용하여 "Sample〉part02" 폴더에서 "p02-04-06.jpg" 파일을 불러온 후 복제 도장 툴(📷)로 이미지의 빈 공간을 채워봅시다.

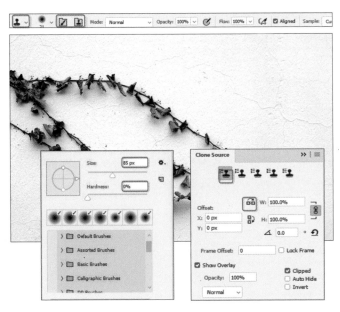

02 먼저 돋보기 툴(🔍)로 이미지를 확대하고 복제 도장 툴(📷)을 선택합니다. 옵션 막대에서 브러시 모양과 크기를 설정한 후 Clone Source 아이콘을 클릭합니다. Clone Source 패널이 나타나면 🔳를 클릭합니다.

강의노트 ✏️

복제 원본 패널은 복제 소스의 옵션을 설정합니다. 🔳는 복제 시 소스의 좌우를 뒤집어 복제하는 기능입니다.

03 Alt 를 누른 채 가장 위의 줄기를 클릭하여 복제 시작 지점으로 정하고 이미지 상단의 오른쪽 모서리를 드래그합니다. 복제 소스가 가로로 뒤집어져 복제되고 복제 소스 위치는 십자로 표시됩니다. 줄기 끝부분은 원본의 줄기가 지워지지 않도록 브러시 크기를 줄여가며 복제합니다.

강의노트 🖉

키보드의 [와] 를 누르면 브러시 크기를 줄이거나 키울 수 있습니다.

04 다시 Clone Source 패널로 돌아가 두 번째 복제 원본을 선택한 후 🔲 을 클릭하고 가로, 세로 크기를 80%, 각도를 −30°으로 설정합니다.

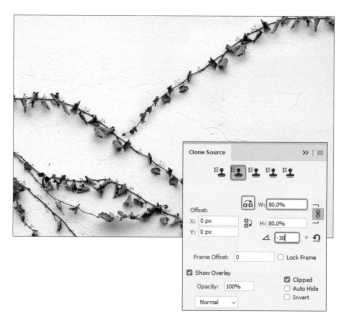

05 Alt 를 누른 채 가운데 길게 뻗친 줄기를 클릭하고 위에서 복제한 줄기에 붙여 드래그합니다. Clone Source 패널에서 설정한 대로 변경된 크기와 각도로 복제됩니다.

06 브러시가 너무 크면 주변의 줄기를 지울 수 있으니 확대한 후 작은 크기의 브러시를 사용하여 복제합니다.

보충수업 복제 도장 툴 옵션 막대

❶ 브러시의 크기와 모양을 지정합니다.

❷ Brush Setting 패널을 불러오거나 숨깁니다.

❸ Clone Source 패널을 불러오거나 숨깁니다.

❹ 복제 시 원본과의 색상 혼합 모드를 지정합니다.

❺ 복제 시 투명도를 조절합니다.

❻ 마우스를 움직일 때 복제되는 양을 설정합니다.

❼ 에어스프레이를 분사하는 것처럼 마우스 버튼을 누르고 있는 동안 복제 양이 늘어납니다.

❽ 체크하면 드래그 도중 마우스에서 손을 떼어도 연

결해서 복제할 수 있습니다. 체크 해제하면 클릭할 때마다 소스의 처음부터 복제됩니다.

❾ **Sample** : 지정한 레이어에서 소스를 샘플링합니다.

• Current Layer : 현재 작업 레이어에서만 복제 소스를 샘플링합니다.

• Current & Below : 작업 레이어와 밑에 있는 레이어에서 복제 소스를 샘플링합니다.

• All Layers : 모든 레이어에서 복제 소스를 샘플링합니다.

❿ 아이콘을 켜면 복제할 때 조정 레이어를 무시합니다.

보충수업 Clone Source 패널

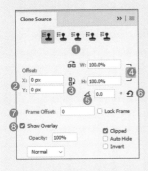

❶ 최대 5개의 복제 소스 설정을 등록하고 관리할 수 있습니다.

❷ X, Y : 복제 소스의 위치를 기준점으로 세팅하고 복제 위치와의 거리를 나타냅니다.

❸ 붙여 넣을 복제 소스의 상/하, 좌/우를 뒤집어 줍니다.

❹ W, H : 붙여 넣을 복제 소스의 크기를 조절합니다.

❺ 붙여 넣을 복제 소스의 각도를 조절합니다.

❻ 설정 값을 초기화합니다.

❼ 애니메이션에서 원본 애니메이션과 복제 소스 프레임의 관계를 설정합니다.

❽ 체크하면 원하는 영역에 마우스가 위치하였을 때 복제되는 모습을 미리 볼 수 있습니다.

직접 해보기 🖾패턴 도장 툴(Pattern Stamp Tool)

선택한 패턴으로 드래그 영역을 채웁니다. [Edit]-[Define Pattern] 메뉴로 패턴을 등록하고 사용할 수 있습니다.

01 [File]-[Open] 메뉴를 이용하여 "Sample〉part02" 폴더에서 "p02-04-07.jpg" 파일을 불러온 후 패턴 도장 툴(🖾)로 흰 벽을 꾸며 보겠습니다.

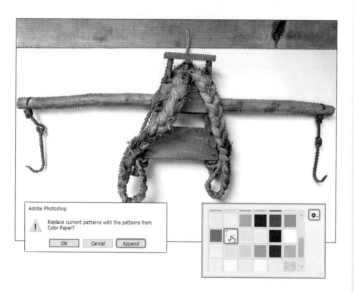

02 먼저 패턴을 적용할 흰 벽을 선택 영역으로 지정한 후 패턴 도장 툴(🖾)을 선택합니다. 옵션 막대의 패턴 피커를 열고 ⚙를 클릭한 후 사전 설정 패턴 목록에서 Color Paper를 선택합니다. 알림창의 [Append] 버튼을 클릭하면 기존 패턴 아래로 컬러 용지 패턴이 추가됩니다. 이 중 나뭇잎 패턴을 선택합니다.

강의노트 ✏️

패턴은 위 방법처럼 사전 설정된 패턴을 불러오거나 [Edit]-[Define Pattern] 메뉴로 패턴을 등록하여 사용할 수 있습니다.

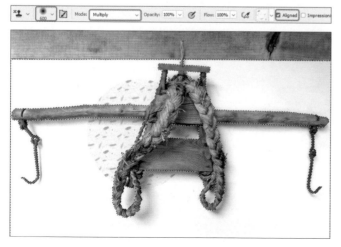

03 옵션 막대의 Mode를 Multiply로 설정하고 Align 항목에 체크한 후 브러시를 큰 크기의 테두리가 선명한 모양으로 설정합니다. 이미지를 클릭하면 흰 벽에 나뭇잎 패턴으로 채워진 도트 무늬가 그려집니다.

강의노트 ✏️

Mode를 Multiply로 설정하면 그림자가 있는 부분은 패턴이 어둡게 적용되어 자연스러워집니다.

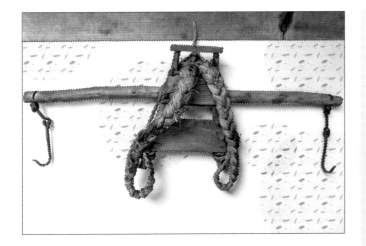

04 브러시 크기를 달리하며 배경에 무늬를 그려 넣습니다. Align 항목에 체크했기 때문에 브러시 자국이 겹치는 영역도 패턴 모양이 일치합니다. 같은 곳을 여러 번 클릭하면 패턴이 진해집니다.

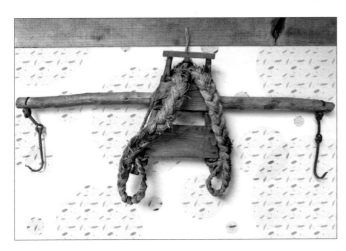

05 같은 방법으로 나머지 공간에도 무늬를 그려 넣고 작업이 완료되면 Ctrl+D를 눌러 선택을 해제합니다.

보충수업 패턴 도장 툴 옵션 막대

❶ 패턴 피커를 열어 사용할 패턴을 지정합니다. 기본 패턴 외에 사전 설정된 패턴을 불러올 수 있습니다.

❷ 인상주의 효과를 적용합니다. 패턴을 페인트 두드리기로 렌더링하므로 패턴이 뭉개져 보입니다.

직접 해보기 ✏️ 브러시 툴(Brush Tool)

전경색으로 이미지 위에 그림을 그리거나 원하는 영역을 채색합니다. 브러시 크기나 경도를 비롯해 브러시 획의 텍스처나 브러시 자국의 분산 등 다양한 옵션이 제공되며 선택 영역을 브러시로 등록하여 사용할 수 있습니다.

01 [File]-[Open] 메뉴를 이용하여 "Sample〉part02" 폴더에서 "p02-04-08.jpg" 파일을 불러온 후 브러시 툴(✏️)로 빈 종이를 채우고 이미지를 꾸며 보겠습니다.

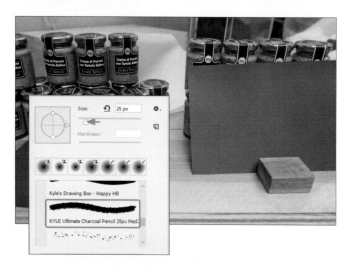

02 툴 패널에서 브러시 툴(✏️)을 선택하고 이미지 위에서 마우스 오른쪽 버튼으로 클릭한 후 Dry Media Brush에서 KYLE Ultimate Charcoal Pencil 25px를 선택하고 적당한 크기로 설정합니다. 전경색은 흰색으로 지정합니다.

강의노트 ✏️

툴 패널 하단의 🔳와 🔁 아이콘을 차례로 클릭하면 전경색이 흰색으로 지정됩니다.

03 Ctrl+± 를 눌러 화면을 확대하고 이미지 하단의 오른쪽 종이로 이동한 후 마우스를 움직여 글씨를 만듭니다. Spacebar 를 누르면 툴을 바꿔 선택하지 않아도 손바닥 툴을 사용할 수 있습니다.

04 브러시 크기를 작게 조정한 후 왼쪽 빈 종이에도 메뉴를 적어 넣습니다.

보충수업 | 브러시 툴 옵션 막대

❶ ❷ ❸   ❹   ❺   ❻   ❼

❶ **Click to open the Brush Preset picker** : 브러시의 모양과 크기 등을 설정하는 피커가 나타납니다.

- • Size : 브러시 크기를 조절합니다.
- • Hardness : 브러시 경계의 부드러운 정도를 조절합니다.
- • 최근에 사용한 브러시를 표시합니다.

❷ **Toggle the Brush Settings Panel** : 브러시 패널을 불러오거나 숨깁니다.

❸ **Mode** : 브러시 적용 시 색상 혼합 모드를 설정합니다.

❹ **Opacity** : 적용하는 색의 투명도를 설정합니다. 마우스 버튼을 누르고 있는 동안은 같은 지점을 반복해서 칠해도 설정한 불투명도를 넘지 않지만 마우스를 떼고 다시 그리면 불투명도 값의 색상이 겹쳐 칠해집니다.

❺ **Flow** : 마우스를 움직일 때 색상이 적용되는 속도를 설정합니다.

❻ 에어스프레이를 분사하는 것처럼 마우스 버튼을 누르고 있는 동안 페인트가 지속적으로 분사됩니다.

❼ 태블릿 사용 시 태블릿 압력 단추로 브러시의 투명도와 크기를 조절합니다.

보충수업 Brush Settiongs 패널

브러시의 부드러운 정도나 움직임, 혼합 속성 등을 설정하여 브러시가 적용되는 방식을 지정합니다.

❶ **Brush Tip Shape** : 사전 설정 브러시 목록이 표시되고 선택한 브러시의 크기, 각도, 경도, 간격을 설정합니다. 특수 브러시 선택시 특수 브러시의 옵션이 표시됩니다.

❷ **Shape Dynamics** : 브러시 모양의 크기, 각도, 원형율 불규칙성을 설정합니다.

❸ **Scattering** : 브러시 분산 정도 및 개수를 설정합니다.

❹ **Texture** : 브러시에 패턴을 적용하여 텍스처를 만듭니다.

❺ **Dual Brush** : 브러시를 추가로 선택하면 두 브러시가 교차하는 영역만 페인팅됩니다.

❻ **Color Dynamics** : 색상 불규칙성을 설정합니다.

❼ **Transfer** : 불투명도 불규칙성을 설정합니다.

❽ **Brush Pose** : 브러시의 각도, 위치를 조절합니다.

❾ **Noise** : 개별 브러시에 불규칙성을 추가로 지정합니다.

❿ **Wet Edges** : 수채화 효과를 냅니다.

⓫ **Build-up** : 이미지에 색조를 점진적으로 적용합니다.

⓬ **Smoothing** : 체크하면 획을 그을 때 곡선을 더 매끄럽게 표현합니다.

⓭ **Protect Texture** : 텍스처를 사용하는 모든 사전 설정 브러시에 같은 패턴과 비율을 적용합니다.

⓮ **브러시 미리 보기** : 브러시 설정을 반영한 브러시 끝을 표시합니다.

강의노트 ✏️

[Edit]-[Define Brush Preset] 메뉴를 실행하면 선택 영역 혹은 이미지 전체를 브러시 모양으로 등록할 수 있습니다. 페인팅할 때 경도 조정이 되지 않으므로 부드러운 가장자리를 가진 브러시를 만들려면 페더 수치를 높입니다.

보충수업 브러시 팩 불러오기

어도비 사에서 제공하는 다양한 무료 또는 유료의 브러시를 불러와서 포토샵에 설치할 수 있습니다.

❶ 브러시의 크기나 모양을 설정하는 피커에서 ⚙. 를 클릭하여 팝업 메뉴가 나타나면 Get More Brushs를 선택하거나 브러시 패널의 브러시 모양에서 오른쪽 마우스 포인터를 클릭하여 팝업 메뉴가 나타나면 Get More Brushs를 선택합니다.

 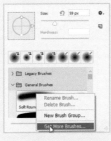

❷ 브러시를 다운로드할 수 있는 사이트가 나타나면 웹 사이트에서 어도비 사의 ID로 로그인하여 다양한 유·무료 브러시 파일(.ABR)을 다운로드합니다.

 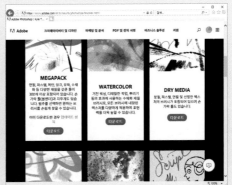

❸ 다운로드한 브러시는 브러시 피커의 팝업 메뉴에서 Import Brushes를 선택하여 불러올 수 있습니다. 브러시나 그룹을 삭제할 때에는 브러시 위에서 마우스 오른쪽 버튼을 클릭한 바로 가기 메뉴에서 Delete Brush 또는 Delete Group을 선택하면 됩니다.

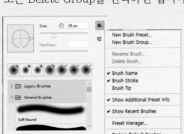  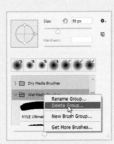

직접 해보기 ✎ 연필 툴(Pencil Tool)

연필 툴은 브러시 자국 테두리의 경계선이 분명하여 딱딱하고 거친 느낌으로 획을 그립니다. 따라서 부드러운 느낌의 브러시 툴보다 선명한 획을 그릴 수 있습니다.

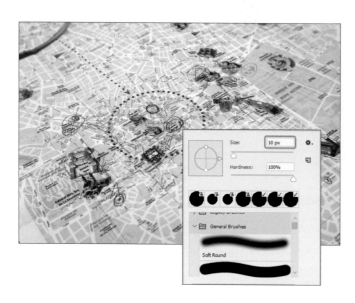

01 [File]-[Open] 메뉴를 이용하여 "Sample〉part02" 폴더에서 "p02-04-09.jpg" 파일을 불러옵니다. 툴 패널에서 연필 툴(✎)을 선택한 후 옵션 막대에서 브러시 크기를 조절합니다. 전경색은 빨간색으로 지정합니다.

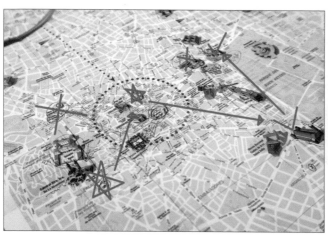

02 지도에 별표와 체크 표시를 하고 동선을 그려봅니다. 이미지를 클릭하고 [Shift]를 누른 채 다른 지점을 클릭하면 라인이 일직선으로 연결됩니다. 잘못 그린 경우는 [Ctrl]+[Z]을 눌러 실행을 취소하고 다시 그립니다.

강의노트 ✎

[Ctrl]+[Z]은 가장 마지막 작업 내역을 지우거나 되돌립니다. [Ctrl]+[Alt]+[Z]은 한 번 클릭할 때마다 최근 작업 내역을 순차적으로 되돌립니다.

📍 보충수업 연필 툴 옵션 막대

❶ **Auto Erase** : 전경색이 칠해진 영역 위를 배경색으로 칠합니다.

직접 해보기   색상 대체 툴(Color Replace Tool)

별도의 선택 영역 지정 없이 클릭한 지점의 색상을 대체 색상으로 변경하기 때문에 빠르게 색상을 대체할 수 있습니다.
이미지의 질감이나 음영을 유지하며 색상을 대체하므로 어두운 색상은 색조/채도 조정이 필요할 수 있습니다.

01 [File]-[Open] 메뉴를 이용하여 "Sample〉part02" 폴더에서 "p02-04-10.jpg" 파일을 불러온 후 색상 대체 툴( )로 이미지의 문자 색상을 변경해 봅시다.

02 툴 패널에서 색상 대체 툴( )을 선택합니다. 옵션 막대에서 브러시 크기와 옵션을 왼쪽 그림과 같이 설정한 후 툴 패널 하단의 전경색 아이콘을 클릭해 전경색을 보라색으로 지정합니다. OXFORD STREET의 한 곳을 클릭, 드래그하면 글씨의 색상이 보라색으로 대체됩니다.

강의노트 ✎

클릭하는 위치에 따라 색상 대체 범위가 달라질 수 있습니다.

03 나머지 글씨도 마저 드래그하여 색상을 대체합니다.

강의노트 ✎

검은색과 흰색에는 색상 교체 툴을 적용할 수 없습니다.

보충수업 색상 대체 브러시 툴 옵션 막대

❶ **Mode** : 색상 교체 방법을 설정합니다.

- Hue : 원본의 명도와 채도는 유지한 채 전경색의 색상으로 교체합니다.
- Saturation : 지정한 전경색의 채도로 교체합니다.
- Color : 원본의 명도는 유지한 채 전경색의 색상과 채도로 교체합니다.
- Luminosity : 원본의 색상과 채도는 유지한 채 전경색의 명도로 교체합니다.

❷ **Sampling Option** : 브러시 영역 안의 십자 포인트로 샘플 컬러를 지정합니다.

- Sampling: Countiguous : 드래그하는 동안 계속해서 색상을 샘플링합니다.
- Sampling: Once : 클릭한 지점의 색상을 샘플 색상으로 지정하여 다시 클릭하지 않는 한 샘플 색상이 바뀌지 않습니다.
- Sampling: Background Swatch : 현재 설정된 배경색과 같은 색상에만 적용합니다.

❸ **Limits**

- Discountiguous : 픽셀 위치에 관계없이 샘플 색상을 대체합니다.
- Countiguous : 인접해 있는 색상을 포인터 바로 아래 색상으로 대체합니다.
- Find Edge : 색상의 가장자리를 구별하여 샘플 색상을 대체합니다.

❹ **Tolerance** : 색상 적용 범위를 조절합니다. 수치가 낮을수록 색상 적용 범위는 좁아집니다.

❺ **Anti-alias** : 채색되는 경계 부분의 계단 현상을 없애고 부드럽게 나타냅니다.

직접 해보기 혼합 브러시 툴(Mixer Brush Tool)

이미지 색상과 지정한 색상을 물감처럼 혼합하며 채색합니다. 수채화 재질 브러시를 사용하면 더욱 회화적으로 표현할 수 있습니다.

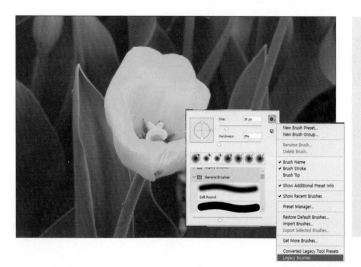

01 [File]-[Open] 메뉴를 이용하여 "Sample〉part02" 폴더에서 "p02-04-11.jpg" 파일을 불러온 후 혼합 브러시 툴(🖌)로 사실적인 회화느낌을 만들어 봅시다. 옵션 막대의 브러시 피커 대화상자에서 ✿. 를 클릭하여 팝업 메뉴가 나타나면 맨 아래의 Legacy Brushes를 선택합니다.

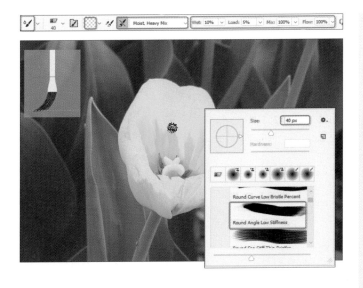

02 혼합 브러시 툴()을 선택한 후 옵션 막대의 브러시 피커 대화 상자에서 브러시의 모양은 Round Angle Low Stiffness, 크기 40 px로 선택합니다. 옵션 막대는 화면과 같이 선택한 후 꽃을 따라서 붓으로 그림을 그려 나가는 방법으로 칠합니다.

03 위와 같은 방법으로 나머지 부분을 드래그하여 회화 느낌의 이미지를 표현합니다.

보충수업 혼합 브러시 툴 옵션 막대

❶ **Current brush Load** : 색상 창을 클릭하면 색상 피커 대화상자가 나타나 색상을 지정할 수 있습니다. ⎡Alt⎤를 누른 채 캔버스를 클릭하면 선택되어 있는 브러시 모양 그대로 클릭 지점의 이미지가 브러시 색상에 반영됩니다.

❷ **Load the brush after each stroke** : 각 획을 처리한 후 브러시 색상을 불러옵니다.

❸ **Clean the brush after each stroke** : 각 획을 처리한 후 브러시 색상을 제거합니다. 선택하지 않으면 이전 획의 끝 색상이 다음 획에 묻어 나옵니다.

❹ **Useful mixer brush combinations** : 항목별 페인트와 캔버스 색상의 혼합 비율이 사전 설정되어 있습니다.

❺ **Wet** : 브러시가 캔버스에서 선택하는 페인트 양을 조절합니다.

❻ **Load** : 브러시 페인트의 양을 지정합니다. 불러오기 비율이 낮을수록 페인트 획이 빨리 건조됩니다.

❼ **Mix** : 캔버스 페인트와 브러시 페인트의 비율을 조절합니다. 비율이 높아질수록 캔버스 페인트 비율이 높아집니다. Wet 옵션의 설정에 따라 비율이 적용됩니다.

직접 해보기 🖌️히스토리 브러시 툴(History Brush Tool)

History 패널에서 지정한 작업 내역 소스를 현재 이미지 창에 페인팅합니다. 따로 지정하지 않으면 파일의 초기 상태로 페인팅합니다.

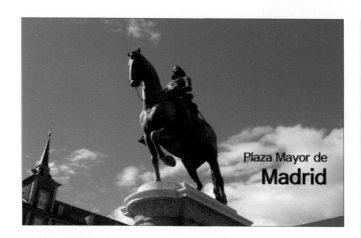

01 [File]-[Open] 메뉴를 이용하여 "Sample>part02" 폴더에서 "p02-04-12.jpg" 파일을 불러온 후 히스토리 브러시 툴(🖌️)로 색다른 느낌을 연출하여 봅시다.

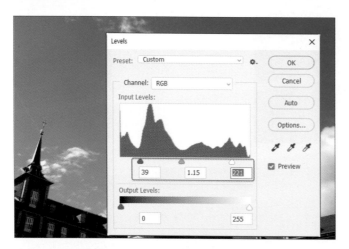

02 [Image]-[Adjustments]-[Levels] 메뉴를 실행합니다. 그림과 같이 Input Levels를 입력하고 [OK] 버튼을 클릭합니다.

03 이번에는 툴 패널의 패치 툴(🔲)로 오른쪽 하단의 글씨를 제거합니다.

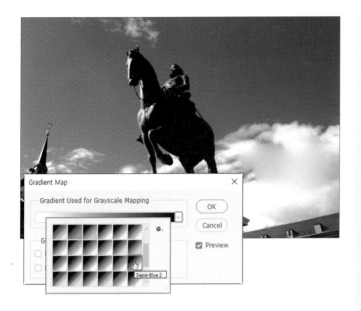

04 글씨를 모두 제거하면 [Image]-[Adjustments]-[Grandient Map] 메뉴를 선택합니다. 대화상자가 나타나면 ⌄를 누르고 ⚙. 메뉴에서 Photographic Toning을 그레이디언트 피커에 불러옵니다. 그 중 Sepia- Blue 2를 선택하고 [OK] 버튼을 눌러 적용시킵니다.

05 툴 패널에서 히스토리 브러시 툴(🖌)을 선택한 후 옵션 막대에서 브러시의 Size와 Hardness를 각각 150, 0, Mode를 Color Burn, Opacity를 50%로 설정합니다. 글씨가 있던 부분을 드래그하면 글씨가 나타납니다.

06 글씨가 있던 부분을 살짝 살짝 터치하여 글씨가 구름 속에서 자연스럽게 나타나는 느낌을 연출합니다.

강의노트 🖊

이미지 크기, 캔버스 크기 또는 색상 모드를 변경하면 작업 내역 브러시를 적용할 수 없습니다.

보충수업 History 패널

❶ 히스토리 브러시 소스를 표시합니다.

❷ **스냅숏** : 파일의 초기 상태가 스냅숏으로 자동 생성됩니다. 작업 화면을 스냅숏으로 찍어두고 이름을 지정하면 어떤 단계의 이미지인지 쉽게 구별할 수 있고 작업 내역 이 뒤로 밀려 사라지더라도 언제든지 예전 상태로 돌아갈 수 있습니다.

❸ 작업 내역 목록이 표시됩니다. 작업 목록을 선택하면 해당 단계로 되돌아가며 새 작업을 추가하면 되돌아 간 단계 이후의 작업 내역은 지워집니다. 작업 내역 옵션의 비연속 작업 내역 허용에 체크하면 모든 작업 내역을 보존할 수 있습니다. 작업 내역에 기록되는 내역의 수는 [Edit]-[Preference]-[Performance]의 'History States' 항목에서 지정합니다.

❹ 작업 내역이나 스냅숏을 새 작업창으로 만듭니다.

❺ 클릭하면 현재 화면을 스냅숏으로 등록합니다.

❻ 작업 내역이나 스냅숏을 선택하고 아이콘을 클릭하거나 아이콘 위로 드래그하면 삭제됩니다.

직접 해보기 아트 히스토리 브러시 툴(Art History Brush Tool)

History 패널에서 지정한 소스 데이터로 현재 이미지를 페인팅할 때 다양한 스타일의 획을 적용합니다.

01 [File]-[Open] 메뉴를 이용하여 "Sample〉part02" 폴더에서 "p02-04-13.jpg" 파일을 불러온 후 아트 히스토리 브러시 툴( )로 특수 효과를 만들어 봅시다.

02 빠른 선택 툴( )로 파프리카를 선택 영역으로 지정합니다.

03 [Image]-[Adjustments]-[Hue/Saturtion] 메뉴를 실행하고 색조 값을 변경하면 선택 영역의 색상이 변경됩니다.

04 이번에는 Ctrl + Shift + I 를 클릭하여 선택 영역을 반전시키고 [Image]-[Adjustments]-[Desturate] 메뉴를 실행합니다. 선택 영역이 흑백으로 변한 것을 확인하고 Ctrl + D 를 눌러 선택 해제합니다.

05 [Window]-[History] 메뉴로 History 패널을 불러온 후 아트 히스토리 브러시 툴(🖌)을 선택합니다. 왼쪽 그림과 같이 옵션 막대를 설정하고 파프리카를 클릭하면 작업 내역에 Art Histoy Brush가 추가됩니다.

강의노트 ✏

History 패널에서 스냅숏 혹은 작업 내역 왼쪽의 박스를 클릭하면 히스토리 브러시 소스로 지정할 수 있습니다. 따로 지정하지 않으면 원본 스냅숏이 작업 내역 브러시 소스로 설정됩니다.

06 파프리카의 나머지 부분과 줄기를 살짝 살짝 터치하는 느낌으로 드래그하면 파프리카 원본 색상의 실타래가 파프리카를 타고 오르며 감싸는 느낌을 연출할 수 있습니다.

보충수업 미술 작업 내역 브러시 툴 옵션 막대

❶ **Style** : 미술 작업 내역 페인트 획의 모양을 지정합니다.

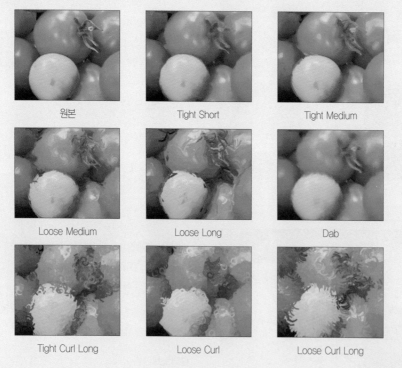

❷ **Area** : 페인트 획으로 그려지는 영역을 지정합니다. 수치 값이 클수록 페인팅 되는 영역이 넓어지고 획의 수가 많아집니다.

❸ **Tolerance** : 0%부터 100%까지의 수를 입력하여 페인트 획을 적용하는 영역을 제한합니다. 허용치가 0%이면 이미지의 모든 부분에 제한 없이 색칠할 수 있고 허용치가 높으면 스냅숏의 색상과 매우 다른 영역에만 페인트 획이 적용됩니다.

직접 해보기 🔲그레이디언트 툴(Gradient Tool)

두 가지 이상의 색이 혼합되는 방식을 설정하고 선택 영역 혹은 이미지 전체에 그레이디언트를 채웁니다.

01 [File]-[Open] 메뉴를 이용하여 "Sample〉part02" 폴더에서 "p02-04-14.jpg" 파일을 불러온 후 그레이디언트 툴(🔲)로 무지개를 만들어 봅시다.

02 빠른 선택 툴(📝)로 배경을 드래그하여 선택 영역을 지정합니다.

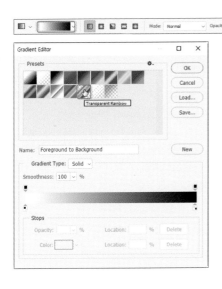

03 그레이디언트 툴(🔲)을 선택하고 옵션 막대에서 Grandient Editor를 불러옵니다. 대화상자가 나타나면 Presets에서 Transparent Rainbow를 선택합니다.

강의노트 ✏️

사전 설정된 그레이디언트의 정지점을 수정한 후 [New] 버튼을 클릭하면 수정된 그레이디언트가 사전 설정 목록에 추가됩니다.

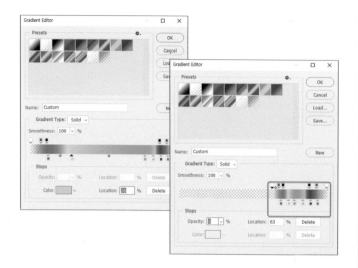

05 그레이디언트 편집을 마친 후 옵션 막대에서 Radial Gradient 스타일을 선택하고 Opacity를 25%로 설정합니다. Transparency 항목에 체크되어 있는지 확인하고 등대 아래에서 문서 창 오른쪽 아래까지 드래그합니다.

강의노트 ✏️

투명도에 체크하지 않으면 좌, 우의 투명 영역이 빨간색과 분홍색으로 채워집니다.

조절막대 좌측의
투명한 영역

06 등대 뒤로 그레이디언트가 적용되면 `Ctrl`+`D`를 눌러 선택 영역을 해제합니다.

강의노트 ✏️

마우스로 클릭한 지점부터 그레이디언트의 왼쪽 색상이 순차적으로 적용됩니다. 클릭점 위치와 드래그 거리에 따라 다양한 형태로 적용되며 `Shift`를 누른 채 드래그하면 0°, 45°, 90° 각도로 드래그 할 수 있습니다.

보충수업 그레이디언트 툴 옵션 막대

❶ **Click to edit the gradient** : 클릭하면 Gradient Editor 대화상자가 나
타납니다.

- Presets : 그레이디언트 사전 설정 기본 목록이 표시됩니다. 🔧. 을
  눌러 포토샵에서 제공하는 10종류의 사전 설정 그레이디언트를 기
  본 목록에 첨부하거나 기본 목록과 교체할 수 있습니다.
- Name : 선택한 그레이디언트의 이름을 확인하거나 수정합니다.
- Gradient Type : 색상 단계를 표현하는 방식을 설정합니다. 단색으
  로 표현하는 solid 방식과 라인으로 표현하는 Noise 방식이 있습니다.
- Smoothness : 수치가 높을수록 색상 변화가 부드럽게 표현됩니다.
- 그레이디언트 조절막대 : 현재 선택한 그레이디언트의 정보를 표시
  합니다. 조절막대 상단의 정지점은 불투명도, 하단은 색상 정보를
  담고 있습니다. 조절막대 빈 곳을 클릭하면 정지점이 추가되고 정지점을 바깥쪽으로 드래그하면 삭제됩니
  다. 정지점과 정지점 사이의 마름모를 드래그하면 좌, 우의 정지점 혼합 비율이 변경됩니다.
- 정지점 : 선택한 정지점의 정보가 표시되며 수치를 입력하여 수정하거나 삭제할 수 있습니다.

❷ **Click to open gradient picker** : 그레이디언트 사전 설정 목록이 팝업 메뉴로 나타납니다.

❸ 그레이디언트 스타일을 선택합니다.

 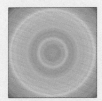   

| Linear gradient | Radial gradient | Angle gradient | Reflect gradient | Diamond gradient |

❹ **Reverse** : 그레이디언트 색상 순서를 반대로 바꿔 표현합니다.

❺ **Dither** : 색상 경계를 부드럽게 처리합니다.

❻ **Transparency** : 그레이디언트를 적용할 때 투명도 적용 여부를 결정합니다. 체크하지 않으면 투명 영역은 그레
이디언트의 가장자리 색으로 채워집니다.

Transparency 사용

Transparency 사용 안 함

직접 해보기 페인트 통 툴(Paint Bucket Tool)

클릭한 지점의 색을 인식하여 유사한 색상 범위를 전경색이나 패턴으로 한 번에 채색합니다.

01 [File]-[Open] 메뉴를 이용하여 "Sample〉part02" 폴더에서 "p02-04-15.jpg" 파일을 불러옵니다. 페인트 통 툴(　)을 선택하고 옵션 막대의 Mode는 Multiply, Opacity는 80%, Tolerance 80으로, Contiguous에 체크한 후 전경색을 연한 노란색으로 지정합니다.

02 하얀색 접시를 클릭하면 전경색이 흰색과 Multiply 모드로 혼합되어 채색됩니다.

보충수업　페인트 통 툴 옵션 막대

❶ 전경색과 패턴 중 하나를 선택하여 채색 영역의 소스로 지정합니다.

❷ Tolerance : 0~255 사이의 정수를 입력하여 기준 색상의 범위를 결정합니다. 값이 커질수록 채색 영역이 넓어집니다.

❸ Contiguous : 체크 시 허용 범위 안의 연결된 픽셀에만 채색이 됩니다.

직접 해보기 3D 재질 놓기 툴(3D Material Drop Tool)

3D 개체의 재질을 변경합니다. 사전 설정된 재질을 입히거나 새 재질을 불러올 수 있습니다.

01 [File]-[Open] 메뉴를 이용하여 "Sample〉part02" 폴더에서 "p02-04-16.psd" 파일을 불러온 후 3D 재질 놓기 툴(🖌)로 개체의 재질을 변경하여 봅시다.

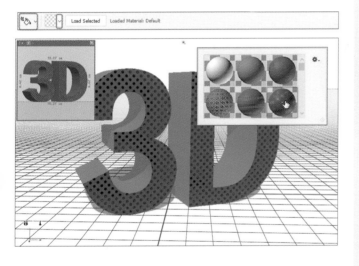

02 툴 패널에서 3D 재질 놓기 툴(🖌)을 선택합니다. 옵션 막대의 Click to open material picker(☑)를 클릭하여 재질 피커를 불러와 원하는 재질을 선택합니다. 3D 오브젝트의 앞면을 클릭하면 선택 재질로 변경됩니다.

강의노트 🖊
[View]-[Show]의 팝업 메뉴에서 3D scondary view, 3D ground plane, 3D lights 등을 표시하거나 숨길 수 있습니다.

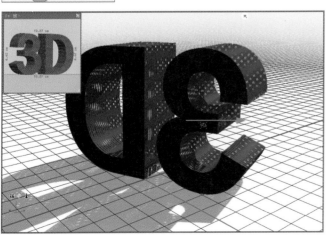

03 옆면도 클릭하여 선택한 재질로 입히고 이동 툴(✛)을 선택합니다. 옵션 막대에서 3D 카메라 궤도 회전을 클릭하고 배경을 왼쪽에서 오른쪽으로 드래그하면 개체의 뒷면을 볼 수 있습니다.

강의노트 🖊
카메라를 제어할 때 문서창에 노란색 테두리가 표시됩니다. 3D 모드 툴로 개체를 클릭하면 개체 제어가 가능합니다.

04 다시 3D 재질 놓기 툴(🏷)을 선택하고 뒷면을 클릭하면 앞, 옆면과 같은 재질로 변경됩니다.

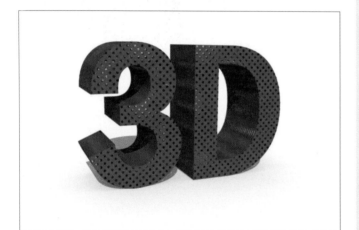

05 이동 툴의 3D 카메라 궤도 회전 툴로 앞면이 나타나도록 화면을 드래그합니다.

📍 **보충수업** 3D 재질 놓기 툴 옵션 막대

❶ 재질 피커를 불러오고 사전 설정으로 제공되는 재질 중 선택하거나 재질 파일을 불러옵니다. 총 36개의 사전 설정 재질이 제공됩니다.

❷ **Load Selected** : 현재 선택한 재질을 재질 페인트 통에 불러옵니다.

보충수업 이동 툴의 3D Mode 옵션 막대

3D 개체와 카메라를 제어합니다. 이동 툴을 선택하고 3D 개체를 클릭하면 개체 주위에 3D 메시 테두리 상자가 나타나면서 옵션 막대에는 3D 개체 제어 툴이 표시됩니다. 배경을 클릭하면 문서창 테두리에 노란색 테두리가 나타나고 옵션 막대에는 카메라 제어 툴이 표시됩니다.

[3D 개체 제어 툴]

❶ Orbit the 3D Camera : X, Y 축을 기준으로 회전시킵니다. `Alt`를 누른 채 드래그하면 3D 개체 돌리기 툴로 전환됩니다.

❷ Roll the 3D Camera : Z 축 기준으로 회전시킵니다. `Alt`를 누른 채 드래그하면 3D 개체 회전 툴로 전환됩니다.

❸ Pan the 3D Camera : X, Y 축 기준으로 이동시킵니다. `Alt`를 누른 채 드래그하면 X, Z 축 기준으로 이동시키고, `Shift`를 누른 채 드래그하면 한 축으로 이동을 제한합니다.

❹ Slide the 3D Camera : X, Z 축 기준으로 이동시킵니다. `Alt`를 누른 상태에서 드래그하면 X, Y 축 기준으로 이동시키고, `Shift`를 누른 채 드래그하면 한 축으로 이동을 제한합니다.

❺ Zoom the 3D Camera : 개체 전체 크기를 확대, 축소하거나 X, Y, Z 축 비율을 변경합니다. 위로 드래그하면 개체 크기가 커지고 아래로 드래그하면 작아지며, `Shift`를 누른 채 드래그하면 X 축이나, Y 축, `Alt`를 누른 채 드래그하면 Z축 비율이 변경됩니다.

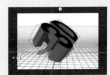
Orbit the 3D Camera

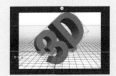
Roll the 3D Camera

Pan the 3D Camera

Slide the 3D Camera

Zoom the 3D Camera

Zoom the 3D Camera+ shift (X 축)

Zoom the 3D Camera+ shift (Y 축)

Zoom the 3D Camera+ Alt

[카메라 제어 툴]

❶ Orbit the 3D Camera : X, Y 축을 기준으로 회전시키며 `Alt`+드래그하면 Roll the 3D Camera 툴로 전환됩니다.

❷ Roll the 3D Camera : Z 축 기준으로 회전시키며 `Alt`+드래그하면 Orbit the 3D Camera 툴로 전환됩니다.

❸ Pan the 3D Camera : X, Y 축 기준으로 이동시키며 `Alt`+드래그하면 X, Z 축 기준으로 이동시킬 수 있습니다.

❹ Slide the 3D Camera : X, Z 축 기준으로 이동시키며 `Alt`+드래그하면 X, Y 축 기준으로 이동시킬 수 있습니다.

❺ Zoom the 3D Camera : 개체와 카메라 거리를 조절합니다. 위로 드래그할수록 가까워집니다.

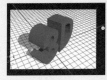
Orbit the 3D Camera

Roll the 3D Camera

Pan the 3D Camera

Slide the 3D Camera

Zoom the 3D Camera

직접 해보기 지우개 툴(Eraser Tool)

옵션 막대의 Mode에서 브러시, 연필, 블록 중 하나를 선택하고 드래그하여 해당 영역의 픽셀을 지웁니다. 배경 레이어의 경우 배경색으로 채워집니다.

01 [File]-[Open] 메뉴를 이용하여 "Sample〉part02" 폴더에서 "p02-04-17.psd" 파일을 불러온 후 Layers 패널에서 Layer 1을 선택합니다.

02 툴 패널에서 지우개 툴( )을 선택한 후 옵션 막대에서 브러시 Size와 Hardness를 조절하고 Opacity를 70%로 설정합니다. 이미지 상단을 드래그하면 Layer 1의 이미지가 삭제되면서 Background 레이어의 이미지가 나타납니다.

보충수업 지우개 툴 옵션 막대

❶ **Mode** : 지우개 모양을 브러시, 연필, 블록 모양 중 하나로 선택합니다.

❷ **Erase to History** : 체크 표시하면 History 패널에서 소스로 지정한 내역 혹은 스냅숏으로 복원됩니다.

직접 해보기   배경 지우개 툴(Background Eraser Tool)

마우스로 클릭한 지점의 색상을 샘플링하여 유사한 색상 영역을 지웁니다. 드래그 영역을 투명하게 지우며 Sampling 옵션과 Tolerance 옵션으로 투명도 범위와 경계의 선명도를 조절할 수 있습니다.

01 [File]-[Open] 메뉴를 이용하여 "Sample〉part02" 폴더에서 "p02-04-18.jpg" 파일을 불러온 후 배경 지우개 툴(　)로 흰 벽을 투명하게 지워봅시다.

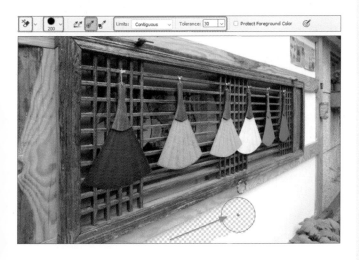

02 툴 패널에서 배경 지우개 툴(　)을 선택합니다. 옵션 막대에서 브러시 Size와 Hardness를 설정한 후 Sampling: Once를 선택하고 Limit를 Contiguous으로 설정, Tolerance에 30%을 입력합니다. 이미지의 흰 벽을 클릭하고 드래그하면 배경이 지워져 투명해집니다.

03 마우스에서 손을 떼지 않은 채 이미지를 자유롭게 드래그하면 처음 클릭한 지점과 같은 색상인 흰 벽만 지워집니다.

보충수업 배경 지우개 툴 옵션 막대

❶ **Sampling** : 브러시 중앙의 색상을 배경색으로 샘플링하는 방식을 결정합니다.

- Sampling: Contiguous : 드래그하는 동안 계속해서 샘플 색상을 변경합니다.
- Sampling: Once : 처음 클릭한 지점의 색상을 배경색으로 지정하여 지웁니다.
- Sampling: Background Swatch : 툴 패널의 배경색과 같은 색상 영역을 지웁니다.

❷ **Limits**

- Discontiguous : 브러시 모양 안에서 인접하지 않은 샘플 색상도 지웁니다.
- Contiguous : 브러시 모양 안에서 인접한 샘플 색상만 지웁니다.
- Find Edges : 샘플링 색상이 들어 있는 연결된 영역을 지울 때 가장자리를 선명하게 유지하며 지웁니다.

❸ **Tolerance** : 1~100% 사이로 설정하여 기준 색상의 범위를 결정합니다. 허용치 값이 커질수록 지워지는 영역이 넓어집니다.

| Tolerance 10% | Tolerance 60% | Tolerance 100% |

❹ **Protect Foreground Color** : 툴 패널의 전경색과 동일한 색상은 지우지 않고 보호합니다.

직접 해보기 자동 지우개 툴(Magic Eraser Tool)

클릭한 순간 클릭 지점의 색상과 유사한 색상을 모두 지워 투명하게 만듭니다. 배경 레이어는 자동으로 일반 레이어로 전환됩니다.

01 [File]-[Open] 메뉴를 이용하여 "Sample〉part02" 폴더에서 "p02-04-19.jpg" 파일을 불러온 후 자동 지우개 툴( )로 같은 색상 영역을 간단히 지워봅시다.

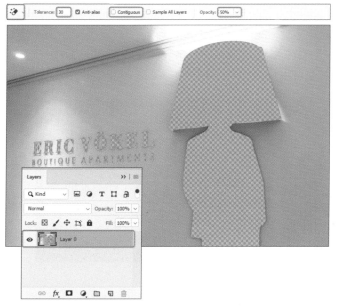

02 툴 패널에서 자동 지우개 툴( )을 선택한 후 옵션 막대에서 Tolerance와 Opacity를 각각 30, 50으로 설정하고 Coutiguous 옵션의 체크를 해제합니다. 마우스로 전등을 클릭하면 배경 이미지가 일반 레이어로 전환되고 유사한 색상 영역 모두 반투명으로 지워집니다.

강의노트

투명도가 잠긴 레이어는 배경색으로 채워집니다.

03 [File]-[Open] 메뉴를 이용하여 "Sample〉part02" 폴더에서 "p02-04-20.jpg" 파일을 불러옵니다. 이동 툴( )을 선택하고 Shift 를 누른 채 전등 이미지를 상점 이미지로 이동시켜 합성을 합니다.

강의노트

Shift 를 누른 채 이미지를 다른 창으로 이동시키면 이동 전 위치와 동일한 위치에 붙여 넣을 수 있습니다.

보충수업 자동 지우개 툴 옵션 막대

❶ **Anti-alias** : 지운 영역의 가장자리를 매끄럽게 처리합니다.

❷ **Coutiguous** : 체크하면 클릭 지점의 픽셀과 연결된 픽셀만 지웁니다.

❸ **Opacity** : 지우기 강도를 설정합니다. 100%면 픽셀을 완전히 지우고, 불투명도를 낮추면 설정 강도만큼 부분적으로 지웁니다.

실전문제

01. 준비한 이미지를 도시 야경 느낌으로 꾸며 보세요.

준비파일 | Sample〉part02〉p02-04-21.jpg

완성파일 | Artwork〉part02〉p02-04-21.jpg

Hint 1. 준비된 파일을 불러온 후 그레이디언트 툴을 선택하고 Gradient Edit 대화상자에서 Violet, Orange를 선택합니다. 그레이디언트 Style과 Mode, Opacity를 설정한 후 위에서 아래로 화면을 드래그합니다.
2. 이번에는 도심의 불빛을 표현하기 위해 툴 패널에서 브러시 툴을 선택합니다. 옵션 막대에서 ☑ 을 눌러 브러시 패널을 불러온 후 Shape Dynamic, Scattering, Color Dynamics, Transfer 옵션을 설정합니다.
3. 전경색과 배경색을 노란색, 흰색으로 각각 설정한 후 브러시 크기를 조절하고 강변을 따라 일자로 드래그합니다. 전경색의 색상과 브러시 크기 및 불투명도를 조절하며 건물 주위를 드래그합니다.

02. 이미지 복원 툴로 준비된 이미지의 흠집을 깨끗하게 제거해 보세요.

준비파일 | Sample〉part02〉p02-04-22.jpg

완성파일 | Artwork〉part02〉p02-04-22.jpg

Hint 1. 준비된 파일을 불러온 후 툴 패널에서 돋보기 툴로 작업할 버섯 부분을 확대합니다.
2. 패치 툴을 선택하고 버섯의 갈라진 부분을 갈라지지 않은 부분으로 이동시켜 복구합니다.
3. 작은 흠집은 복구 브러시 툴을 선택하고 Alt 를 눌러 소스를 지정한 후 드래그하여 제거합니다. 브러시 크기를 조절하며 반복적으로 터치하여 깨끗이 복원합니다.

 실전문제

03. 지우개 툴을 이용하여 두 이미지를 자연스럽게 합성해 보세요.

준비파일 | Sample〉part02〉p02-04-23.jpg, 24.jpg

완성파일 | Artwork〉part02〉p02-04-23.psd

Hint 1. 준비된 두 파일을 불러온 후 [Shift]를 누른 채 등대 이미지를 해변 이미지로 이동시킵니다.
2. 툴 패널에서 배경 지우개 툴을 선택한 후 Limits 항목을 Find Edge로 설정합니다. 브러시 크기와 Tolerance 값도
설정한 후 수평선 근처를 드래그합니다.
3. 나머지 부분은 지우개 툴로 깨끗이 지워줍니다.

이미지 리터칭과 패스 툴 익히기

이미지 리터칭 툴들은 브러시를 이용하여 원하는 부위의 선명도 혹은 색상을 보정합니다. 또한 흔들리거나 주제가 부각되지 않는 등의 부족한 이미지를 쉽게 보정하고, 다양한 효과를 적용하여 더욱 사실감 넘치게 표현하기도 합니다. 펜 툴은 선택 툴로 선택하기 힘든 복잡한 이미지를 선택하거나 비정형적인 모양을 만들어 낼 때 사용합니다. 정교한 작업이 가능하고 벡터 기반의 패스가 생성되기 때문에 변형을 해도 손상이 없어 실무 작업 시 많이 사용합니다. 하지만, 초보자에게는 펜 툴 사용법이 다소 까다롭기 때문에 충분한 연습이 필요합니다.

Zoom In
알찬 예제로 배우는
리터칭+펜 툴
활용

Keypoint Tool

_ **이미지 보정 툴** 선명도, 밝기, 채도를 보정하거나 드래그 방향으로 픽셀을 연장시킵니다.

_ **펜 툴** 기준점을 만들거나 자유롭게 드래그하여 모양 또는 패스를 만듭니다.

Knowhow

_ 이미지 보정 시 한 번에 효과를 많이 적용하지 않고 전체 이미지를 확인해가면서 조금씩 적용해야 자연스러워집니다.

_ 패스를 선택 영역으로 전환하거나 선택 영역을 패스로 전환할 수 있습니다. 단, 선택 영역을 패스로 전환할 때 페더값은 제외됩니다.

직접 해보기 ▢ 흐림 효과 툴(Blur Tool)

가장자리나 세부 묘사를 흐리게 만들어 아웃포커스 효과의 사진을 만들 수 있습니다.

01 [File]-[Open] 메뉴를 이용하여 "Sample〉part02" 폴더에서 "p02-05-01.jpg" 파일을 불러온 후 위, 아래 줄 상품을 흐리게 만들어 가운데 줄의 상품을 부각시켜 봅시다.

02 툴 패널에서 흐림 효과 툴(▢)을 선택하고 옵션 막대에서 브러시 Size와 Hardness를 설정합니다. 자연스럽게 이어지는 흐림 효과를 적용하기 위해 Strength를 100%로 설정합니다. Mode를 Darken으로 설정한 후 상단과 하단의 이미지를 드래그합니다. 드래그할 때마다 흐려지므로 여러 차례 드래그해서 왼쪽의 사진과 같이 완성합니다.

📍 **보충수업** 흐림 효과 툴 옵션 막대

❶ **Strength** : 흐림 효과를 적용하는 강도를 설정합니다. 수치가 커질수록 한 번에 많이 흐려집니다.

❷ **Sample All Layers** : 이 항목에 체크하면 다수의 레이어 작업 시 화면에 보이는 모든 레이어에 흐림 효과를 적용합니다.

직접 해보기 △. 선명 효과 툴(Shapen Tool)

가장자리의 대비를 높여 선명도를 향상시킵니다.

01 [File]-[Open] 메뉴를 이용하여 "Sample〉part02" 폴더에서 "p02-05-02.jpg" 파일을 불러온 후 흐릿한 이미지의 선명도를 높여봅시다.

02 툴 패널에서 선명 효과 툴(△.)을 선택하고 옵션 막대에서 브러시 Size와 Strength를 조절합니다. 고기와 잎 부분을 드래그하면 픽셀 경계의 대비가 높아져 이미지가 선명해집니다.

📍 보충수업 선명 효과 툴 옵션 막대

❶ **Sample All Layers** : 이 항목에 체크하면 다수의 레이어 작업 시 화면에 보이는 모든 레이어에서 데이터를 가져와 선명 효과를 적용합니다.

❷ **Protect Detail** : 원본의 픽셀을 최대한으로 보호하면서 효과를 적용합니다. 선택 해제하면 더 화려한 효과를 적용할 수 있으나 과하게 적용되면 픽셀이 깨집니다.

직접 해보기 손가락 툴(Smudge Tool)

손가락으로 페인트를 찍어 그림을 그리는 것처럼 클릭한 지점의 색상으로 드래그한 방향으로 문지르는 효과입니다. 손가락 툴을 사용하면 픽셀이 뭉개져 부드럽고 매끄럽게 보정됩니다.

01 [File]-[Open] 메뉴를 이용하여 "Sample〉part02" 폴더에서 "p02-05-03.jpg" 파일을 불러온 후 손가락 툴()로 부드러운 느낌의 꽃잎을 만들어 봅시다.

02 보다 섬세한 작업을 위해 돋보기 툴()로 화면을 확대하고 손가락 툴()을 선택합니다. 옵션 막대에서 작업하려는 꽃잎보다 작은 크기의 가장자리가 부드러운 브러시를 선택하고 꽃잎 색상 변화가 전개되는 방향으로 짧게 드래그합니다. 꽃잎의 가장자리 부분은 브러시 크기를 줄여 가장자리 픽셀이 뭉개지지 않도록 합니다.

보충수업 손가락 툴 옵션 막대

❶ **Sample All Layers** : 체크하면 화면에 보이는 모든 레이어에서 색상을 가져와 문지릅니다.

❷ **Finger Painting** : 체크하면 드래그할 때 전경색을 혼합하여 문지르고, 체크 해제하면 포인터 아래에 있는 색상을 사용합니다.

> **03** 나머지 꽃잎도 Strength 및 브러시 Size를 조절해 가며 드래그합니다.

직접 해보기 🔍닷지 툴(Dodge Tool)

드래그 영역을 밝게 보정합니다.

> **01** [File]-[Open] 메뉴를 이용하여 "Sample〉part02" 폴더에서 "p02-05-04.jpg" 파일을 불러온 후 나비를 밝게 보정해 봅시다.

📍 보충수업 닷지 툴 옵션 막대

❶ **Range** : 어두운 영역, 중간 영역, 밝은 영역 중 하나를 선택하여 효과가 적용되는 범위를 설정합니다.

❷ **Exposure** : 효과가 적용되는 정도를 조절합니다. 노출 값이 클수록 한 번에 많이 밝아집니다.

❸ **Airbrush** : 클릭하고 있으면 효과가 누적됩니다.

❹ **Protect Tones** : 색상의 색조 변경을 방지하고 어두운 영역과 밝은 영역의 클리핑을 최소화합니다.

02 툴 패널에서 닷지 툴( )을 선택하고 옵션 막대에서 브러시 Size를 조절합니다. Range를 Shadows로 설정하고 나비가 있는 왼쪽 영역을 드래그합니다. 그림자가 진하게 드리워진 부분은 반복해서 클릭 혹은 드래그합니다.

강의노트 ✏️

닷지 툴로 밝기를 조절할 때 처음부터 밝은 영역을 보정하다보면 음영 대비가 강하게 적용되어 주변 이미지와 조화롭지 않을 수 있습니다.

03 이번에는 범위를 Midtones로 설정하고 에어브러시에 체크합니다. 브러시 크기를 나비보다 조금 큰 크기로 설정하고 나비를 클릭하고 있으면 나비를 중심으로 점차 밝게 보정됩니다. 마지막으로 범위를 밝은 영역으로 설정한 후 나비를 클릭합니다.

직접 해보기   번 툴(Burn Tool)

드래그 영역을 어둡게 보정합니다.

01 [File]-[Open] 메뉴를 이용하여 "Sample〉part02" 폴더에서 "p02-05-05.jpg" 파일을 불러온 후 비네팅 효과를 적용하여 봅시다.

강의노트 ✏️

번 툴을 이용해서 사진 외곽이나 모서리가 어둡게 나오는 비네팅 효과를 쉽게 적용할 수 있습니다.

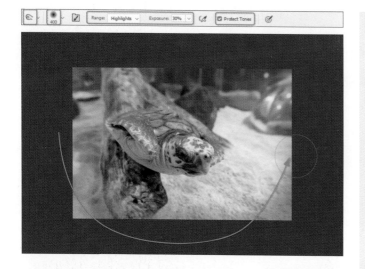

02 툴 패널에서 번 툴(🖐️)을 선택하고 브러시 Size를 조절합니다. 이미지 테두리를 어둡게 만들기 위해서 큰 사이즈의 부드러운 브러시를 선택합니다. Range와 Exposure를 각각 Hightlights, 30%으로 설정하고 Protect Tones에 체크한 후 이미지 하단 테두리에 u자를 그리며 드래그합니다.

강의노트 🖊️

문서 창보다 캔버스 크기를 작게 하면 둥글게 드래그하기 쉽습니다.

03 이번에는 범위를 어두운 영역으로 설정하고 위와 마찬가지로 이미지의 외곽을 둥글게 드래그합니다.

직접 해보기   🧽 스펀지 툴(Sponge Tool)

영역의 색상 채도를 변경합니다.

01 [File]-[Open] 메뉴를 이용하여 "Sample〉part02" 폴더에서 "p02-05-06.jpg" 파일을 불러온 후 이미지의 채도를 보정해 봅시다.

02 툴 패널에서 스펀지 툴(🧽)을 선택하고 브러시 Size를 조절합니다. 모드를 Saturate로 설정하고 Vibrance에 체크한 후 이미지의 오른쪽 음료를 드래그합니다. 점점 채도가 높아져 색이 선명해지는 것을 확인할 수 있습니다.

03 이번에는 Mode에서 Desaturate 를 선택하고 Vibrance 항목에 체크를 해제한 후 왼쪽 음료를 드래그합니다. 드래그를 반복할 때마다 채도가 낮아집니다.

강의노트 ✏️

회색 음영 모드 이미지에서는 중간 톤을 추가 혹은 제거하여 이미지의 대비를 높이거나 감소시킵니다.

📍 **보충수업** 스펀지 툴 옵션 막대

❶ **Mode** : 이미지의 채도를 설정합니다.

❷ **Flow** : 스펀지 툴 효과가 적용되는 정도를 조절합니다.

❸ **Vibrance** : 원본 이미지의 톤을 보호하며 채도를 조절합니다.

직접 해보기  펜 툴(Pen Tool)

모양, 패스, 선택 영역을 그립니다. 펜 툴을 사용하면 개체의 가장자리를 따라 가장 정밀하고 깔끔하게 그릴 수 있기 때문에 유용한 툴입니다.

01 [File]-[Open] 메뉴를 이용하여 "Sample〉part02" 폴더에서 "p02-05-07.jpg" 파일을 불러온 후 펜 툴( )로 불가사리를 정교하게 선택해 봅시다.

02 정확한 가장자리를 보기 위해 돋보기 툴( )로 불가사리를 확대합니다. 펜 툴( )을 선택하고 옵션 막대에서 Path로 선택합니다. 불가사리 가장자리 한 곳을 시작점으로 클릭한 채로 드래그합니다.

강의노트 ✏

펜 툴로 처음 클릭하면 패스의 시작점이 생성됩니다. 드래그 없이 클릭으로 기준점을 생성하면 직선으로 이뤄진 패스를 만들고 클릭한 채 드래그하면 양쪽으로 방향선이 있는 기준점이 생성되어 곡선을 그릴 수 있습니다. 직선 기준점 후 클릭한 채로 드래그하면 한쪽 방향선만 있는 곡선이 만들어 집니다.

03 불가사리의 다른 지점을 클릭한 채 드래그하면 기준점과 곡선 패스가 생성됩니다. 마우스를 떼지 않고 방향점을 움직여 불가사리 가장자리에 패스를 맞춰줍니다.

강의노트 ✏

Alt 를 누른 채 기준점을 클릭하면 패스 진행 방향의 방향선이 삭제됩니다.

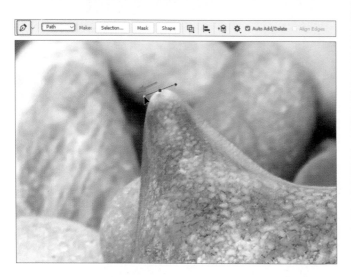

04 가장자리를 따라 시작점까지 이동 후 커서의 모양이 [○]일 때 클릭하면 닫힌 패스가 완성됩니다.

강의노트 ✎

패스를 만드는 도중 [Ctrl]을 누르면 직접 선택 툴로 전환되어 기준점 및 방향점을 수정할 수 있습니다.

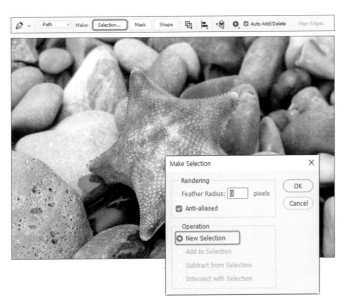

05 패스를 완성한 후 옵션 막대에서 Seleciton을 클릭하면 Make Selection 대화상자가 나타납니다. [OK] 버튼을 눌러 선택 영역으로 전환합니다.

강의노트 ✎

완성된 패스는 [Window]-[Path] 메뉴를 이용하여 Path 패널에서 확인할 수 있습니다. 패널 하단의 [○]을 누르거나 [Ctrl]을 누른 채 작업 패스 썸네일을 클릭하면 선택 영역이 만들어집니다.

06 [Ctrl]+[C]를 눌러 선택 영역을 복사하고 [File]-[Open] 메뉴로 "p02-05-08.jpg" 파일을 불러옵니다. [Ctrl]+[V]를 눌러 불가사리가 자갈 이미지에 붙여넣고 [Ctrl]+[T] 명령으로 크기와 각도, 위치를 조정합니다.

07 이번에는 불가사리 레이어의 눈 아이콘을 끄고 Background 레이어를 선택합니다. 손 부분을 확대하고 위와 같은 방법으로 손의 가장자리를 따라 패스를 만듭니다. 실수로 만든 기준점은 Ctrl + Z 을 눌러 실행 취소 후 다시 만들 수 있습니다. Ctrl + Alt + Z 은 기준점을 만든 역순으로 실행 취소합니다.

08 패스가 완성되면 Paths 패널 하단의 ○ 을 눌러 선택 영역으로 전환한 후 Ctrl + J 를 누릅니다. Layers 패널에서 복사된 선택 영역이 새 레이어로 만들어 것을 확인할 수 있습니다. Layer 1을 Layer 2 아래로 이동시키고 Layer 1의 눈 아이콘을 켜줍니다.

09 Layers 패널에서 Layer 1이 선택된 것을 확인하고 번 툴(◉)로 손가락 밑을 어둡게 처리합니다.

10 계속해서 Layer 1을 더블 클릭합
니다. Layer Style 대화상자가
나타나면 그림과 같이 Drop Shadow를
적용합니다.

11 손 툴(✋)을 더블 클릭하여 전
체 이미지를 확인한 후 작업을 완
료합니다.

보충수업 **패스 이해하기**

패스 선은 두 개 이상의 점과 점들 사이를 연결하는 베지어 곡선으로 이뤄져
있습니다. 시작점과 끝점이 연결된 닫힌 패스와 선 같이 열린 패스가
있습니다.

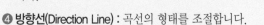

❶ **패스(Path)** : 여러 개의 선분이 연결된 선입니다.

❷ **선분(Segment)** : 두 개의 기준점을 연결합니다.

❸ **기준점(Anchor Point)** : 선과 선을 연결하는 점입니다. 선택된 기준
점은 검정으로 표시되고 선택되지 않은 기준점은 흰색으로 표시됩
니다.

❹ **방향선(Direction Line)** : 곡선의 형태를 조절합니다.

❺ **방향점(Direction Point)** : 방향선 끝에 있는 점으로 방향선의 각도와 길이를 조절합니다.

보충수업 패스를 선택 영역으로 전환

Paths 패널의 메뉴에서 Make Selection을 실행하거나 펜 툴 옵션 막대의
Selection... 를 누르면 Make Selection 대화상자가 나타나 사용자 설정
값으로 선택 영역을 만들 수 있습니다.

• Feather Radius : 선택 영역 테두리 안과 밖으로 페더 가장자리가
  확장되는 거리입니다.
• 대화상자 없이 현재 설정 값으로 선택 영역을 만들 때는 Paths 패널
  의 ⚬⚬⚬ 를 클릭합니다.

보충수업 선택 영역을 패스로 전환

패스를 선택 영역으로 전환하듯 모든 선택 영역은 패스로 전환할 수
있습니다. 이때 선택 영역에 적용된 모든 페더는 제거됩니다.

• Paths 패널 메뉴에서 Make Work Path를 선택하면 대화상자가 나
  타납니다.
• Flatness : 0.5~10 픽셀까지 입력하여 선택 영역 모양이 패스로 변환되는 민감도를 제어합니다. Flatness
  값이 클수록 기준점 수가 적어져 매끈한 패스가 만들어지지만 정교함은 떨어집니다.
• 대화상자 없이 현재 설정 값으로 작업 패스를 만들 때는 패스 패널의 ⬡ 를 클릭합니다.

보충수업 펜 툴 옵션 막대

펜 툴과 도형 툴은 그리기 모드에 따라 옵션 막대의 항목이 달라집니다.

[그리기 모드]

❶ Shape : 패스가 포함된 모양을 그리기 때문에 Layers 패널과 Paths 패널에 각각 모양 레이어와 패스가 만들
  어 집니다.

❷ Path : 기준점과 실선으로 된 패스를 만들며 Paths 패널에서 확인할 수 있습니다. 만들어진 패스는 선택 영역
  이나 마스크, 모양으로 변환할 수 있습니다.

❸ Pixels : 도형 툴에서만 활성화되며 레이어에 그리는 도형의 모양대로 전경색이 칠해집니다.

[Shape 모드]

❶ Fill/Stroke : 면과 선의 색을 지정합니다.

ⓐ 색 없음으로 설정합니다.
ⓑ 단색으로 채웁니다.
ⓒ 그레이디언트로 채웁니다.
ⓓ 패턴으로 채웁니다.
ⓔ Color Picker 대화상자를 불러와 색을 지정합니다.
ⓕ 최근 사용한 색상 목록을 보여줍니다.
ⓖ 색상 견본 패널에 등록된 색상 견본을 보여줍니다.

❷ 선 두께를 설정합니다.

❸ 선의 모양과 위치 및 끝, 모서리 처리 방식을 지정합니다.

❹ 모양의 가로, 세로 크기를 확인하거나 수치를 입력하여 크기를 조절할 수 있습니다.

❺ Path Operations : 겹치는 모양의 처리 방식을 설정합니다.

❻ Path Alignment : 패스 구성 요소를 정렬 및 배분합니다.

❼ Path Arrangement : 모양의 순서를 설정합니다.

❽ Set additional pen and path options : 패스를 그릴 때 선의 두께와 색깔 및 고무 밴드를 설정할 수 있습니다.

❾ Auto Add/Delete : 체크하면 기준점 추가, 삭제 툴로 자동 전환되어 툴 변경없이 기준점을 추가 또는 삭제할 수 있습니다. 선을 클릭하면 기준점이 추가되고 기준점을 클릭하면 기준점이 삭제되며, 패스를 그리는 도중에도 기준점을 추가, 삭제할 수 있습니다.

❿ Align Edges : 픽셀 격자에 가장자리를 정렬합니다.

[패스 그리기 모드]

❶ Make : Make Selection 대화상자를 실행하여 패스를 선택 영역으로 만들어 줍니다.

보충수업 기준점 추가/삭제/변환 툴

❶ ☑기준점 추가 툴(Add Anchor Point Tool) : 패스 선분을 클릭하면 기준점이 추가됩니다.

❷ ☑기준점 삭제 툴(Delete Anchor Point Tool) : 기준점을 클릭하면 기준점이 삭제됩니다.

❸ ☑기준점 변환 툴(Convert Point Tool) : 기준점 변환 툴을 선택하거나 펜 툴 사용 중 [Alt]를 누른 채 기준점을 클릭 혹은 드래그하면 직선 또는 곡선 기준점으로 변환됩니다.

보충수업 패스를 선택할 수 있는 툴

❶ ☑패스 선택 툴(Path Selection Tool) : 패스 전체를 선택합니다. [Ctrl]을 누른 채 화면을 클릭할 때마다 직접 선택 툴과 패스 선택 툴이 번갈아 선택되며 [Shift]를 누른 채 패스를 클릭하면 여러 패스를 선택할 수 있습니다.

• 여러 패스 선택하기

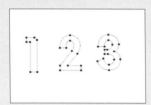

❷ ☑직접 선택 툴(Direct Selection Tool) : 기준점이나 방향점, 선분을 움직여 패스 모양을 변경합니다. 기준점이나 선분을 선택하고 [←] 혹은 [Delete]를 누르면 선택 기준점이나 선분이 삭제됩니다. [←]나 [Delete]를 다시 누르면 나머지 패스가 모두 지워집니다.

• [Alt]를 누른 채 패스 안을 클릭하면 전체 패스가 선택됩니다.

• 다른 툴이 선택되어 있을 때 [Ctrl]을 누르고 있는 동안 직접 선택 툴로 전환할 수 있습니다. [Ctrl]을 누른 채 패스로 커서를 가져갑니다.

❸ Constrain Path Dragging

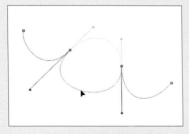
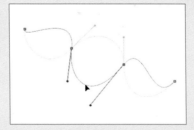

Constrain Path Dragging 사용   Constrain Path Dragging 사용 안 함

Photoshop CC 및 CS6에서는 패스 선분을 조정하면 관련 선분도 조정되므로 패스 모양을 직관적으로 변형할 수 있습니다. 이전 Photoshop 버전처럼 선택한 기준점 사이의 선분만 편집하려면 패스 선택 툴의 옵션 막대에서 Constrain Path Dragging 항목에 체크합니다.

직접 해보기　[이미지]자유 펜 툴(Freeform Pen Tool)

종이에 연필로 그림을 그리듯 클릭한 채 드래그하는 대로 패스가 그려집니다. 자석 옵션을 사용하면 가장자리를 감지하여 패스가 만들어 집니다.

01 [File]–[Open] 메뉴를 이용하여 "Sample〉part02" 폴더에서 "p02-05-09.jpg" 파일을 불러옵니다. 돋보기 툴([Q])로 흰색 고무신 부분을 확대하고 자유 펜 툴([이미지])을 선택합니다.

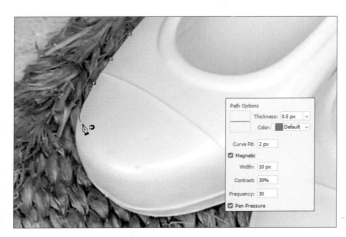

02 옵션 막대에서 그리기 모드를 Path로 선택한 후 [⚙.]을 클릭하여 왼쪽의 화면과 같이 옵션을 설정합니다. 흰색 고무신 가장자리 한 곳을 클릭하여 시작점을 만들고 가장자리를 따라 마우스를 이동하면 자동으로 패스가 만들어 집니다.

03 시작점까지 이동한 후 마우스 포인터가 [펜] 모양으로 바뀌면 클릭하여 패스를 완성합니다.

강의노트 [이미지]

원하는 지점에 스냅되지 않으면 클릭하여 수동으로 기준점을 추가합니다. 패스를 만들어 가는 도중에 [Delete]를 누르면 마지막으로 만들어진 기준점이 삭제되고 [ESC]를 누르면 모든 기준점이 삭제됩니다.

04 패스가 완성된 후 기준점에 마우스 포인터를 올려놓으면 자동으로 기준점 삭제 툴(🖉)로 변환되고 선분 위에 올려 놓으면 기준점 추가 툴(🖉)로 변환됩니다. 불필요한 기준점을 클릭하여 삭제합니다.

강의노트 ✎

툴이 자동 변환되지 않으면 옵션 막대의 자동 추가/삭제 항목에 체크합니다.

05 패스 수정이 필요한 곳은 Ctrl 을 누른 채 드래그하여 방향점을 조절합니다.

강의노트 ✎

패스의 기준점은 수가 적을수록 편집, 표시, 인쇄가 더 쉬워집니다.

06 패스를 다듬은 후 Paths 패널에서 Work Path 더블 클릭하면 Save Path 대화상자 나타납니다. 패스 이름을 입력하고 [OK] 버튼을 클릭하면 패스가 저장됩니다.

보충수업 자석 펜 툴 옵션

자유 펜 툴의 옵션에는 가장자리를 자동으로 감지하여 패스를 그릴 수 있습니다. 자석 올가미 툴과 유사하며 자석 펜 사용 도중 Alt 를 누른 채 클릭하면 직선을 그릴 수 있습니다.

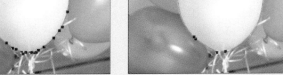

❶ **Curve Fit** : 0.5~10 픽셀 사이의 값을 입력합니다. 패스의 곡선을 조정할 때 허용되는 오류 허용치로, 값이 클수록 기준점 수가 적은 단순한 패스가 됩니다.

Curve Fit : 0.5px   Curve Fit : 10px

❷ **Margnetic** : 체크하면 자석 펜 툴로 변환됩니다.

❸ **Width** : 1~256 픽셀 사이의 값을 입력하여 마우스 포인터로부터 지정한 거리 안에 있는 가장자리만 감지합니다.

❹ **Contrast** : 1~100% 사이의 값을 입력하여 가장자리로 인식할 픽셀 사이의 대비를 지정합니다. 대비가 낮은 이미지는 높은 값으로 설정합니다.

❺ **Freequency** : 0~100 사이의 값을 입력하여 패스에 추가되는 포인트 빈도 수를 설정합니다. 값이 높을수록 패스가 제자리에 더 빠르게 고정됩니다. 포인트 그대로 선택 영역이 되는 자석 올가미 툴과 다르게 가장자리에 스냅된 포인트는 Curve Fit 옵션에 따라 기준점으로 변환됩니다.

Freequency : 10   Freequency : 80

❻ **Pen Pressure** : 태블릿 사용 시 펜 압력에 체크하면 압력을 증가할 때마다 폭이 감소합니다.

직접 해보기 곡률 펜 툴(Curvature Pen Tool)

곡선의 패스를 쉽게 만들어주는 툴로 포토샵 CC 2019에 새롭게 추가된 툴입니다. 쉽고 편리하게 하트를 만들어 보면서 곡률 펜 툴에 대해 알아봅시다.

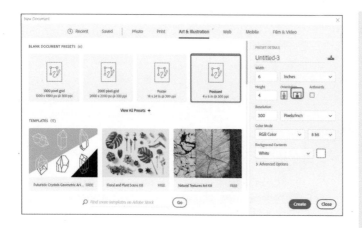

01 [File]-[New] 메뉴를 선택하여 New Document 대화상자가 나타나면 Art & Illustration을 선택합니다. BLANK DOCUMENT PRESETS에서 Postcard를 선택하고 오른쪽 Orientation을 가로 방향으로 선택한 후 [Create]를 클릭합니다. 새로운 이미지 창에 곡률 펜 툴(⌀.)을 사용해 하트 모양의 패스를 만들어 보겠습니다

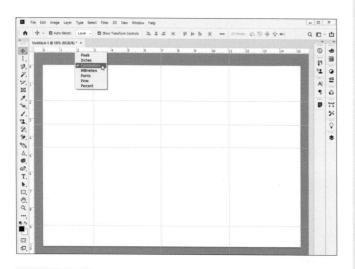

02 [View]-[Rulers] 메뉴를 이용하거나 Ctrl+R을 눌러 이미지 창의 상단과 왼쪽에 눈금자를 표시하고 눈금자 위에서 마우스 오른쪽 버튼을 클릭하여 눈금자의 단위를 Centimeters로 변경합니다. 이동 툴(⌖.)을 선택하고 상단과 왼쪽의 눈금자를 클릭한 채로 드래그하여 가이드라인을 만듭니다.

강의노트 ✎

가이드 라인이 보이지 않으면 Ctrl+; 를 누르거나 [View]-[Show]-[Guides] 메뉴를 이용합니다.

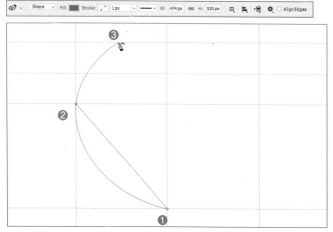

03 곡률 펜 툴(⌀.)을 선택하고 옵션 막대에서 Shape를 선택한 후 Fill을 빨간색으로 변경합니다. 왼쪽의 그림과 같이 가이드라인 ❶ 지점을 클릭하고 ❷로 드래그하면 자동으로 직선의 패스가 표시되지만 ❸ 지점을 클릭하면 자동으로 곡선의 패스가 만들어집니다.

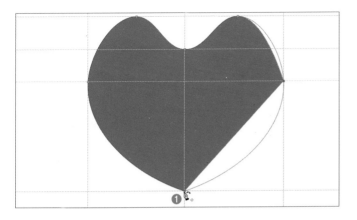

04 왼쪽의 화면과 같이 가로 세로 가 이드 라인이 교차되는 부분을 클릭해 가면서 처음의 ❶지점에서 클릭하여 패스를 생성합니다.

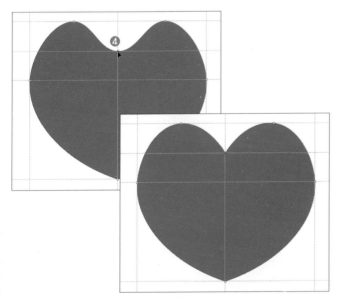

05 완벽한 하트 모양을 만들기 위해 ❹지점의 기준점을 더블클릭하여 곡선을 직선의 형태로 변경합니다

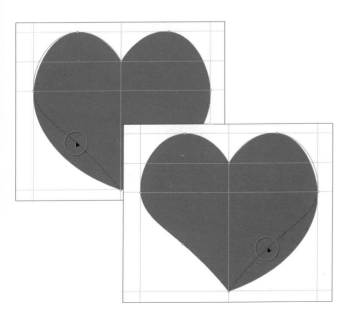

06 아래쪽의 패스 선 위를 클릭하면 기준점이 만들어집니다. 클릭한 채로 드래드하면 기준점의 위치에 따라 곡선의 패스의 모양도 변경됩니다. 하트 모양의 아래쪽의 패스 위를 클릭하여 드래그하여 하트 모양의 패스를 완성해 보세요.

실전문제

01. 준비한 이미지의 팬케이크를 먹음직스럽게 보정해 보세요.

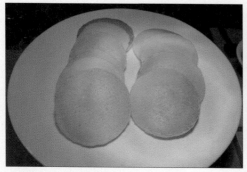

준비파일 | Sample〉part02〉p02-05-10.jpg   **완성파일** | Artwork〉part02〉p02-05-10.jpg

Hint 1. 준비된 파일을 불러온 후 툴 패널에서 닷지 툴을 선택합니다.
　　 2. 옵션 막대에서 브러시 크기를 조절한 후 접시와 팬케이크를 드래그하여 밝게 보정합니다.
　　 3. 툴 패널에서 스펀지 툴을 선택하고 채도 증가 옵션으로 채도를 높게 보정합니다.

02. 주어진 이미지의 피부를 매끄럽게 보정해 보세요.

준비파일 | Sample〉part02〉p02-05-11.jpg   **완성파일** | Artwork〉part02〉p02-05-11.jpg

Hint 1. 준비된 파일을 불러온 후 손을 확대합니다.
　　 2. 툴 패널에서 손가락 툴을 선택하고 옵션 막대에서 브러시 크기와 강도를 설정합니다. 손가락 가장자리 안으로
　　　 픽셀을 문질러 매끄럽게 보정합니다.

실전문제

03. 주어진 두 이미지를 픽셀이 깨지지 않게 합성시켜 보세요.

준비파일 | Sample)part02)p02-05-12.jpg, 13.jpg

완성파일 | Artwork)part02)p02-05-12.psd, 13.psd

Hint 1. 준비된 두 파일을 불러온 후 글자 이미지 창을 선택합니다. 자동 선택 툴로 글자를 선택 영역으로 지정합니다.
2. [Window] – [Paths] 메뉴를 이용하여 Paths 패널을 불러오고 〔Alt〕를 누른 채 ◇ 를 클릭합니다. Tolerance를 설정하고 [OK] 버튼을 클릭하여 선택 영역을 패스로 전환합니다.
3. Work Path를 더블 클릭하여 패스 이름을 꽃으로 변경합니다.
4. Paths 패널의 꽃 패스를 벚꽃 이미지로 드래그하여 이동합니다.
5. 펜 툴을 선택하고 패스 그리기 모드의 〔Shape〕 을 눌러 모양 레이어를 만듭니다.
6. 펜 툴의 그리기 모드를 Shape로 변경하고 Fill의 색상을 변경합니다. 〔Ctrl〕+〔T〕를 눌러 크기와 위치를 조절합니다.

타이포그래피와 모양 툴 익히기

포토샵은 비트맵 타입의 그래픽 프로그램이지만 펜 툴과 도형 툴을 이용하여 해상도에 구애받지 않는 벡터 타입의 그래픽 작업이 가능합니다. 또한, 문자 툴로 입력한 텍스트도 일반 레이어로 전환하지 않는 이상 벡터 타입처럼 관리할 수 있습니다. 문자 툴로 간단한 글씨를 입력하는 방법부터 서식을 지정하거나 디자인하는 방법에 대해 알아보고, 도형 툴로 모양을 그리는 법 및 모양의 패스를 다루는 법에 대해 학습해 보겠습니다.

Zoom In
알찬 예제로 배우는
**벡터 타입+도형
활용**

Keypoint Tool

_ **문자 툴** 수평, 수직 방향으로 문자를 입력하고 문자 레이어를 생성하거나 선택 영역을 만듭니다.

_ **도형 툴** 사각형, 타원, 다각형, 선, 사용자 정의 모양 도형을 그려 넣습니다.

Knowhow

_ **문장 관리** 긴 문장은 글상자를 만들어 관리하면 편리합니다.

_ **속성 패널** 사각형의 각 모서리 반경을 달리 지정할 수 있습니다.

직접 해보기 | T, 수평 문자 툴(Horizontal Type Tool)

가로 방향으로 문자를 입력합니다. 벡터 속성의 문자 레이어가 생성되며 패스를 만들거나 문자 레이어를 모양 레이어로
전환할 수 있습니다.

01 [File]-[Open] 메뉴를 이용하여 "Sample〉part02" 폴더에서 "p02-06-01.jpg" 파일을 불러온 후 간단한 문장을 입력하고 서식을 지정하여 봅시다.

02 툴 패널에서 수평 문자 툴(T,)을 선택한 후 옵션 막대에서 글꼴 및 크기, 정렬 옵션을 설정합니다. 마우스로 이미지를 클릭하여 커서가 깜박이면 문구를 입력한 후 옵션 막대의 [OK] 버튼을 클릭합니다. Layers 패널에 문자 레이어가 생성된 것을 확인할 수 있습니다.

강의노트 🖋
문자 입력 중 Ctrl 을 누르면 바운딩 박스가 나타나 위치 및 모양을 변형할 수 있습니다.

03 [Window]-[Character] 메뉴를 실행하거나 옵션 막대에서 📰을 눌러 Character 패널을 불러온 후 행간과 자간을 설정합니다.

강의노트 🖋
문자 레이어 내용 전체에 변경한 서식이 적용됩니다.

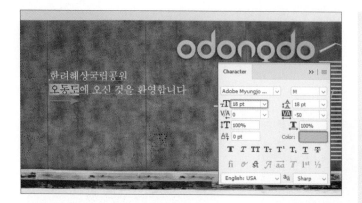

04 이번에는 입력한 문구에서 오동도를 드래그하여 선택하고 Character 패널에서 글자 크기와 색상을 왼쪽의 화면과 같이 변경합니다.

강의노트

선택한 단어에만 변경한 서식이 적용됩니다.

05 변경을 완료하면 Enter를 눌러 문자 입력 모드를 마칩니다.

강의노트

문자 입력 모드는 옵션 막대의 ✓를 클릭하거나 Enter 또는 Ctrl + Enter를 눌러 완료합니다. ESC는 [Edit]-[Preference]-[Type] 메뉴를 클릭해 Preferences의 대화 상자의 Type Options 설정에 의해 문자 입력 취소나 수행을 지정할 수 있습니다.

보충수업 수평 문자 툴 옵션 막대

❶ **Toggle text orientation** : 입력한 문자의 방향을 가로 또는 세로로 바꿉니다.

❷ 컴퓨터에 등록된 글꼴을 보여주며 선택한 문자의 글꼴을 변경합니다. 최근 사용한 글꼴을 즐겨 찾기로 표시하여 자주 사용하는 글꼴을 빠르게 찾을 수 있습니다. 현재 사용 중인 글꼴과 비슷한 글꼴도 필터링하여 표시할 수 있습니다.

❸ Roman, Italic, Bold, Bold Italic 등의 글꼴 유형을 지정합니다.

❹ 사전 설정 크기 목록에서 선택하거나 직접 입력하여 문자 크기를 설정합니다.

❺ 문자 외곽선의 안티 엘리어싱 적용 방법을 지정합니다.

❻ 문자 정렬 방식을 설정합니다.

❼ 문자 색상을 설정합니다.

❽ 문자를 여러 스타일로 왜곡합니다.

❾ 문자 패널과 단락 패널을 표시하거나 숨깁니다.

❿ 문자 입력, 편집을 취소하거나 완료합니다.

⓫ 문자를 3D 개체로 변환합니다.

직접 해보기 | T. 세로 문자 툴(Vertical Type Tool)

문자를 세로로 입력합니다.

01 [File]-[Open] 메뉴를 이용하여 "Sample〉part02" 폴더에서 "p02-06-02.jpg" 파일을 불러온 후 세로 문자와 한자를 입력하는 방법에 대해 알아보겠습니다.

02 툴 패널에서 세로 문자 툴(T.)를 선택한 후 이미지 위를 마우스로 클릭하고 '전주 한옥마을 全州 韓屋村(전주 한옥촌)'이라고 입력합니다. 한자는 한글로 한 글자씩 입력한 후 한자 키를 누르고 뜻이 맞는 한자를 선택합니다.

03 문자 패널에서 글꼴 종류와 크기, 행간을 지정한 후 Ctrl 을 눌러 문자 크기와 위치를 조절합니다.

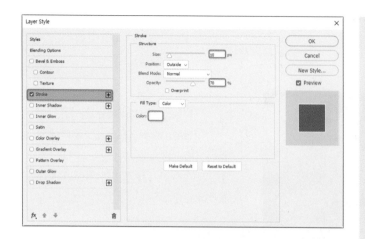

04 Layers 패널에서 문자 레이어를 더블 클릭한 후 Layer Style 대화상자가 나타나면 Stroke 스타일을 선택하고 오른쪽 항목들을 그림과 같이 설정하고 [OK] 버튼을 클릭합니다.

05 완성된 모습을 확인하고 작업을 완료합니다.

 보충수업 Glyphs 패널로 특수 문자 입력하기

Photoshop CC 버전에 특수 문자를 입력할 수 있는 Glyphs 패널이 추가되었습니다. Glyphs 패널은 최근 입력 문자 목록, 글꼴 모음 설정, 글꼴 범주 설정, 특수 문자 목록으로 단순하게 구성되어 있고 특수 문자를 입력하는 방법 또한 간단합니다.

❶ [Window]-[Glyphs] 또는 [Type]-[Panels]-[Glyphs Panel] 메뉴를 이용하여 Glyphs 패널을 불러옵니다.

❷ Glyphs 패널에서 입력하려는 특수 문자를 찾습니다. 글꼴 별로 지원하는 특수 문자가 다르기 때문에 글꼴을 선택하고 상하 방향키로 글꼴 모음을 움직이면서 찾는 것이 효율적입니다.

❸ 문자 툴로 문서를 클릭하거나 글상자를 만들고, Glyphs 패널에서 원하는 문자를 더블 클릭합니다.

특수 문자 목록 중 오른쪽 아래에 검은색 사각형 표시가 있는 문자는 해당 문자에 대한 대체 항목이 있다는 것입니다. 길게 클릭하거나 Alt 를 누른 채 클릭하면 대체 항목을 볼 수 있고, 문서 창에 입력 후 문자를 선택하면 Glyphs 패널과 화면에 자동으로 대체 항목이 표시됩니다.

직접 해보기   ⊞세로 문자 마스크 툴, T.수평 문자 마스크 툴

세로 또는 가로로 방향으로 선택 영역의 문자를 만듭니다.

01 [File]–[Open] 메뉴를 이용하여 "Sample〉part02" 폴더에서 "p02-06-03.jpg" 파일을 불러온 후 수평 문자 마스크 툴(T.)로 선택 영역을 만들어 봅시다.

02 툴 패널에서 수평 문자 마스크 툴 (T.)를 선택합니다. 이미지를 드래그하면 드래그한 크기만큼 문자를 입력할 수 있는 글상자가 표시되면서 화면이 붉은 색으로 바뀝니다.

강의노트 🖉

글상자는 긴 문장을 관리할 때 유용합니다. 글상자를 만들면 상자 영역 안에서만 입력한 문장이 보이고 모서리의 조절점을 움직여 크기 및 기울기를 변경할 수 있습니다.

03 '등잔 밑이 어둡다'라고 입력한 후 옵션 막대나 Character 패널에서 글꼴 및 크기를 지정하고 Paragraph 패널에서는 문자 정렬을 모두 강제 정렬로 선택합니다.

강의노트 🖉

문자 입력 모드 중에 글상자 모서리를 움직여 크기 및 각도, 위치를 조절할 수 있습니다.

04 키패드의 Enter 를 누르면 입력한 문자가 선택 영역으로 변경됩니다. Layers 패널에도 새 문자 레이어가 생성되지 않습니다.

강의노트

노트북과 같이 키패드가 없는 경우에는 ESC 를 눌러도 됩니다.

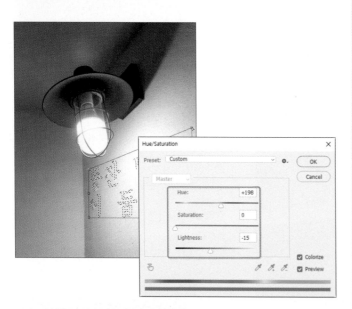

05 [Select]-[Transform] 메뉴를 선택해서 바운딩 박스가 나타나면 벽면 원근에 맞춰 선택 영역을 변형합니다. [Imgae]-[Adjustments]-[Hue/Saturation] 메뉴를 이용하여 선택 영역의 Hue 및 Saturation, Lightness를 조절합니다.

06 Ctrl + D 를 눌러 선택 영역을 해제하고 작업을 완료합니다.

직접 해보기 패스 따라 흐르는 문자 만들기

문자 툴로 패스 위를 클릭한 후 글자를 입력하면 패스 모양을 따라 글자가 배치됩니다.

01 [File]-[Open] 메뉴를 이용하여 "Sample〉part02" 폴더에서 "p02-06-04.jpg" 파일을 불러온 후 유리잔을 따라 흐르는 글자를 입력해 봅시다.

02 툴 패널에서 펜 툴(🖊)을 선택한 후 옵션 막대에서 그리기 모드를 Path로 지정합니다. 유리잔을 따라 고정점을 만들며 패스를 만듭니다.

03 툴 패널에서 수평 문자 툴(T) 을 선택한 후 옵션 막대에서 문자 서식을 설정합니다. 패스 시작 부분으로 마우스 포인트를 이동하여 모양이 ⅃로 바뀌면 클릭합니다. 문자 입력 커서가 깜빡이면 문자를 입력합니다.

04 입력한 글보다 패스가 짧으면 직접 선택 툴( )로 패스를 수정합니다.

05 직접 선택 툴( )의 모양이 ( ) 일 때 클릭하고 왼쪽으로 드래그하면 패스 입력 방향이 바뀌고, 패스 위를 드래그하면 문자 시작 위치를 조정할 수 있습니다.

강의노트

패스의 문자 입력 공간이 충분하면 커서의 삼각형이 흰색으로 바뀝니다.

06 키패드의 Enter를 눌러 문자 입력을 마칩니다.

직접 해보기 | 뒤틀어진 텍스트 만들기

문자 레이어 내용을 15가지 스타일로 변형합니다. 문자 레이어 상태에서만 적용되며 볼드체 스타일의 문자에는 적용되지 않습니다.

01 [File]-[Open] 메뉴를 이용하여 "Sample〉part02" 폴더에서 "p02-06-05.jpg" 파일을 불러온 후 케익 모양에 맞춰 문자를 변형하여 보겠습니다.

02 툴 패널에서 수평 문자 마스크 툴 (T)을 선택하고 케이크 빈 공간에 맞춰 드래그합니다.

03 글상자가 표시되면 영문 'Happy'와 국문 'ㅁ'을 이어서 입력하고 한자 키를 누릅니다. 'ㅁ'의 특수 문자가 나타나면 하트를 선택합니다.

04 'Happy♡♡' 입력 후 Enter 를 눌러 줄을 바꾸고 'Birthday'를 입력합니다. 옵션 막대에서 글꼴, 문자 크기, 정렬 등을 설정합니다.

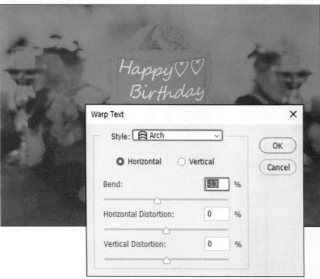

05 문자 서식 설정 후 옵션 막대의 Create warped text(ㅈ)를 클릭합니다. Warp Text 대화상자가 나타나면 아치 스타일의 왜곡을 가로 방향으로 적용시킨 후 [OK] 버튼을 누르고 키패드의 Enter 를 클릭하여 입력 모드를 종료합니다.

06 입력한 문구가 선택 영역으로 전환되면 Ctrl + J 를 눌러 선택 영역을 새 레이어에 붙여 넣습니다.

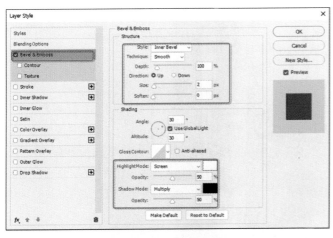

07 위에서 만든 새 레이어를 더블 클릭하여 Layer Style 대화상자가 나타나면 Bevel & Emboss 스타일을 화면과 같이 적용합니다.

강의노트 ✏️

경사와 엠보스는 레이어 내용 혹은 선택 영역에 음영을 적용하여 입체적인 효과를 만듭니다.

08 케이크 모양에 맞춰 변형된 문자에 음영이 적용된 것을 확인하고 작업을 완료합니다.

📍 보충수업 뒤틀어진 텍스트 만들기

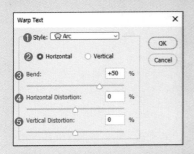

❶ Style : 15가지 왜곡 스타일을 제공합니다.
❷ 굴절 방향을 가로, 세로 중에서 선택합니다.
❸ Bend : 휘는 정도를 조절합니다.
❹ Horizontal Distortion : 좌우로 왜곡되는 정도를 조절합니다.
❺ Vertical Distortion : 상하로 왜곡되는 정도를 조절합니다.

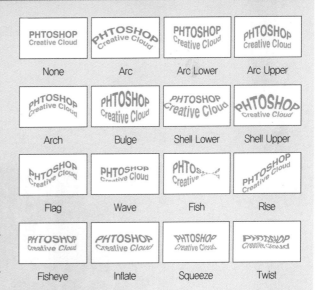

직접 해보기 ☐ 사각형 툴(Rectangle Tool)

원하는 크기의 사각형을 모양, 패스, 픽셀 모드로 그릴 수 있습니다.

01 [File]-[Open] 메뉴를 이용하여 "Sample〉part02" 폴더에서 "p02-06-06.jpg" 파일을 불러온 후 사각형 툴(☐)로 세련된 금속 프레임 액자를 만들어 봅시다.

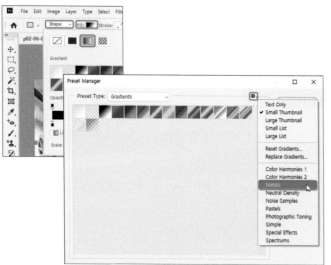

02 툴 패널에서 사각형 툴(☐)을 선택한 후 옵션 막대의 모드를 Shape로 설정합니다. Fill 항목을 클릭해 그레이디언트를 선택한 후 ⚙.에서 Preset Manager를 선택합니다. 다시 ⚙.를 누르고 Metals를 선택하여 금속 그레이디언트를 불러옵니다.

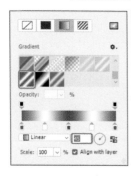

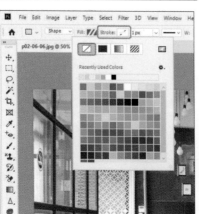

03 그레이디언트 목록에서 Silver를 선택하고 각도를 45°로 설정합니다. 같은 방법으로 Stroke를 클릭하고 선 없음을 선택합니다.

04 계속해서 옵션 막대의 패스 작업을 New Layer로 설정하고 화면을 드래그하면 드래그한 영역만큼 그레이디언트로 채워진 사각형이 만들어 집니다. Layers 패널에는 모양 레이어가 생성됩니다.

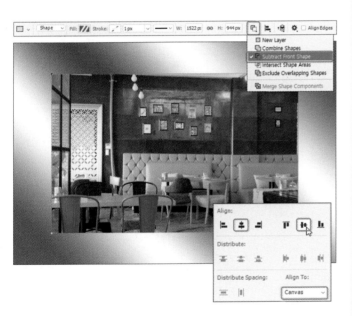

05 다시 옵션 막대에서 패스 작업을 Subtract Front Shape로 설정하면 이미지 전체 크기에서 위에서 그린 사각형을 제외한 도형이 만들어 집니다. 계속해서 옵션 막대의 Path Alignment를 클릭한 후 Align To를 Canvas로 지정한 후 Align horizontal center, Align vertical center를 차례대로 클릭하면 뚫린 사각형의 위치를 캔버스의 가운데를 기준으로 정렬할 수 있습니다.

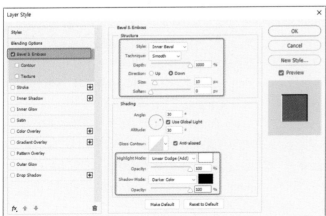

06 Layers 패널에서 모양 레이어를 더블 클릭한 후 Layer Style 대화상자가 나타나면 Bevel & Emboss 효과를 적용합니다.

07 레이어 스타일이 적용된 모습을 확인하고 작업을 완료합니다.

보충수업 사각형 툴 옵션 막대

❶ 모드

- Shape : 패스를 포함한 모양을 만듭니다. Layers 패널과 Paths 패널에 각각 모양 레이어, 패스가 생성되며 직접 선택 툴로 변형이 가능합니다.
- Path : 도형의 윤곽선대로 패스만 만듭니다. 패스 패널에 작업 패스가 만들어집니다.
- Pixel : 펜 툴에서는 활성화되지 않고 도형 툴에서만 활성화됩니다. 도형 모양대로 선택된 레이어를 전경색으로 채우기 때문에 따로 레이어나 패스가 만들어지지 않습니다.

❷ Fill : 면 색을 지정합니다. 색 없음, 단색, 그레이디언트, 패턴으로 채울 수 있습니다.

❸ 획 : 테두리 선 색을 지정합니다.

❹ 획의 두께를 설정합니다.

❺ 획 유형과 획의 위치 및 획 끝, 모서리 처리 방식을 지정합니다.

❻ W/H : 가로, 세로 수치를 입력하여 도형을 만들거나 만들어진 도형의 크기를 확인합니다. 수치를 변경하면 선택한 도형의 크기가 변경됩니다.

❼ 겹치는 모양의 처리 방식을 설정합니다.

❽ 선택한 모양을 정렬하거나 배분합니다.

❾ 모양의 순서를 설정합니다.

❿ 도형을 표시하는 선의 두께와 색상을 지정할 수 있으며 도형을 그리는 방법을 지정합니다.

- Path Options : 도형이나 패스를 그릴 때 선과 기준점을 표시하는 색과 두께를 지정합니다.

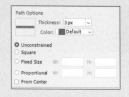

- Unconstrained : 마우스를 드래그하여 자유롭게 도형을 그립니다.
- Square : 가로, 세로 비율을 1:1로 그립니다.
- Fixed Size : 정해진 크기의 도형을 그립니다.
- Proportional : 가로, 세로 비율 값을 입력하여 동일한 비율로 도형을 그립니다.
- From Center : 클릭한 지점을 중심으로 사각형이 그려집니다.

⓫ Align Edges : 픽셀 격자에 모양 가장자리를 정렬합니다.

직접 해보기 ▢모서리 둥근 직사각형, ◯타원, ⬡다각형, ╱선 툴

모서리가 둥근 직사각형을 만들거나 타원, 그리고 여러 가지 모양의 다각형 도형과 선을 만들 수 있습니다.

01 [File]-[Open] 메뉴를 이용하여 "Sample〉part02" 폴더에서 "p02-06-07.jpg" 파일을 불러온 후 도형 툴로 이미지를 꾸며 보겠습니다.

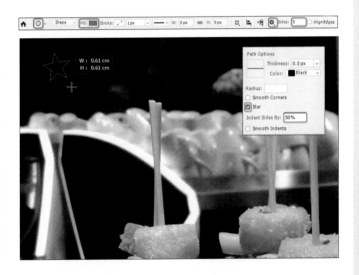

02 툴 패널에서 다각형 툴(⬡)을 선택합니다. 옵션 막대에서 Fill은 빨간색, Sides는 5로 지정한 후 ⚙.을 눌러 Star에 체크하고 Indent Sides By를 50%로 설정합니다. 이미지 좌측 상단을 드래그하면 꼭지점이 5개인 별이 그려집니다.

강의노트 🖉
별을 그리면 회전된 모양으로 그려집니다. 똑바로 세우려면 [Ctrl]+[T]를 눌러 바운딩 박스를 이용해 회전 및 크기를 변경합니다.

03 [Ctrl]+[Shift]+[Alt]를 누른 채 우측으로 드래그하여 별을 복제합니다. 3번 더 반복하여 별 5개를 만듭니다.

강의노트 🖉
별을 복제할 때 툴 패널에서 다각형 툴이 선택된 상태에서 복제해야 합니다. 이동 툴을 선택하고 복제하면 Layers 패널에 Polygon 1 레이어도 함께 복제됩니다.

04 이번에는 선 툴(✏)을 선택하고 옵션 막대에서 Weight를 4px로 지정하고, ⚙ 을 눌러 패스 옵션이 나타나면 Start 체크하고 Width와 Length, Concavity를 설정합니다. 이미지 중간의 튀김을 클릭하고 드래그하면 시작점에 화살표가 있는 선이 그려지고 Layers 패널에는 모양 1 레이어가 생성됩니다.

보충수업 모서리가 둥근 직사각형 툴 옵션 막대

• **Radius** : 모서리의 둥근 정도를 조절합니다. 모서리에 모두 적용됩니다. 도형을 그리면 Properties 패널이 자동으로 활성화되어 Shape 속성을 확인할 수 있습니다. Shape 패널 하단에 네 모서리 반경을 각각 조절할 수 있는 항목이 있습니다.

보충수업 타원 툴 옵션 막대

• **Circle** : 정원을 그립니다. [Shift]를 누른 채 그리는 것과 같습니다.

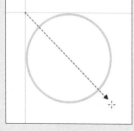

모퉁이부터 그리기

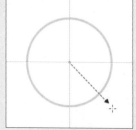

중심부터 그리기

• **From Center** : 클릭 지점을 중심으로 원을 그립니다. [Alt]를 누른 채 그리는 것과 같습니다.

05 옵션 막대에서 Fill 항목을 클릭하여 선의 색을 초록으로 선택하면 화살표 색이 변경됩니다.

06 툴 패널에서 모서리가 둥근 직사각형 툴(□)을 선택합니다. 옵션 막대에서 Path options을 Combine Shapes로 지정하고 Radius를 15px로 설정합니다. 선 끝이 닿도록 가로로 길게 드래그하면 Shape 1 레이어에 모서리가 둥근 직사각형이 추가됩니다. 이때 새로운 레이어는 생성되지 않습니다.

07 Properties 패널에서 모퉁이 연결을 해제한 후 오른쪽 상단과 왼쪽 하단 모퉁이 반경을 0px로 설정하면 둥근 직사각형의 모서리가 변경됩니다.

08 수평 문자 툴(T.)을 선택하고 옵션 막대에서 서식을 지정한 후 설명을 입력합니다.

09 위와 같은 방법으로 나머지 재료들도 지시선과 박스를 만들고 설명을 달아 줍니다.

📍 **보충수업** 다각형 툴 옵션 막대

| ○ ∨ | Shape ∨ | Fill: | Stroke: □ 1 px ∨ | ──── ∨ | W: 0 px | ⌒⌒ | H: 0 px | □ | ▯ | +▯ | ⚙ | Sides: 5 | ☑ Align Edges |

❶ **Radius** : 다각형의 반지름 길이를 입력하여 크기를 조절합니다.

❷ **Smooth Corners** : 모퉁이를 둥글게 만들어 둥근 다각형을 그립니다.

❸ **Star** : 별 모양의 도형을 그립니다.

❹ **Indent Side By** : 1%~99% 사이의 정수를 입력하여 안쪽으로 들어가는 모서리의 들여쓰기 정도를 조절합니다. 수치가 클수록 날카로운 별이 만들어집니다.

❺ **Smooth Indents** : 안쪽으로 들어가는 모서리가 곡선으로 표현됩니다.

❶ Radius: ▭
☐ Smooth Corners ❷
☑ Star ❸
❹ Indent Sides By: 50%
☐ Smooth Indents ❺

Smooth Corners

Smooth Corners,
Smooth Indents

Smooth Indents

Indents Side by : 50

Indents Side by : 70

• Sides : 그리려는 다각형의 면 수 또는 별의 꼭지점 수를 입력합니다.

보충수업 선 툴 옵션 막대

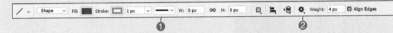

❶ **Set shape stroke type :** Shape 모드의 공통 옵션으로 선 위치, 선 끝 모양, 모퉁이 모양을 설정합니다.

• Align : 모양 가장자리를 기준으로 획 위치를 설정합니다.

Inside(▣)　　Center(▣)　　Outside(▣)

• Caps : 단면 끝점의 모양을 설정합니다.

Butt(ㄷ)　　Round(ㄷ)　　Square(ㄷ)

• Corners : 모퉁이 점에서의 획 모양을 설정합니다.

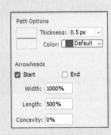

Miter(ㄷ)　　Round(ㅌ)　　Bevel(ㅌ)

❷ **Arrowheads :** 선의 시작과 끝 모양을 화살촉으로 만듭니다.

• Start/End : 체크한 지점에 화살촉을 만듭니다.
• Width : 선 두께를 기준으로 10%~1000% 사이의 정수 값을 입력하여 화살촉의
폭을 설정합니다.
• Length : 선 두께를 기준으로 10%~5000% 사이의 정수 값을 입력하여 화살촉의
길이를 설정합니다.
• Concavity : −50%~50% 사이의 정수 값을 입력하여 화살촉의 모양을 조절합니다.

Widh : 100
Length : 300
Concavity : 0

Widh : 300
Length : 300
Concavity : 0

Widh : 300
Length : 300
Concavity : 50

Widh : 300
Length : 300
Concavity : −50

직접 해보기 🧩 사용자 정의 모양 툴(Custom Shape Tool)

305개의 사전 등록된 사용자 정의 모양을 그려 넣을 수 있습니다.

01 [File]-[Open] 메뉴를 이용하여 "Sample〉part02" 폴더에서 "p02-06-08.psd" 파일을 불러온 후 도형 툴로 이미지를 꾸며 보겠습니다.

02 툴 패널에서 사각형 툴(□)을 선택한 후 옵션 막대에서 Shape 로 선택합니다. Fill 없음, Stroke 파란색, 두께를 3px로 설정한 후 칠판보다 약간 작게 드래그하여 사각형을 그려 넣습니다.

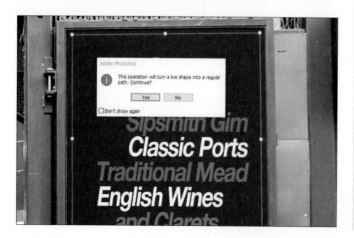

03 Ctrl + T 를 누르고 Ctrl 을 누른 채 각 모서리를 움직여 칠판 모양에 맞춰 변형합니다. 알림창이 나오면 [Yes]를 클릭합니다.

강의노트 🖉

모양이 틀어지면 모양 속성이 사라지고 패스 속성을 갖게 됩니다.

04 이번에는 사용자 정의 모양 툴 (⬡)을 선택합니다. 옵션 막대에서 Shape 옵션을 클릭하여 피커가 나타나면 ⚙️을 클릭한 후 팝업 메뉴에서 All을 선택합니다. 모양 피커에 사전 설정 모양이 모두 표시되면 화살표를 선택하고 이미지 창을 드래그하여 화살표를 그려 넣습니다.

05 툴 패널에서 직접 선택 툴(▷)을 선택하고 화살표의 꼬리만 드래그하면 화살표 꼬리의 기준점만 선택됩니다.

06 Shift를 누른 채 왼쪽으로 드래그하여 화살표를 길게 변형한 후 Enter를 눌러 기준점을 숨깁니다.

07 Ctrl+T를 눌러 모양을 180도 회전시킨 후 'We Stock' 보다 약간 크게 크기를 조정합니다. 옵션 막대에서 화살표의 색상을 변경합니다.

08 Layers 패널에서 Shift를 누른 채 We Stock 레이어를 클릭하면 화살표 레이어와 함께 선택됩니다. 툴 패널의 이동 툴(✛)을 클릭한 후 옵션 막대에서 Align Horizontal Center(✧)를 선택하여 화살표와 문구를 가운데 맞춤으로 정렬합니다. Ctrl+T를 누르고 각도와 위치를 조절한 후 키패드의 Enter를 누릅니다.

09 다시 툴 패널에서 사용자 정의 모양 툴(✿)을 선택하고 간판의 남은 부분을 여러 가지 모양으로 꾸며줍니다.

보충수업 사용자 정의 모양 툴 옵션 막대

305개의 사용자 정의 모양이 제공됩니다.

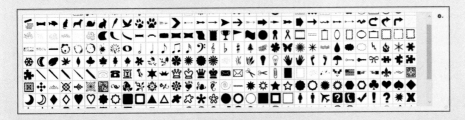

보충수업 사용자 정의 모양 등록하기

사전 설정으로 제공되는 사용자 정의 모양 외에 새로운 모양을 사용자 정의 모양으로 정의하면 Shape 피커 목록에 추가됩니다. 추가된 목록은 사전 설정으로 저장하고 언제든지 불러올 수 있습니다.

❶ 문자 레이어를 선택하고 오른쪽 마우스 버튼으로 클릭합니다. 팝업 메뉴에서 Convert to Shape를 선택합니다.

❷ `Ctrl`을 누른 채 Shape 1 레이어를 클릭합니다.

❸ [Edit]-[Define Custom Shape] 메뉴를 선택합니다. 이때 도형이나 문자 또는 패스 및 직접 선택 툴이 선택되어 있어야 합니다.

❹ Shape name 대화상자가 나타나면 이름을 정하고 [OK] 버튼을 클릭합니다. 왼쪽의 미리 보기 창에 등록될 모양이 표시됩니다.

❺ 사용자 정의 모양 툴을 선택하고 Shape 피커를 열면 선택되어 있던 사전 설정 목록 끝에 모양으로 등록된 것을 확인할 수 있습니다. Shape 피커 옵션 아이콘을 클릭하고 Save Shapes를 선택하면 저장할 수 있습니다.

사전 설정 불러오기를 실행하면 저장한 사전 설정이 표시되고 모양 피커 팝업 메뉴에는 프로그램을 재실행해야 표시됩니다.

 실전문제

01. 카드의 빈 공간에 맞추어 원하는 문장을 입력해 보세요.

준비파일 | Sample〉part02〉p02-06-09.jpg

완성파일 | Artwork〉part02〉p02-06-09.psd

Hint 1. 준비된 파일을 불러온 후 툴 패널에서 수평 문자 툴을 선택합니다.
    2. 카드 빈 공간에 맞춰 드래그한 후 문구를 입력합니다. Character 패널에서 글꼴 및 문자 크기, 행간, 자간을 지정하고 Paragraph 패널에서 문자 정렬을 설정합니다. Ctrl 을 누른 채 글상자의 기울기를 조절합니다.
    3. 옵션 막대의 ♫ 를 클릭하고 왜곡 스타일 중 Arch를 선택합니다. Bend는 0으로 설정하고 이미지와 글상자를 확인하며 가로, 세로 왜곡을 조절합니다. 키패드의 Enter 를 눌러 문자 입력을 완료합니다.

02. 문자 툴과 도형 툴을 이용하여 퀴즈 페이지를 만들어 보세요.

준비파일 | Sample〉part02〉p02-06-10.jpg

완성파일 | Artwork〉part02〉p02-06-10.psd

Hint 1. 준비된 파일을 불러온 후 툴 패널에서 빠른 선택 툴로 깔개를 드래그하여 선택합니다.
    2. Path 패널 하단의 ◇ 을 눌러 선택 영역을 패스로 전환합니다.
    3. 툴 패널에서 수평 문자 툴을 선택하고 패스를 클릭한 후 문구를 입력합니다. 옵션 막대나 Character 패널에서 문자 서식을 지정합니다.
    4. 이번에는 모서리가 둥근 직사각형 툴로 퀴즈 내용을 적을 직사각형을 그립니다. 옵션 막대에서 Fill, Stroke 서식을 지정하고 Layers 패널에서 Opacity와 Stroke 레이어 스타일을 적용합니다.
    5. 모서리 반경을 조정하고 4번 직사각형 보다 작게 드래그한 후 어두운 색으로 Fill을 지정합니다.
    6. 다시 수평 문자 툴을 선택하고 4, 5번에서 그린 도형에 맞춰 각각 문구를 입력한 후 서식을 지정합니다.
    7. 이미지 가운데를 클릭하여 물음표를 입력하고 서식을 지정합니다. Layers 패널에서 레이어의 혼합 모드를 Subtrack으로 설정합니다.

실전문제

03. 도형 툴과 문자 툴을 이용하여 이미지를 꾸며 보세요.

준비파일 | Sample〉part02〉p02-06-11.jpg

완성파일 | Artwork〉part02〉p02-06-11.psd

Hint 1. 준비된 파일을 불러옵니다. 툴 패널에서 사각형 툴을 선택한 후 옵션 막대에서 Fill을 검은색으로 지정합니다. 이미지를 클릭한 후 배경 이미지의 절반 크기를 입력합니다(배경 이미지 크기 : 1800px × 1200px).

2. 옵션 막대에서 Align To:는 Canvas로 지정한 후 Align Left Edges, Align Top Edjes를 차례대로 클릭합니다. Layers 패널에서 Opacity를 조절합니다.

3. 이번에는 사각형 툴로 위 사각형보다 크기가 작은 사각형을 그려 넣습니다.

4. 수평 문자 툴로 사각형 내부를 클릭하고 문자를 입력한 후 Character 패널과 Paragraph 패널에서 문자 서식을 지정합니다.

5. Layers 패널에서 문자 레이어를 마우스 오른쪽 버튼으로 클릭한 후 Convert to Shape 메뉴를 선택합니다. [Shift]를 누른 채 Rectangle 2 레이어를 클릭하고 이동 툴의 옵션 막대에서 Align Horizontal Center, Align vertical Center를 클릭합니다.

6. [Ctrl]+[E]를 눌러 선택한 두 레이어를 합친 후 패스 선택 툴로 합친 레이어의 오브젝트를 드래그하여 선택합니다. 옵션 막대에서 패스 작업의 모양 Exclude Overlapping Shape를 클릭한 후 옵션 막대에서 원하는 칠 유형 및 색을 지정합니다.

7. 마지막으로 [Shift]를 누른 채 Rectangle 1 레이어를 클릭하고 이동 툴의 옵션 막대에서 Align horizontal center, Align Left Edge, Align vertical center를 차례대로 클릭합니다.

작업 효율성 툴 익히기

최종 결과물에는 크게 영향을 끼치지 않지만 결과물을 만드는 과정에서 작업이 수월하게 진행되도록 도와주거나 문서 정보를 측정, 기록하는 툴들이 있습니다. 이 툴들을 손에 익히고 자유자재로 사용하게 되면 작업 시간을 단축시켜 보다 효율적인 작업이 가능합니다.

Zoom In
알찬 예제로 배우는
포토샵
작업 효율성

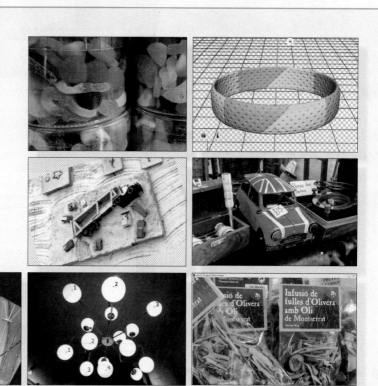

Keypoint Tool

_ 측정 툴 색상이나 3D 재질을 샘플링하거나 색상 값, 거리, 각도, 개체 수 등을 측정합니다.

_ 탐색 툴 화면을 이동시켜 숨겨진 영역을 표시하거나 이미지 보기를 확대, 축소, 회전합니다.

Knowhow

_ 측정 로그 패널 측정 툴로 분석, 수집된 정보는 측정 로그 패널에 기록할 수 있습니다.

직접 해보기 ✎스포이드 툴(Eyedropper Tool), ✎색상 샘플러 툴(Color Sample Tool)

스포이드 툴은 클릭 지점의 색상을 추출하여 전경색이나 배경색으로 지정하고, 색상 샘플러 툴은 클릭 지점의 색상 정보를 저장합니다.

01 [File]-[Open] 메뉴를 이용하여 "Sample〉part02" 폴더에서 "p02-07-01.jpg" 파일을 불러온 후 젤리 색상을 전경색으로 지정하고 색상 정보를 알아봅시다.

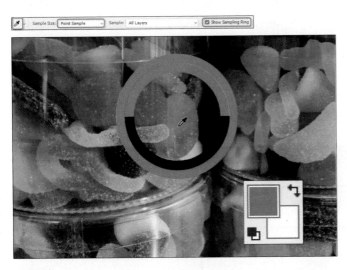

02 스포이드 툴(✎)을 선택한 후 옵션 막대에서 Sample Size를 Poing Sample로 지정하고 Show Sampling Ring에 체크합니다. 이미지 중앙의 빨간 젤리를 클릭하면 샘플링 링이 나타나며 클릭 지점의 색이 전경색으로 추출됩니다.

강의노트 ✎

샘플링 링의 윗부분은 새로 지정한 색상을, 아랫부분은 현재 지정된 전경색 혹은 배경색을 표시합니다. Alt 를 누른 채 클릭하면 배경색으로 추출됩니다.

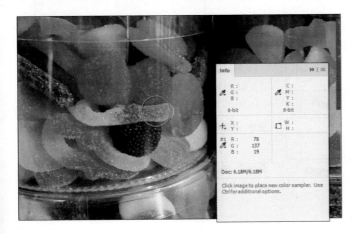

03 이번에는 툴 패널에서 색상 샘플러 툴(✎)을 선택합니다. 색상 정보가 필요한 지점을 클릭하면 클릭 지점이 ✛로 표시되고 Info 패널이 열리면서 색상 정보를 확인할 수 있습니다.

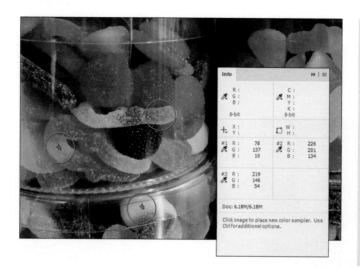

04 클릭 지점을 추가하면 Info 패널 #2에 색상 정보가 표시됩니다. 샘플러는 최대 10개까지 저장됩니다. 샘플러 표식은 드래그하여 위치를 변경할 수 있고, ⌈ Alt ⌋를 누른 채 클릭하여 삭제할 수 있습니다.

강의노트 🖉

이미지를 닫아도 색상 샘플러 정보가 저장됩니다.

보충수업 스포이드 툴 옵션 막대

❶ Sample Size

• Point Sample : 단일 픽셀의 색상을 추출합니다.

• Average : 클릭 지점을 중심으로 지정 수치만큼의 픽셀 평균값을 추출합니다.

  Point Sample   51×51 Average

❷ Show Sampling Ring

[Edit]−[Preference]−[Performance] 메뉴의 'Use Graphics Processor'에 체크되어 있어야 활성화됩니다.

보충수업 색상 샘플러 툴 옵션 막대

❶ Sample Size

샘플 픽셀 영역의 범위를 지정합니다.

❷ Clear All

색상 샘플러를 모두 삭제합니다.

직접 해보기 ✏️3D 재질 스포이드 툴(3D Material Eyedropper Tool)

3D 개체의 재질을 추출합니다.

01 [File]-[Open] 메뉴를 이용하여 "Sample〉part02" 폴더에서 "p02-07-02.psd" 파일을 불러온 후 재질을 추출하여 다른 개체에 적용시켜 봅시다.

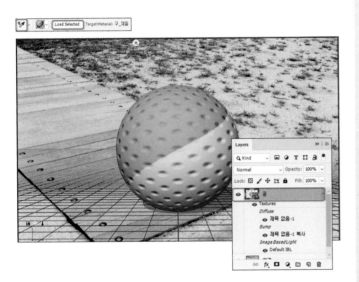

02 Layers 패널에서 공 레이어를 선택한 후 툴 패널의 3D 재질 스포이드 툴(✏️)을 선택하면 공의 재질이 추출됩니다.

강의노트 ✏️
불러온 재질은 옵션 막대의 재질 피커 미리보기에 표시되고 3D 재질 페인트 통에 저장됩니다.

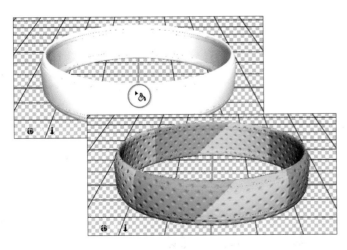

03 [File]-[Open] 메뉴를 이용하여 "Sample〉part02" 폴더에서 "p02-07-03.psd" 파일을 불러온 후 3D 재질 놓기 툴(✏️)로 반지를 클릭하면 공의 재질이 반지에 입혀집니다.

직접 해보기 눈금자 툴(Ruler Tool)

이미지나 요소의 위치를 정밀하게 지정하는데 유용한 툴입니다. 거리를 알고자하는 위치를 클릭, 드래그합니다.

01 [File]-[Open] 메뉴를 이용하여 "Sample〉part02" 폴더에서 "p02-07-04.jpg" 파일을 불러온 후 눈금자 툴()로 거리 및 위치 정보를 측정하여 봅시다.

02 툴 패널에서 눈금자 툴()을 선택한 후 가운데 벽돌의 왼쪽을 클릭한 채로 오른쪽까지 드래그합니다. 두 지점 사이에 직선이 생기고 옵션 막대와 Info 패널에 클릭 지점의 좌표 및 선의 길이, 각도가 표시됩니다.

03 직선의 두 끝점을 클릭, 드래그하여 측정 위치를 이동시킬 수 있습니다. 세로 길이를 측정한 후 옵션 막대의 Straighten Layer 를 클릭합니다.

04 측정한 선이 수직에 맞춰서 이미지가 회전되고, 배경 레이어는 일반 레이어로 전환됩니다.

보충수업 각도 측정

`Alt`를 누른 채 끝점으로 커서를 가져가면 커서의 모양이 각도기 모양으로 변경됩니다. 드래그하면 각도를 측정할 수 있습니다.

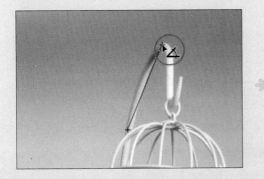 

보충수업 눈금자 툴 옵션 막대

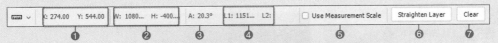

각도기를 제외한 모든 측정 값은 [Edit]–[Preference]–[Units & Rulers] 메뉴에서 설정한 단위로 계산됩니다.

❶ X/Y : 시작점의 위치를 나타냅니다.
❷ W/H : X, Y 축에서 이동한 가로 및 세로 거리를 표시합니다.
❸ A : 수평선 혹은 다른 직선과 이루는 각도를 나타냅니다.
❹ L1, L2 : 측정 길이를 나타냅니다(L1). 각도기를 사용하는 경우 L1, L2 값이 모두 측정됩니다.
❺ Use Measurement Scale : 측정 비율을 사용하여 눈금자 툴 데이터를 계산합니다.
❻ Straighten Layer : 측정선을 기준으로 레이어를 똑바르게 회전합니다.
❼ Clear : 측정 좌표를 모두 삭제합니다.

직접 해보기 📝 메모 툴(Note Tool)

작업 시 검토 주석, 제작 메모 또는 기타 정보를 작성하여 이미지에 첨부할 수 있습니다. 첨부한 메모는 작은 아이콘으로 표시됩니다.

01 [File]-[Open] 메뉴를 이용하여 "Sample〉part02" 폴더에서 "p02-07-05.jpg" 파일을 불러온 후 추가 작업 메모를 작성해 봅시다.

02 툴 패널에서 메모 툴(📝)을 선택하고 메모를 첨부할 곳을 클릭합니다. 클릭한 지점에 메모 아이콘이 생성되고 메모 패널이 활성화됩니다. 메모 패널 창에 내용을 입력합니다.

03 또 다른 곳을 클릭하고 메모를 추가합니다. 하나 이상의 메모가 작성되면 메모 패널 하단의 화살표가 활성화되어 메모 내용을 차례대로 확인할 수 있습니다. 메모를 클릭한 후 메모 패널의 휴지통 아이콘을 클릭하면 삭제됩니다.

강의노트 🖊

작성한 메모는 문서 저장 시 대화상자에서 메모에 체크하면 자동으로 PDF 파일로 저장됩니다.

보충수업 메모 툴 옵션 막대

❶ **Author** : 메모 작성자를 입력합니다.

❷ **Color** : 메모 색상을 지정합니다. 색상 박스를 클릭하면 색상 피커 대화상자가 나타나 색상을 선택할 수 있습니다.

❸ **Clear All** : 이미지에 첨부된 모든 메모가 삭제됩니다.

❹ 메모 패널을 표시하거나 숨깁니다.

보충수업 카운트 툴 옵션 막대

❶ **Count** : 전체 카운트 수를 표시합니다. 괄호 안은 현재 선택된 카운트 그룹의 카운트 수입니다.

❷ 카운트 그룹을 선택하거나 선택한 그룹의 이름을 변경합니다.

❸ 선택한 카운트 그룹을 숨기거나 표시합니다.

❹ 새 카운트 그룹을 만듭니다.

❺ 현재 선택된 카운트 그룹을 삭제합니다.

❻ 현재 선택된 카운트 그룹의 모든 카운트를 삭제합니다.

❼ **Count Group Color** : 마커와 레이블 색상을 설정합니다. 카운트 그룹별로 색상을 달리 적용할 수 있습니다.

❽ **Marker Size** : 1~10까지 수를 입력하여 클릭 지점을 표시하는 마커 크기를 설정합니다.

❾ **Lable Size** : 8~72까지 수를 입력하여 숫자 크기를 설정합니다.

직접 해보기 [12³] 카운트 툴(Count Tool)

마우스로 클릭하여 이미지 개체의 수나 특정 부분을 수동으로 카운트합니다.

01 [File]-[Open] 메뉴를 이용하여 "Sample〉part02" 폴더에서 "p02-07-06.jpg" 파일을 불러온 후 카운트 툴([12³])로 전구 수를 카운트하고 정보를 기록하여 보겠습니다.

02 툴 패널에서 카운트 툴([12³])을 선택한 후 옵션 막대에서 마커 색상과 마커 크기 및 레이블 크기를 설정합니다. 상단의 전구 볼을 차례대로 클릭하면 번호가 표시됩니다.

강의노트 🖉

마커를 클릭, 드래그하여 카운트 지점을 변경할 수 있습니다. [Alt]를 누른 채 마커를 클릭하면 삭제됩니다.

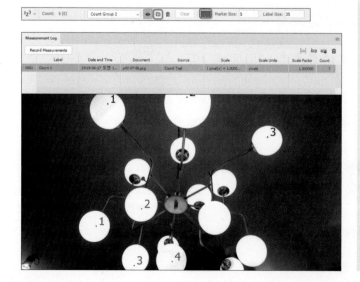

03 옵션 막대에서 Create a new count group([□])를 클릭해 새로운 카운트 그룹을 만들고 색상을 빨간색으로 지정한 후 이미지 하단 전구 볼을 클릭하여 카운트합니다. [Window]-[Measurement Log] 메뉴를 실행한 후 Measurement Log에서 [Record Measurements] 버튼을 클릭하면 카운트 정보를 기록할 수 있습니다.

직접 해보기 [손 툴 아이콘]손 툴(Hand Tool), [돋보기 아이콘]돋보기 툴(Zoom Tool)

돋보기 툴과 손 툴은 간단한 기능이지만 포토샵 작업 시 사용 빈도가 높고 정교한 작업을 할 때 꼭 필요한 툴입니다. 이미지를 확대/축소할 때는 돋보기 툴을, 화면을 이동시켜 이미지의 다른 영역을 볼 때는 손바닥 툴을 사용합니다.

01 [File]-[Open] 메뉴를 이용하여 "Sample〉part02" 폴더에서 "p02-07-07.jpg" 파일을 불러온 후 손 툴([손 아이콘])과 돋보기 툴([돋보기 아이콘]) 사용법을 익혀 보겠습니다.

02 툴 패널에서 손 툴([손 아이콘])을 더블 클릭하면 화면 크기에 맞춰 전체 이미지가 표시됩니다.

강의노트 🖉

돋보기 툴과 손 툴은 다른 작업 도중 자주 사용하는 툴이므로 단축키를 숙지해두면 작업 시간을 단축시킬 수 있습니다.

03 돋보기 툴([돋보기 아이콘])을 선택하고 옵션 막대에서 확대 돋보기를 클릭합니다. 이미지 중앙의 라벨을 드래그하면 드래그 크기만큼 이미지가 확대됩니다.

강의노트 🖉

Alt를 누른 채 돋보기 툴을 사용하면 확대는 축소로, 축소는 확대 돋보기로 전환됩니다. 다른 툴을 사용할 땐 Ctrl + Spacebar를 눌러 확대 돋보기로 전환하거나 Alt + Spacebar를 눌러 축소 돋보기로 전환합니다.

04 Spacebar를 누르면 커서의 모양이 손 모양으로 전환됩니다. Spacebar를 누른 채 아래로 드래그하면 화면이 이동합니다.

05 이번에는 돋보기 툴(🔍)을 더블 클릭합니다. 이미지를 100% 크기로 볼 수 있습니다. 문서창 상단의 파일 표시줄에 현재 화면 배율이 표시됩니다.

📍 **보충수업** 손 툴 옵션 막대

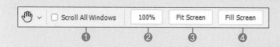

① Scroll All Windows ② 100% ③ Fit Screen ④ Fill Screen

❶ **Scroll All Windows :** 현재 열려 있는 모든 문서창의 화면이 이동됩니다.
❷ **100% :** 현재 보고 있는 이미지를 이미지 픽셀 당 모니터 픽셀 1:1로 표시합니다. 툴 패널의 돋보기 툴을 더블 클릭하면 100% 크기로 자동 조절됩니다.
❸ **Fit Screen :** 현재 보고 있는 이미지를 포토샵 화면 크기에 맞춰 확대/축소합니다. 툴 패널의 손바닥 툴을 더블 클릭하면 화면에 맞춰 자동 조절됩니다.
❹ **Fill Screen :** 현재 보고 있는 이미지를 포토샵 화면에 가득 차게 나타냅니다.

보충수업 돋보기 툴 옵션 막대

❶ 이미지를 한 번 클릭할 때마다 이미지를 확대합니다. 단축키는 Ctrl + + 이며 Alt 를 누르면 누르고 있는 동안 축소 툴로 변경됩니다.

❷ 이미지를 한 번 클릭할 때마다 이미지를 축소합니다. 단축키는 Ctrl + - 이며 Alt 를 누르면 누르고 있는 동안 확대 툴로 변경됩니다.

❸ Resize Windows to Fit : 도크에서 분리된 문서창을 사용할 때 이미지를 확대하거나 축소하면 캔버스 크기에 맞춰 문서창의 크기가 같이 조절됩니다.

❹ Zoom All Windows : 열려 있는 모든 창의 보기 배율이 같이 변경됩니다.

❺ Scrubby Zoom : 현재 선택된 돋보기 모양과 상관없이 마우스를 오른쪽으로 드래그 할수록 이미지가 확대되고, 왼쪽으로 드래그 할수록 이미지가 축소됩니다.

※ 스크러비 기능은 [Edit]-[Preference]-[Performance] 메뉴의 'Use Graphics Processor' 항목에 체크되어 있어야 사용할 수 있습니다.

보충수업 이미지 픽셀 격자 표시

500% 이상 확대할 경우 이미지의 픽셀 격자가 표시됩니다. [View]-[Show]-[Pixel Grid] 메뉴의 선택을 해제하면 픽셀 격자를 숨길 수 있습니다.

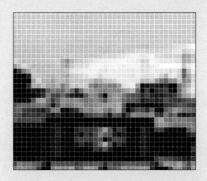

보충수업 마우스 휠로 확대/축소

[Edit]-[Preference]-[Tools] 메뉴를 실행한 후 'Zoom with Scroll Wheel' 항목에 체크하면 마우스의 스크롤로 화면 배율을 조정할 수 있습니다.

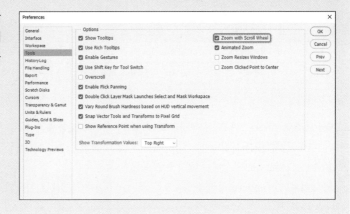

직접 해보기  회전 보기 툴(Rotate View Tool)

이미지 변형 없이 이미지를 회전시켜 볼 수 있습니다.

01 [File]-[Open] 메뉴를 이용하여 "Sample〉part02" 폴더에서 "p02-07-08.jpg" 파일을 불러온 후 회전 보기 툴() 사용법을 익혀 봅시다.

02 툴 패널에서 회전 보기 툴() 을 선택하고 이미지를 드래그하면 화면 중앙에 나침반이 나타나면서 화면이 회전됩니다.

보충수업 회전 보기 툴 옵션 막대

| ❶ | ❷ | ❸ |

❶ **Rotation Angle** : 마우스를 드래그하여 회전 시킨 각도를 확인할 수 있습니다. 또는 회전 각도를 직접 입력하여 이미지를 회전시킵니다.

❷ **Reset View** : 보기 상태를 처음으로 되돌립니다.

❸ **Rotate All Windows** : 열려있는 모든 문서의 이미지를 회전시킵니다.

실전문제

01. 준비된 이미지를 불러온 후 똑바르게 고치고 빈 영역을 벚꽃의 평균 색으로 채워보세요.

준비파일 | Sample)part02)p02-07-09.jpg

완성파일 | Artwork)part02)p02-07-09.psd

Hint 1. 준비된 파일을 불러온 후 툴 패널에서 눈금자 툴을 선택합니다.

2. 기울어진 보도 블럭 면을 따라 왼쪽 가로 끝에서 오른쪽 가로 끝까지 클릭 & 드래그합니다.

3. 옵션 막대의 [Straighten Layer] 를 클릭하면 레이어가 똑바르게 교정됩니다.

4. Layers 패널에서 새 레이어를 추가하고 원래 있던 레이어 밑으로 이동시킵니다.

5. 스포이드 툴을 선택하고 옵션 막대의 Sample Size를 11×11 Average, Sample:을 All Layers로 설정합니다.

6. 바닥의 벚꽃잎을 클릭하면 추출한 색상이 전경색으로 지정됩니다.

7. [Alt] + [Delete] 를 눌러 레이어 전체를 전경색으로 채웁니다.

02. 준비된 이미지를 불러온 후 이미지를 실제 크기로 확인하고 캔들의 이름표가 화면 중앙에 잘 보이도록 클로즈업해 보세요.

준비파일 | Sample)part02)p02-07-10.jpg

Hint 1. 준비된 파일을 불러온 후 툴 패널에서 돋보기 툴을 더블 클릭합니다.

2. 실제 크기로 확대된 이미지를 확인합니다.

3. 돋보기 툴의 옵션 막대에서 Scrubby zoom 항목의 체크를 해제한 후 러브스펠 양초를 드래그합니다.

PHOTOSHOP CC

너무 기발한 디자인보다는 집중하는 디자인이
좋은 디자인이다.

-제스퍼 모리슨-

Part 03

실무 포토샵 예제로 레벨 업

Part2에서 도구의 종류와 사용법을 익히며 간단히 몸을 풀었다면
Part3에서는 본격적으로 실전 예제를 따라하며 실제 작업이 진행되는 분위기를
파악하고 핵심 기능을 학습합니다. 섹션 별로 엄선된 주제를 실무에서도
자주 사용하는 예제 중심으로 구성하고 시간을 단축시키는 팁이나 디자인 노하우를
담아놓았기 때문에 실력을 향상시키겠다는 의지만 있으면
포토샵 마스터도 어렵지 않습니다.

08 Section

내용 인식 비율 기능으로
빈 공간 똑똑하게 채우기

내용 인식 비율 기능은 일반 레이어 및 선택 영역에서 크기를 조정할 때 인물, 주요 피사체 등의 중요한 내용을 변경하지 않고 확대, 축소하는 기능입니다. 이미지 크기를 조정하거나 영역을 채울 때 자동으로 이미지를 재구성하며 알파 채널을 사용하여 특정 영역을 보호할 수도 있습니다. 예제를 통해 특정 영역을 보호하며 내용 인식 비율 기능을 사용하는 방법 및 캔버스 크기 조정 방법에 대해 알아봅시다.

Zoom In
알찬 예제로 배우는
내용 인식 비율 기능
활용

준비 파일 Sample〉part03〉p03-08-01.jpg
완성 파일 Artwork〉part03〉p03-08-01.psd

_ **빠른 선택 도구** 이미지를 드래그하여 선택 영역을 빠르게 선택합니다.

_ **색상 검색 기능** 이미지에 사전 설정된 색감을 적용하여 감성적인 느낌을 연출합니다.

_ **선택 영역 저장** 저장된 선택 영역은 채널 패널에 새로운 알파 채널로 저장됩니다.

_ 내용 인식 비율 기능은 배경 레이어에는 적용할 수 없으므로 먼저 일반 레이어로 전환해야 합니다.

01 [File]-[Open] 메뉴를 실행하여 "Sample〉part03" 폴더 안의 "p03-08-01.jpg" 파일을 불러옵니다.

02 툴 패널에서 빠른 선택 툴() 을 선택하고 아이를 드래그하여 선택 영역으로 지정합니다. 이미지 변형 시 선택 영역을 보호하기 위한 것이므로 아이보다 작지만 않게 러프하게 선택합니다.

03 선택 완료 후 [Select]-[Save Selection] 메뉴를 실행합니다.

04 Save Selection 대화상자가 나타
나면 이름을 입력한 후 [OK] 버
튼을 클릭합니다. Ctrl + D 를 눌러 선
택을 해제합니다.

05 이미지는 그대로 두고 캔버스의
크기만 조정하기 위해 배경 레이
어를 더블 클릭한 후 [OK] 버튼을 눌러
일반 레이어로 변환합니다.

06 [Image]-[Canvas Size] 메뉴를
실행하여 Canvas Size 대화상자
가 나타나면 Width의 단위를 퍼센트로
설정하고 Width를 200으로 입력합니
다.

07 이미지를 중심으로 양 옆에 빈 공간이 추가됩니다.

08 빈 공간을 채우기 위해 [Edit]-[Content-Aware Scale] 메뉴를 실행합니다.

09 옵션 막대에서 Protect 항목을 아이로 설정한 후 이미지 테두리에 생긴 바운딩 박스 조절점을 Shift 를 누른 채 오른쪽으로 드래그하면 아이는 원래 이미지 그대로 보호된 채 배경만 확장됩니다.

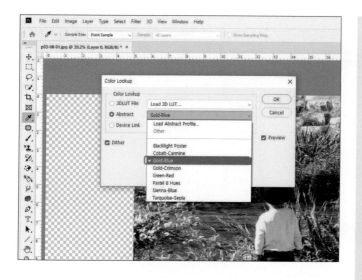

10 [Image]-[Adjustments]-[Color Lookup] 메뉴를 실행하고 대화상자에서 Gold-Blue를 선택합니다.

강의노트 ✏️

색상 검색 기능은 사전 등록된 값이나 새 파일을 로드해 특정 색감을 이미지에 적용합니다.

11 이번에는 사각형 선택 윤곽 툴(▭)로 이미지 왼쪽을 선택 영역으로 지정한 후 툴 패널 하단의 전경색을 더블 클릭합니다. 대화상자가 나타나면 이미지를 클릭하여 색상을 추출합니다.

강의노트 ✏️

디자인 작업 시 다른 색상으로 공간을 채울 때 사용 중인 이미지에서 색상을 추출하여 사용하면 전체 이미지와 잘 어우러집니다.

12 Alt + Delete 를 눌러 선택 영역을 전경색으로 채우고 Ctrl + D로 선택 영역을 해제합니다. 마지막으로 수평 문자 도구(T.)로 문구를 입력하고 작업을 마무리합니다.

보충수업 Image Size 대화상자

이미지 크기 대화상자 및 리샘플링 옵션이 업데이트되었습니다. 이제 이미지 크기 조정 시 세부 묘사를 유지하거나 가장자리를 더 선명하게 할 수 있고, 결과물을 미리 확인하며 작업할 수 있습니다.

❶ **Privew** : 크기 조정 매개 변수를 통한 미리 보기 이미지가 표시되고, 대화상자 크기를 변경하면 미리 보기 창의 크기도 변경됩니다.

❷ **Image Size** : 현재 열려있는 파일의 픽셀 치수를 나타냅니다. 문서 크기에 해상도를 곱한 값입니다.

❸ **Dimensions** : 이미지 크기 조정 후의 최종 치수를 표시하고 팝업 메뉴에서 측정 단위를 변경할 수 있습니다.

❹ **Fit TO** : 사전 설정 값에 맞춰 이미지 크기 및 해상도를 조정합니다.

❺ **Width/Height/Resolution** : 연결 아이콘을 사용하면 가로/세로 비율을 유지하며 크기를 조정할 수 있습니다.

❻ 스타일 비율 조정 옵션을 끄거나 켤 수 있습니다. 체크하면 이미지에 포함된 레이어 스타일 크기도 같이 조정됩니다.

❼ **Resample** : 이미지 크기 조정 시 변경되는 픽셀 정보를 계산하는 방법으로 확대, 축소 여부를 기반으로 리샘플링 방법을 설정합니다. 체크 해제하면 원래의 픽셀 치수를 유지하기 위해 조정하려는 값에 따라 나머지 값이 자동으로 조정됩니다.

- **Preserve Details(enlargement)** : 이미지 확대 시 노이즈를 없애는 노이즈 감소 슬라이더를 사용할 수 있습니다.
- **Bicubic Smoother(enlargement)** : 색조의 변화 단계를 더 매끄럽게 나타냅니다.
- **Bicubic Sharper(reduction)** : 선명도가 뛰어나 이미지 크기를 축소했을 때 세부 묘사를 그대로 유지할 수 있습니다. 이미지 일부 영역이 지나치게 선명할 경우 쌍입방 방법을 다시 사용해 봅니다.
- **Bicubic(smooth gradients)** : 복잡한 연산으로 최단입점이나 쌍선형보다 색조의 변화 단계를 더 매끄럽게 나타내기 때문에 속도는 느리지만 정밀합니다.
- **Nearest Neighbor(hard edges)** : 명확한 가장자리를 유지하지만 이미지 왜곡이나 비율 조정, 선택 영역에 여러 가지 조정을 할 때 가장자리에 계단 현상이 나타날 수 있습니다. 속도는 빠르나 정밀도가 약간 떨어집니다.
- **Bilinear** : 주변 픽셀의 평균 색상 값으로 픽셀을 추가하며 중간 품질을 유지합니다.

보충수업 Canvas Size 대화상자

캔버스의 크기를 키우거나 줄이는 명령으로 이미지의 크기는 변함이 없기 때문에 크기를 키울 경우 여백이 생깁니다. 반면, 현재 크기보다 작업창의 크기를 줄일 경우 이미지가 잘려나갑니다.

❶ **Current Size** : 현재 캔버스의 파일 용량, 가로, 세로 크기를 나타냅니다.

❷ **New Size** : 조정하려는 크기의 캔버스 폭, 높이를 입력하고 단위를 설정합니다. 변경된 캔버스의 파일 크기를 확인할 수 있습니다.

❸ **Relative** : 체크 시 입력한 수치만큼 캔버스 크기를 키우거나 줄입니다.

❹ **Anchor** : 캔버스 크기 조정 시 기준점을 설정합니다.

❺ **Canvas extension clolr** : 확장된 캔버스의 여백 색상을 설정합니다.

보충수업 Color Lookup

Color Lookup 명령은 사전 등록된 값이나 새 파일을 로드해 특정 색감을 이미지에 적용합니다. 1920~1950년대를 떠올리게 되는 레트로 색감이나 은은한 촛불이 비추는 따뜻한 색감, 또는 한 겨울의 차가운 공기가 연상되는 색감 등 총 40가지 사전 설정이 제공되고 3D LUT 파일이나 ICC 프로필 파일을 로드해 새로운 색감을 적용할 수 있습니다.

원본 데이터를 변경하는 이미지 메뉴 대신 조정 레이어로 적용하면 원본 데이터를 보호하고 추후 수정이 용이합니다. 회색 음영 모드에서는 색상 검색 명령을 사용할 수 없습니다.

❶ **3D LUT File** : LUT(Look UP Table)란 영화산업에서 필름, 스크린 등 서로 다른 장치들 간의 색상을 맞추던 방법으로 원본 소스를 새로운 색상표에 대응하여 다른 색감으로 출력합니다. Photoshop CC에서는 fuji와 kodak LUT file이 추가되어 총 27개의 사전 설정이 제공됩니다.

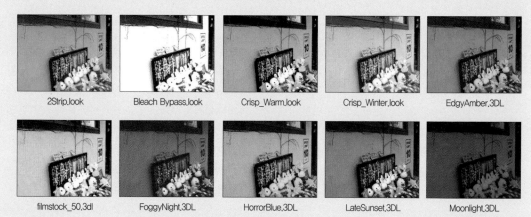

| 2Strip.look | Bleach Bypass.look | Crisp_Warm.look | Crisp_Winter.look | EdgyAmber.3DL |
| filmstock_50.3dl | FoggyNight.3DL | HorrorBlue.3DL | LateSunset.3DL | Moonlight.3DL |

❷ **Abstract** : 서로 다른 운영 시스템에서 일정한 색 재현이 가능하도록 하기 위해 만들어진 ICC Profile을 사용해서 색감을 적용합니다. 총 8개의 사전 설정이 제공됩니다.

| Blacklight Poster | Gold—Blue | Green—Red | Pastel 8 Hues | Turquoise—Sepia |

❸ **Device Link** : 추상 항목처럼 ICC Profile을 사용해서 색감을 적용합니다. 총 5개의 사전 설정이 제공됩니다.

| AnimePalette | ColorNegative | RedBlueYellow | Smokey | TealMagentaGold |

 실전문제

01. 주어진 이미지의 낙서를 지워보세요.

준비파일 | Sample〉part03〉p03-08-02.jpg

완성파일 | Artwork〉part03〉p03-08-02.jpg

Hint 1. [File]-[Open] 명령으로 준비된 소스 파일을 불러옵니다.
2. 올가미 툴을 선택하고 낙서를 선택합니다.
3. [Edit]-[Fill] 메뉴를 실행하고 대화상자 내용을 Contents Aware로 설정한 후 [OK] 버튼을 클릭합니다.
4. 부자연스러운 곳은 위 단계를 반복하거나 복구 툴로 깨끗이 정리합니다.

02. 주어진 이미지를 컨텐츠 인식 기능으로 편집해 보세요.

준비파일 | Sample〉p03-08-03.jpg

완성파일 | Artwork〉p03-08-03.jpg

Hint 1. [File]-[Open] 명령으로 준비된 소스 파일을 불러옵니다.
2. 올가미 툴을 선택하고 집을 선택 영역으로 지정합니다.
3. [Edit]-[Fill] 메뉴를 실행하고 대화상자 내용을 Content Aware로 설정한 후 [OK] 버튼을 클릭합니다.
4. 다시 올가미 툴로 분수를 선택하고 [Edit]-[Fill] 메뉴의 Content Aware 명령을 실행합니다.
5. 부자연스러운 곳은 위 단계를 반복하거나 복구 도구로 깨끗이 정리합니다.

새로워진 Camera Raw로 이미지 보정 한 번에 끝내기

Camera Raw를 필터처럼 사용할 수 있어서 일반 레이어를 고급 개체 레이어로 변환한 후 Camera Raw를 실행하면 적용한 값이 별도로 저장되어 원본의 훼손을 방지하고 수정도 용이합니다. 또한, 이전 버전의 Upright가 변형 도구로 탑재되어 레벨, 수직 및 수평 원근을 자동으로 수정할 수 있고 새로운 방사형 필터 도구로 세밀한 보정이 가능합니다. 이 밖에도 향상된 스팟 제거 도구나 똑바르게 하기 도구 등으로 보다 편리하게 Camera Raw 필터를 사용할 수 있습니다.

Zoom In
알찬 예제로 배우는
Camera Raw
보정 노하우

준비 파일 Sample)part03)p03-09-01.jpg
완성 파일 Artwork)part03)p03-09-01.psd

Keypoint Tool

_ 복제 도장 도구 복제 소스를 지정하고 드래그하면 드래그 지점에 소스가 복제됩니다.

_ 별색 제거 도구 복제 도장 도구와 유사합니다. 복구 지점과 소스 지점이 빨간색과 초록색 원으로 표시됩니다.

Knowhow

_ 브러시 도구 브러시 도구 사용 중 [,]를 누르면 브러시 크기가 작거나 크게 조정됩니다.

_ 고급 개체로 변환 원본을 보호하며 필터 값을 적용합니다.

01 [File]-[Open] 메뉴를 실행하여 "Sample〉part03" 폴더 안의 "p03-09-01.jpg" 파일을 불러온 후 [Filter]-[Convert for Smart Filters] 메뉴를 선택합니다.

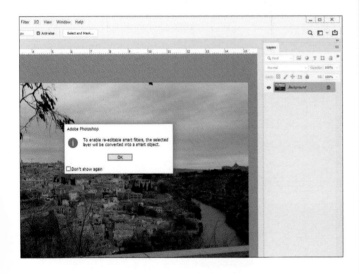

02 [OK] 버튼을 클릭하면 배경 레이어가 레이어 0이라는 고급 개체로 변환됩니다.

강의노트

레이어를 고급 개체로 변환하면 원본을 보호하면서 보정 작업을 할 수 있습니다. 또한, 이미 적용한 필터를 다시 편집할 수 있습니다.

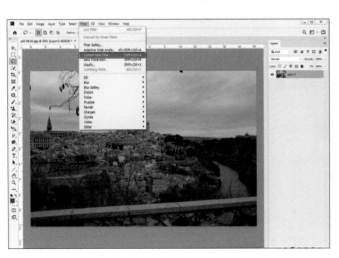

03 다시 [Filter]-[Camera Raw Filter] 메뉴를 실행하면 Camera Raw Filter 전용 작업 영역이 나타납니다.

04 작업 영역 상단의 도구 중 Trans form 툴을 선택합니다.

강의노트 ✏️

Transform 툴의 단축키는 Shift+T입니다. 자르기 도구, 똑바르게 하기 도구 및 이미지 회전 도구는 Raw 파일을 열 때나 jpg 파일을 Camera Raw로 자동 열기 설정했을 때 표시됩니다.

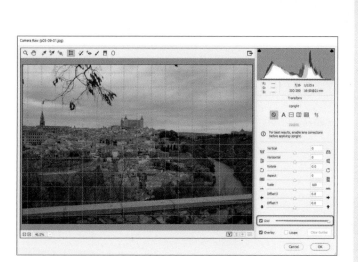

05 변형 도구의 세부 옵션 항목이 표시되면 왼쪽 하단의 Grid에 체크하고 격자 간격을 조절합니다. 이미지의 원근, 기울기를 보정할 때 유용합니다.

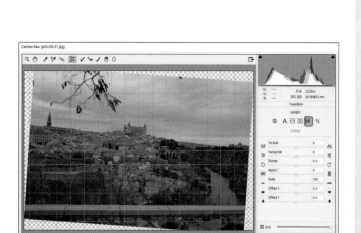

06 Upright 항목의 Full을 클릭하면 자동으로 레벨, 수직 및 수평 원근이 수정됩니다.

강의노트 ✏️

키보드 키패드의 Enter를 클릭하면 Camera Raw 필터 초기 화면으로 갈 수 있습니다.

07 이번에는 Spot Removal을 클릭한 후 Type을 Heal로 설정합니다. 크기를 조정한 후 이미지 가운데 상단의 작은 잎을 클릭하면 빨간색 점선 원과 초록색 점선 원이 나타납니다. 원의 크기, 위치를 조절하여 잎을 제거합니다.

강의노트 ✏️

빨간색 원은 복구 영역, 초록색 원은 복구 소스로 사용할 이미지 영역을 표시합니다.

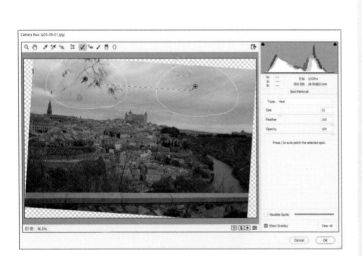

08 브러시 크기를 크게 조절하고 왼쪽의 큰 나뭇가지를 드래그하면 선택 영역과 복구 소스로 사용할 영역이 표시됩니다. 앞서 복구한 영역은 검은색 원으로 마크됩니다.

강의노트 ✏️

선택 영역이 스팟일 땐 위치 및 크기 조정이 가능하나 드래그하여 지정한 비정형의 선택 영역은 위치 조정만 가능합니다.

09 키보드의 `/`를 눌러 복구 소스를 자동으로 탐색합니다. 키패드의 `Enter`를 누르면 복구가 완료되고 흰색 핀으로 마크됩니다.

강의노트 ✏️

선택 영역을 스팟으로 지정하면 복구 완료 후 검은색 원으로 마크되는 반면 비정형적인 영역일 땐 흰색 핀으로 마크됩니다. 검은색 원이나 흰색 핀을 클릭하면 복구/소스 영역을 수정할 수 있습니다.

10 같은 방법으로 나뭇가지를 모두 제거합니다.

강의노트

브러시 도구 사용법은 동일합니다. 키보드의 `[`를 누르면 브러시 반경이 작아지고 `]`를 누르면 커집니다.

11 색상 및 색조, 명암을 조정하기 위해 Targeted Adjustments Tool을 선택하고 왼쪽 세부 옵션 항목의 Auto를 클릭합니다. 밝기와 대비가 자동 보정됩니다.

12 좀 더 쨍한 느낌을 적용하기 위해 이미지의 하늘을 클릭하고 위로 드래그합니다. 클릭한 지점의 정보를 기준으로 매개 변수 곡선이 조정됩니다. 같은 방법으로 마을의 어두운 부분을 클릭하고 아래로 드래그하면 어두운 영역이 더 어둡게 보정됩니다.

강의노트

톤 곡선 탭을 클릭하면 밝은 영역과 어두운 영역을 수동으로 조절할 수 있습니다.

13 마우스 오른쪽 버튼을 클릭하고 Saturation을 선택하거나 세부 항목의 HSL Adjustments를 클릭합니다. Saturation 탭을 선택하면 색상 계열별로 채도를 조정할 수 있습니다.

14 수동으로 채도 값을 조정하거나 이전 방법처럼 이미지를 클릭 드래그하여 색상별로 채도를 조정합니다.

15 Effects 탭을 누른 후 Amount 항목을 조절한 후 Post Crop Vignetting의 Style 항목에서 Highlight Priority를 선택하고 Midpoint를 조절한 후 [OK] 버튼을 클릭합니다.

강의노트 🖉

Vignetting은 렌즈 주변부의 빛이 부족하여 사진의 외곽이 어둡게 나오는 현상입니다. 가장자리의 불필요한 부분을 가리거나 중앙에 시선을 고정시키는 효과를 연출할 수 있습니다.

16 이미지에 Camera Raw Filter로 패널에는 레이어 밑에 적용된 필터가 표시됩니다.

17 Ctrl + J 를 눌러 레이어를 복제한 후 마우스 오른쪽 버튼으로 클릭하면 레이어 팝업 메뉴가 나타납니다. Rasterize Layer를 클릭하여 일반 레이어로 변환시킵니다.

강의노트 🖋

선택한 레이어에 직접적인 수정을 하기 위해서는 일반 레이어로 변환해야 합니다.

18 툴 패널의 다각형 올가미 툴(▽)로 왼쪽 상단 투명한 영역을 선택한 후 [Edit]-[Fill] 메뉴를 실행합니다. 대화상자에서 Contents를 Content-Aware로 설정하고 [OK] 버튼을 클릭합니다. 주변 하늘 이미지를 재구성하여 빈 공간이 자연스럽게 채워집니다.

19 왼쪽 하단의 빈 공간은 재구성할 주변 이미지가 부족하기 때문에 복제 도장 툴(🗒)을 사용합니다. 복제 도장 툴(🗒)을 선택하고 브러시 크기를 조절한 후 Clone Source 패널을 불러옵니다. Flip horizontal을 선택하고 Alt 를 누른 채 오른쪽 돌담 끝을 클릭하여 복제 소스로 지정합니다.

강의노트 🖊

돋보기 툴로 이미지를 확대하여 정교하게 작업합니다.

20 브러시 크기를 조절해가며 자연스럽게 복제합니다.

강의노트 🖊

다른 툴을 사용하면서 화면을 이동해야 할 땐 Spacebar 를 눌러 잠시 손 툴로 전환합니다.

21 마무리 지점은 Clone Source 패널에서 선택한 Flip horizontal을 선택 해제하고 주변의 복제 소스를 이용하여 복제하여 빈 공간을 채웁니다. 좌우의 빈 공간은 자르기 툴을 이용하여 완성합니다.

보충수업 Camera Raw 필터

이미지 조정 탭에서 이미지 전체의 색상과 톤을 조정하고 상단의 툴로 특정 영역을 보정합니다.

[툴]

❶ **Targeted Adjustment Tool** : 마우스 오른쪽 버튼을 눌러 매개 변수 곡선, 색조, 채도, 광도, 회색 음영 혼합 중 하나를 선택한 후 이미지를 클릭, 드래그하면서 선택 조정을 적용합니다. 클릭 지점의 픽셀 정보를 기준으로 조정이 적용됩니다.

❷ **Transform Tool** : 이미지의 왜곡을 바로 잡습니다. 전체를 클릭하면 자동으로 레벨, 수직 및 수평 원근이 수정됩니다.

❸ **Spot Removal** : 복구 브러시와 유사합니다. 선택 영역을 주변의 소스 영역으로 보정합니다. 원본 이미지 데이터를 수정하기 때문에 작업이 보다 깔끔하면서 원본 이미지에 대한 편집본 및 수정본이 사이드카 파일에 저장되어 비파괴적입니다.

❹ **Adjustment Brush** : 툴 패널의 닷지, 번 툴과 유사합니다. 원하는 부분을 브러시로 드래그하여 조정 값을 적용합니다.

❺ **Graduated Filter** : 일직선의 이미지 영역을 설정하고 조정 값을 점진적으로 적용합니다.

❻ **Radial Filter** : 사진의 어느 곳이든 원하는 피사체를 강조할 수 있습니다. 피사체 주위에 타원을 그리고 세부 항목을 조정합니다.

Spot Removal

Adjustment Brush

Graduated Filter

Radial Filter

[이미지 조정 탭]

❶ **막대 그래프 및 RGB 레벨** : 이미지에서 각 광도 값에 해당하는 픽셀 수를 나타냅니다. 이미지에 조정 값을 적용하면 막대 그래프는 자동으로 업데이트됩니다.

❷ **Basic** : 상단의 색상 경향성을 조절하는 항목, 중간의 톤을 컨트롤 하는 항목, 하단의 색상 채도를 조절하는 항목으로 구성되어 있습니다.

❸ **Tone Curve** : 톤 곡선을 세부적으로 조정합니다. 매개 변수 곡선은 하단의 슬라이더를 이동시켜 조정하고 점은 곡선을 직접적으로 드래그하여 조정합니다.

❹ **Detail** : 선명 효과는 이미지의 가장자리 선명도를 조절하고, 노이즈 감소는 이미지 품질을 저하시키는 회색 음영 노이즈와 색상 노이즈를 감소시킵니다.

❺ **HSL Adjustment** : 개별 색상 범위를 조정하거나 회색 음영으로 변환할 수 있습니다.

❻ **Split Toning** : 어두운 영역과 밝은 영역의 색조와 채도를 적용합니다. 어두운 영역과 밝은 영역의 비율을 조절할 수 있습니다.

❼ **Lens Corrections** : 카메라 렌즈의 왜곡 및 색수차를 수정할 수 있습니다.

❽ **Effect** : 사진의 외곽을 어둡거나 밝게 하여 중심부를 부각시킬 수 있는 비네팅 효과와 이미지를 뿌옇게 하는 안개 현상을 제거 혹은 추가할 수 있습니다.

Basic   Tone Curve   세부 원본

Detail   HSL Adjustment   Split Toning

Lens Corrections   Effect

 실전문제

01. 주어진 이미지를 보호하면서 전구가 환하게 빛나도록 보정해 보세요.

준비파일 | Sample)part03)p03-09-02.jpg   **완성파일** | Artwork)part03)p03-09-02.psd

Hint 1. [File]-[Open] 명령으로 준비된 소스 파일을 불러옵니다.
　　2. [Filter]-[Convert for Smart Filters] 메뉴를 실행합니다.
　　3. [Filter]-[Camera Raw 필터] 메뉴를 실행하고 이미지 조정의 기본 탭에서 노출 값과 대비, 음영 영역 등을 조정하고
　　　부족한 부분은 지정된 조정 도구로 클릭, 드래그하여 조정합니다.
　　5. 세부 탭에서 노이즈 감소의 광도 항목을 조절하여 회색 노이즈를 제거합니다.

02. 주어진 이미지의 얼룩을 제거하고 왜곡된 원근을 바로 잡아 보세요.

준비파일 | Sample)p03-09-03.jpg   **완성파일** | Artwork)p03-09-03.jpg

Hint 1. [File]-[Open] 명령으로 준비된 소스 파일을 불러옵니다.
　　2. [Filter]-[Camera Raw 필터] 메뉴를 실행하고 Spot Removal 툴을 선택합니다. Type을 Heal로 지정한 후 별색 표시
　　　전환에 체크하고 별색 시각화 임계치를 최대한으로 높입니다.
　　3. 하늘에 점점이 있는 얼룩을 클릭하여 제거합니다.
　　4. 이번에는 왜곡을 바로 잡기위해 Transform 툴을 선택합니다. Upright의 안내를 선택하고 두 탑의 꼭대기부터
　　　아래까지 그어줍니다. 세부 항목을 조절하여 미세한 왜곡도 바로 잡습니다.
　　5. 이미지 조정의 기본 탭에서 자동을 클릭한 후 [OK] 버튼을 눌러 Camera Raw 필터 작업을 완료합니다.
　　6. 툴 패널에서 다각형 올가미 툴로 이미지 하단 양 끝에 생긴 공백을 선택합니다.
　　7. Shift + F5 를 눌러 Fill 대화상자를 불러오고 Contant-Aware를 적용합니다.
　　8. 돋보기 도구로 이미지를 확대하고 부자연스러운 부분은 복제 도장 도구로 수정합니다.

 실전문제

03. Camera Raw 필터로 준비된 이미지의 왜곡을 바로잡고 밝기 및 채도를 보정하여 보세요.

준비파일 | Sample〉p03-09-04.jpg   **완성파일** | Artwork〉p03-09-04.jpg

Hint 1. [Edit]-[Preferences]-[Camera Raw] 메뉴를 실행한 후 JPEG 및 TIFF 처리 항목을 '지원되는 모든 JPEG 자동 열기'
　　　로 설정하고 [OK] 버튼을 클릭합니다.
　　2. [File]-[Open] 명령을 실행하고 준비된 소스 파일을 선택하면 Camera Raw 작업 영역으로 파일이 열립니다.
　　3. 변형 툴을 선택하고 Upright의 안내선 아이콘을 클릭합니다. 창의 외곽선을 기준으로 가로, 세로 안내선을 그려
　　　왜곡된 원근을 바로 잡습니다.
　　4. 이번에는 자르기 툴을 선택하고 창틀 크기만큼 드래그한 후 자르기를 실행합니다.
　　5. 기본 탭에서 이미지 전체의 노출, 대비, 명료도, 활기 및 채도를 보정합니다.
　　6. 지정된 조정 툴로 하늘을 클릭하고 위로 드래그합니다.
　　7. 이미지 조정 탭에서 HSL Adjustment의 Saturation에서 녹색 계열 색조를 더 선명하게 조정합니다.
　　8. Radial Filter 툴을 선택하고 채도를 낮춘 후 필터 효과를 바깥쪽으로 설정합니다. 이미지 가운데를 클릭하고
　　　드래그하여 타원을 그리고 위치 및 크기를 조절합니다.
　　9. 이미지 가운데부터 바깥쪽으로 갈수록 오래된 사진 느낌을 주기 위해 색상 및 안개 현상 제거 옵션을 조정합니다.
　　10. 마지막으로 작업 영역 왼쪽 하단의 이미지 저장 버튼을 클릭하여 새 파일로 저장한 후 [OK] 버튼을 누릅니다.

클리핑 마스크와 레이어 혼합 모드로 독특한 질감의 오브젝트 만들기

포토샵에서 만들어지는 모든 요소들은 각각의 레이어에 포함되고 만들어지는 요소에 따라 레이어 종류가 나뉩니다. 모든 레이어는 레이어 순서에 따라 화면에 보이는 순서가 결정되고 투명도, 스타일, 혼합 모드, 마스크 등을 활용하여 다양한 결과물을 만들 수 있습니다. 하위 레이어 모양에 맞춰 상위 레이어를 보이는 클리핑 마스크와 레이어들의 색상 혼합 방식을 결정하는 레이어 혼합 모드를 활용하는 이번 예제를 따라 해보며 레이어를 다루고 활용하는 법에 대해 학습하도록 합니다.

Zoom In
알찬 예제로 배우는
혼합 모드로
일러스트레이션

> 준비 파일 Sample〉part03〉p03-10-01~04.jpg
> 완성 파일 Artwork〉part03〉p03-10-01.psd

Keypoint Tool

_ 혼합 모드 상위 레이어와 하위 레이어의 색상 혼합 방식을 설정합니다.

_ 클리핑 마스크 하위 레이어 모양에 맞춰 상위 레이어 내용을 보여줍니다.

Knowhow

_ 작업 효율 다수의 레이어를 선택하고 Ctrl + G 를 누르면 레이어 그룹으로 묶어 관리할 수 있습니다.

01 [File]-[Open] 메뉴를 실행하여 "Sample〉part03" 폴더 안의 "p03-10-01.jpg" 파일을 불러옵니다.

02 툴 패널에서 펜 툴(✐.)을 선택한 후 옵션 막대에서 그리기 모드를 Shape로 설정합니다. Fill 색은 없음, Stroke 색은 검은색, 두께는 1pt로 지정합니다. 화면을 확대하고 양의 뿔 가장자리 한 곳을 클릭하여 패스를 만듭니다.

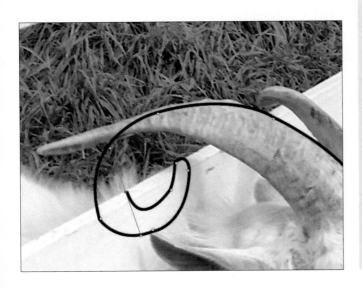

03 양의 가장자리를 그대로 따라가지 말고 원하는 형태가 있는 부분은 상상력을 발휘하여 패스를 만듭니다.

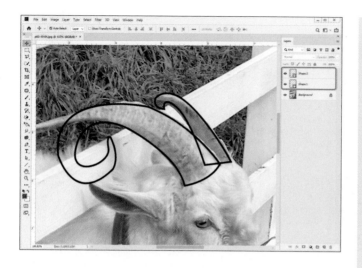

04 요소마다 다른 패턴을 입힐 것이기 때문에 패스를 따로 생성합니다.

강의노트 🖋

모양을 그리는 도중 Ctrl 을 누르면 직접 선택 도구로 전환되어 모양을 수정할 수 있습니다.

05 같은 방법으로 각 요소마다 모양을 그립니다. 강조하고 싶은 부위는 더 과장되게 그리거나 생략하고 싶은 부위는 간단하게 그리도록 합니다.

06 레이어의 이름 부분을 더블 클릭하면 레이어 이름을 변경할 수 있습니다. 레이어 별로 이름을 입력해두면 나중에 관리하기 용이합니다.

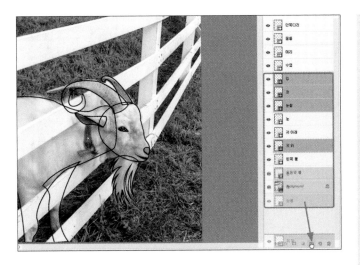

07 먼저 다른 요소보다 위에 위치할 레이어를 Ctrl 을 누른 채 모두 클릭한 후 Layers 패널 하단의 폴더 아이콘으로 끌고 갑니다.

강의노트 ✏️

그룹을 만들 레이어를 모두 선택한 후 Ctrl + G 를 누르면 그룹이 만들어집니다.

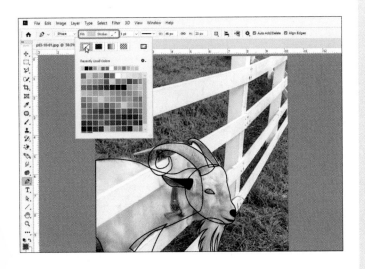

08 Group 1 레이어가 만들어지면 위로 드래그하여 제일 위에 배치합니다. Group 레이어의 화살표를 누르면 그룹에 속한 레이어를 표시할 수 있습니다. 입, 코, 귀 위 레이어를 선택한 후 옵션 막대에서 Fill과 Stroke 색을 검은색과 색 없음으로 각각 설정합니다. 눈썹은 노란색으로 채우고 Stroke의 색은 없음으로 설정합니다.

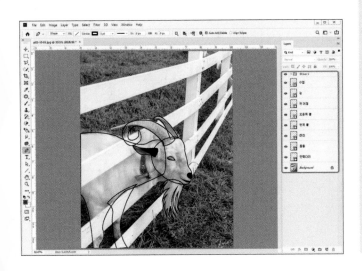

09 작업할 때 헷갈리지 않도록 레이어 순서를 정돈합니다. 가장 뒤에 배치되어야할 안쪽다리 레이어를 가장 밑에 두고 몸통, 머리 순으로 레이어 위치를 재배치합니다.

10 안쪽다리를 선택하고 옵션 막대에서 Fill과 Stroke의 색상을 Pale Cool Brown, 색 없음으로 설정합니다. 폴더 탐색창에서 p03-10-02.jpg 파일을 문서창으로 드래그하여 놓습니다.

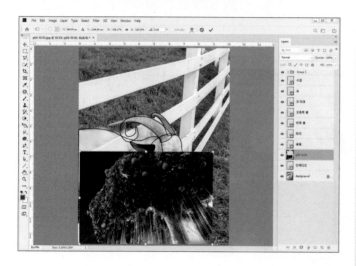

11 p03-10-02.jpg 이미지가 고급 개체로 불러오면 박스의 모서리를 드래그하여 크기를 조정한 후 안쪽다리 위치로 이동합니다. 더블 클릭하거나 키패드의 Enter 를 클릭하면 파일 가져오기가 완료됩니다.

12 Layers 패널에서 Alt 를 누른 채 p03-10-02 레이어와 안쪽다리 레이어 경계에 커서를 가져갑니다. 커서의 모양이 ⬇□ 으로 바뀌면 클릭하여 클리핑 마스크를 만듭니다. 이동 툴(⊕.)로 이미지를 이동시켜 보이고 싶은 부분으로 위치시킵니다.

강의노트 ✏️

클리핑 마스크란 하위 레이어 모양대로 상위 레이어가 보이도록 만드는 것입니다. Alt 를 누른 채 레이어 경계를 클릭하면 클리핑 마스크를 만들거나 해제할 수 있습니다.

13 Layers 패널에서 p03-10-02의 레이어 혼합 모드를 Luminosity 로 설정합니다.

강의노트 ✏️

혼합 모드란 상위 레이어와 하위 레이어의 색 상을 혼합하는 방법으로 총 27가지의 모드가 제공됩니다. 혼합 모드 설정 메뉴의 테두리가 파란색으로 활성화되었을 때 키보드의 상하 방 향키를 누르면 혼합 모드가 순서대로 변경됩니 다.

14 다시 펜 툴(🖋️.)을 선택하고 수 염의 Fill과 Stroke 색을 빨간색 과 색 없음으로 설정합니다. 그 후 Layers 패널에서 Alt 를 누른 채 p03-10-02 레이어를 Group 1 레이어 와 수염 레이어 사이로 끌어다 놓습니 다.

15 복제된 레이어와 수염 레이어의 경계를 Alt 를 누른 채 클릭하 여 클리핑 마스크를 적용합니다. 복제한 레이어의 혼합 모드를 Darken으로 변경 한 후 이동 툴(➕.)로 이미지의 각도와 위치를 변경합니다.

16 몸 레이어를 선택하고 펜 툴(✐) 옵션 막대의 Fill 유형에서 패턴을 클릭합니다. ⚙ 을 클릭한 후 Preset Manager 메뉴를 실행합니다.

17 Preset Manager 대화상자가 나타나면 다시 ⚙ 을 누르고 Color Paper를 클릭합니다.

18 패턴 피커에 Color Paper 리스트가 표시되면 Gold Metalic 패턴을 선택합니다. Stroke는 색 없음으로 설정합니다.

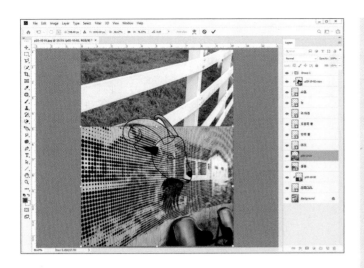

19 동일한 방법으로 폴더 탐색창에서 p03-10-03.jpg 파일을 문서 창으로 드래그합니다. 크기를 조절한 후 키패드의 Enter 를 클릭하여 가져오기를 완료합니다.

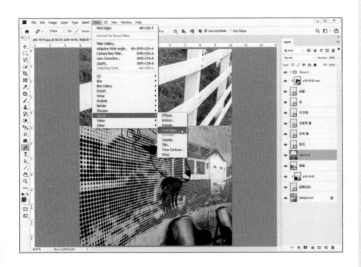

20 [Filter]-[Stylize]-[Find Edges] 메뉴를 실행하여 이미지에 효과를 적용합니다.

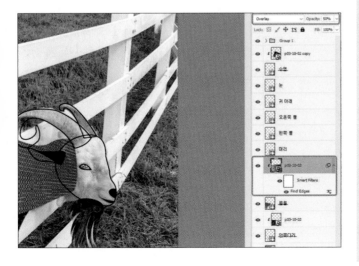

21 p03-10-03 레이어와 몸통 레이어 경계를 Alt 를 누른 채 클릭하여 클리핑 마스크를 적용합니다. 레이어 혼합 모드와 Opacity를 Overlay, 50%로 설정합니다.

22 동일한 방법으로 머리의 색을 채우고 p03-10-04.jpg 이미지를 가져와 클리핑 마스크를 적용합니다. 혼합 모드와 Opacity를 적용하여 독특한 느낌의 오브젝트를 완성합니다.

23 귀 아래와 오른쪽, 왼쪽 뿔을 각각 선택하고 패턴으로 면을 채웁니다. 마음에 들지 않는 모양은 펜 툴 (⬚,)로 다듬어 오브젝트를 완성합니다.

강의노트 ✎

펜 툴 사용 중 Ctrl 을 누른 채 마우스 오른쪽 버튼으로 문서를 클릭하면 클릭 지점에 픽셀이 있는 모든 레이어의 목록이 표시됩니다. 목록에서 원하는 레이어를 클릭하면 수월하게 레이어를 선택할 수 있습니다.

24 배경을 제외한 모든 레이어를 선택한 후 레이어 하단의 폴더 아이콘으로 가져가 그룹을 만듭니다.

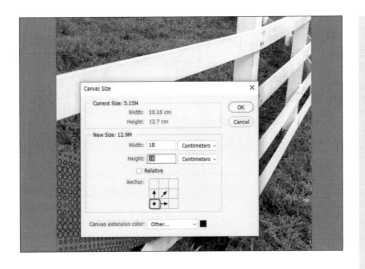

25 [Image]–[Canvas Size] 메뉴를 실행한 후 Width와 Height를 18cm로 입력하고 기준을 왼쪽 하단으로 지정합니다.

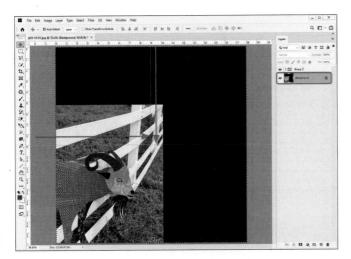

26 캔버스가 확장되면 Layers 패널 에서 Background 레이어를 선택합니다. Ctrl + R, Ctrl + A, Ctrl + T를 차례로 눌러 눈금자와 바운딩 박스를 표시한 후 가로와 세로 눈금자를 캔버스 중앙으로 드래그 앤 드롭합니다.

강의노트 ✏️

[View]–[Snap] 메뉴에 체크되어 있으면 바운딩 박스 가운데 조절점에 안내선이 스냅됩니다.

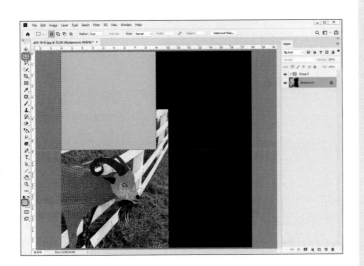

27 사각형 선택 윤곽 툴( )을 선택하고 왼쪽 상단을 선택 영역으로 지정합니다. 전경색을 원하는 색상으로 지정한 후 Alt + Delete 를 눌러 채웁니다.

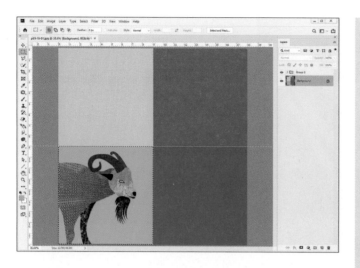

29 Layers 패널에서 Group 2를 선택합니다. 작업창으로 돌아와 이동 툴(✛.)로 Shift + Alt 를 누른 채 오브젝트를 위로 이동하면 오브젝트가 복제됩니다.

강의노트 ✎

이동 툴를 사용할 때 키보드의 방향키를 클릭하면 클릭할 때마다 오브젝트가 1px씩 이동됩니다.

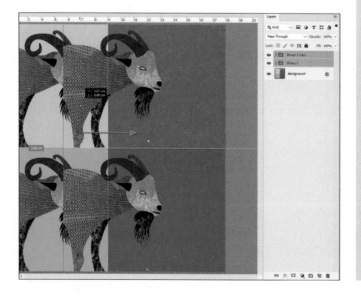

30 동일한 방법으로 Layers 패널에서 Group 2, Group 2 copy를 선택하고 Shift + Alt 를 누른 채 오브젝트를 오른쪽으로 이동합니다. [View]-[Rulers], [View]-[Extras]의 체크를 해제한 후 완성된 작업물을 확인합니다.

보충수업 레이어 혼합 모드

상위 레이어   하위 레이어   Normal/Opacity 50%   Dissolve/Opacity 50%

- Normal : 기본 모드입니다. 불투명도를 조절하면 색상 혼합없이 하위 레이어가 투영됩니다.
- Dissolve : 상위 레이어의 투명한 부분을 점으로 나타내기 때문에 불투명도 값이 낮을수록 점들이 많아집니다.

❶ 어둡게 하는 모드

Darken   Multiply   Color Burn   Linear Burn   Darker Color

- Darken : 겹쳐지는 부분의 상, 하위 레이어 색상 중 더 어두운 색상으로 혼합되기 때문에 이미지를 어둡게 표현합니다.
- Multiply : 겹쳐지는 부분의 상, 하위 레이어 색상을 곱하기 때문에 항상 더 어둡게 표현됩니다. 100% 흰색은 곱해도 색상 변화가 없기 때문에 상대 레이어가 그대로 나타납니다.
- Color Burn : 겹쳐지는 부분의 상, 하위 레이어 색상 대비를 증가시켜 하위 레이어를 더욱 어둡게 표현합니다. 중간 톤의 대비가 더욱 강하고 채도를 높입니다.
- Linear Burn : 상, 하위 레이어 색상의 명도를 감소시켜 하위 레이어를 어둡게 표현합니다. 중간 톤일수록 더욱 어두워지고 색상 번보다 대비가 약합니다.
- Darker Color : 상, 하위 레이어의 명암을 비교하여 더 어두운 색상만 나타납니다.

❷ 밝게 하는 모드

Lighten   Screen   Color Dodge   Linear Dodge(Add)   Lighter Color

- Lighten : 겹쳐지는 부분의 상, 하위 레이어 색상 중 더 밝은 색상으로 혼합되기 때문에 이미지를 밝게 표현합니다.
- Screen : 겹쳐지는 부분의 상, 하위 레이어 색상의 반전색을 곱하기 때문에 항상 더 밝게 표현됩니다. 100% 검은색은 스크린해도 색상 변화가 없기 때문에 상대 레이어가 그대로 나타납니다. 어두운 이미지 보정에 효과적입니다.
- Color Dodge : 겹쳐지는 부분의 상, 하위 레이어 색상의 대비를 증가시켜 강한 빛에 노출된 효과를 연출합니다. 중간톤의 대비가 더욱 강하고 채도를 높입니다.
- Linear Dodge(Add) : 색상 닷지보다 좀 더 강한 닷지 효과를 적용시켜 전체적으로 이미지가 밝게 표현됩니다. 중간톤에 가까울수록 더욱 밝아지며 색상 닷지보다 대비가 약합니다.
- Lighter Color : 상, 하위 레이어의 명암을 비교하여 더 밝은 색상만 나타납니다.

❸ 대비를 증가시키는 모드

Overlay

Soft Light

Hard Light

Vivid Light

Linear Light

Pin Light

Hard Mix

- Overlay : 하위 레이어 색상에 따라 색상을 곱하거나 스크린합니다. 하위 레이어의 밝은 영역과 어두운 영역을 보존하면서 혼합을 하며 채도와 명도 대비를 강하게 합니다.
- Soft Light : 상위 레이어 광원이 50% 회색보다 밝은 영역은 밝게, 어두운 영역은 어둡게 적용하여 확산된 조명을 비추는 것 같은 효과를 냅니다.
- Hard Light : 상위 레이어 색상에 따라 50% 회색보다 어두우면 색상을 곱하고 밝으면 스크린합니다. 밝고 어두운 대비를 증가시키므로 강한 집중 조명을 비추는 것과 같은 효과를 냅니다.
- Vivid Light : 상위 레이어 색상에 따라 50% 회색보다 밝으면 대비를 감소시켜 닷지하고, 어두우면 대비를 증가시켜 번하므로 이미지 윤곽을 선명하게 표현할 수 있습니다.
- Linear Light : 상위 레이어 색상에 따라 50% 회색보다 밝으면 명도를 증가시켜 닷지하고, 어두우면 명도를 감소시켜 변합니다.

- **Pin Light** : 상위 레이어의 광원이 50% 회색보다 밝으면 상위 레이어 색상보다 어두운 하위 레이어의 픽셀이 대체되고 50% 회색보다 어두우면 밝은 픽셀이 대체되기 때문에 대비를 증가시킵니다.
- **Hard Mix** : 상위 레이어와 하위 레이어의 빨강, 녹색, 파랑 채널 값을 더해 255 이상은 255, 255 미만은 0으로 처리하여 중간 톤이 없는 극대비 이미지를 만듭니다.

❹ 상·하위 레이어의 채널 정보를 비교하여 혼합하는 모드

Difference   Exclusion   Subtract   Divide

- **Differnce** : 하위 레이어와 상위 레이어에서 명도 값이 더 큰 색상에서 다른 색상을 뺍니다. 상위 레이어가 흰색이면 하위 레이어 색상이 반전되고, 검은색이면 색상 변화가 없습니다.
- **Exclusion** : 차이 모드와 유사하지만 대비가 더 낮은 효과를 냅니다.
- **Subtract** : 각 채널의 색상 정보를 기반으로 하위 레이어에서 상위 레이어를 뺍니다.
- **Divide** : 각 채널의 색상 정보를 기반으로 하위 레이어에서 상위 레이어 색상을 나눕니다.

❺ 합성 모드

Hue   Saturation   Color   Luminosity

- **Hue** : 상위 레이어의 색조와 하위 레이어의 광도, 채도로 혼합합니다.
- **Saturation** : 상위 레이어의 채도와 하위 레이어의 광도, 색조로 혼합합니다.
- **Color** : 상위 레이어의 색조와 채도, 하위 레이어의 광도로 혼합하기 때문에 단색 이미지에 색상을 적용하거나 컬러 이미지에 색조를 적용할 때 유용합니다.
- **Luminosity** : 상위 레이어의 광도, 하위 레이어의 색조, 채도로 혼합하며 색상 모드의 반대 효과를 냅니다.

 실전문제

01. 레이어 혼합 모드를 이용하여 주어진 컬러 이미지를 세피아 톤 이미지로 변경해 보세요.

준비파일 | Sample〉part03〉p03-10-05.jpg   **완성파일** | Artwork〉part03〉p03-10-05.psd

Hint 1. [File]-[Open] 명령으로 준비된 소스 파일을 불러옵니다.
      2. Layer 패널에서 Background 레이어를 키보드의 `Ctrl`+`J`를 눌러 복제합니다.
      3. 복제된 레이어의 혼합 모드를 Overlay로 설정하고 Opacity를 조절합니다.
      4. Layer 패널 하단의 ◐ 을 눌러 단색 칠 레이어를 추가합니다. 색상은 갈색 계열로 설정합니다.
      5. 칠 레이어의 혼합 모드를 색상으로 설정합니다.

02. 레이어 혼합 모드를 이용하여 주어진 이미지의 밝기를 조정하고 따뜻한 느낌의 분위기를 연출해 봅시다.

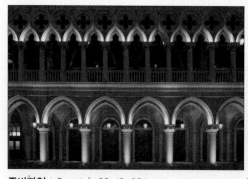

준비파일 | Sample〉p03-10-06.jpg   **완성파일** | Artwork〉p03-10-06.psd

Hint 1. [File]-[Open] 명령으로 준비된 소스 파일을 불러온 후 Layers 패널에서 Background 레이어를 복제합니다.
      2. 복제된 레이어의 혼합 모드를 Screen으로 적용한 후 `Ctrl`+`J`를 두 번 클릭합니다.
      3. 1번에서 실행한 첫 번째 복제 레이어를 선택하고 혼합 모드를 Overlay로 변경합니다. 화면을 확인하며 Opacity를
         조절합니다.
      4. [Layer]-[New Fill Layer]-[Gradient] 메뉴를 실행하고 파스텔 톤의 선형 그레이디언트를 45도로 적용합니다.
      5. Layers 패널에서 Gradient 레이어를 가장 위로 위치시키고 혼합 모드를 Overlay로 변경합니다. 화면을 확인하며
         Opacity를 조절합니다.

실전문제

03. 클리핑 마스크와 레이어 혼합 모드로 여행 사진을 정리해 보세요.

준비파일 | Sample)p03-10-07.psd, p03-10-08~12.jpg

완성파일 | Artwork)p03-10-07.psd

Hint 1. [File]-[Open] 명령으로 준비된 소스 파일들을 불러온 후 완성파일의 위치에 딤섬 이미지를 가져옵니다.

2. Layers 패널에서 딤섬 이미지를 가장 위로 배치하고 Alt 를 누른 채 모퉁이가 둥근 직사각형 1과의 경계를 클릭합니다. Ctrl+T를 눌러 크기와 위치를 조절한 후 레이어를 패널 하단의 📄 아이콘으로 드래그 & 드롭합니다.

3. 이미지를 밝게 보정하기 위해 복제된 레이어의 혼합 모드를 Screen으로 설정하고 Opacity를 적당히 조정합니다.

4. 같은 방법으로 깍지콩과 타르트, 새우 이미지를 각각의 모양 레이어에 클리핑 마스크 처리하고 밝기 조정이 필요한 이미지는 혼합 모드를 적용합니다.

5. 이번에는 툴 패널에서 패스 선택 툴을 선택하고 옵션 막대에서 선택 항목을 모든 레이어로 설정합니다. 모퉁이가 둥근 직사각형 3을 클릭하고 옵션 막대에서 칠 색상을 검은색으로 변경합니다.

6. 야경 이미지를 가져온 후 칠 색상을 변경한 모양 레이어 위로 배치하고 클리핑 마스크 처리합니다. Ctrl+T를 눌러 크기와 위치를 조정한 후 레이어를 패널 하단의 📄 아이콘으로 드래그 & 드롭합니다.

7. 복제된 레이어의 혼합 모드를 Linear Light로 적용하여 보다 선명하고 화려하게 보정한 후 Opacity를 조정합니다.

8. 수평 문자 툴로 텍스트를 입력합니다.

레이어 스타일로
스크랩 이미지 만들기

레이어 스타일이란 레이어에 포함된 내용에 획, 그림자, 광선, 오버레이 등을 적용하여 다양한 효과를 만드는 기능입니다. 레이어 스타일은 레이어 뿐만 아니라 그룹, 텍스트에도 적용할 수 있으며 자주 사용하는 스타일을 등록하고 불러올 수 있습니다. Photoshop CC 버전부터는 일부 스타일의 경우 10개까지 추가하거나 사용자 정의 목록 구성이 가능해 더욱 편리해졌습니다. 예제를 통해 레이어 스타일 대화상자를 불러오고 스타일을 적용하는 방법에 대해 학습해 봅시다.

Zoom In
알찬 예제로 배우는
레이어 스타일
활용한 디자인

준비 파일 Sample〉part03〉p03-11-01〜05.jpg
완성 파일 Artwork〉part03〉p03-11-01.psd

Keypoint Tool

_ 하이패스 이미지의 가장자리를 추적하여 회색 배경 위에 표시합니다.

_ 레이어 스타 그룹 레이어에 스타일을 적용하면 그룹 레이어에 포함된 모든 레이어에 일괄 적용됩니다.

Knowhow

_ 작업 효율 적용된 스타일을 수정할 때는 Layers 패널에서 레이어 밑에 표시된 스타일 이름을 더블 클릭합니다.

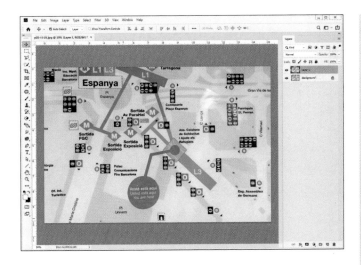

01 [File]-[Open] 메뉴를 실행하여 "Sample〉part03" 폴더 안의 "p03-11-01.jpg" 파일을 불러온 후 `Ctrl`+`J`를 눌러 배경 이미지를 복제합니다.

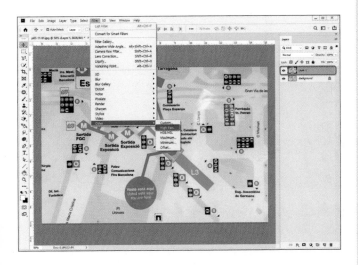

02 [Filter]-[Other]-[High Pass] 메뉴를 선택합니다.

강의노트 🖉

High Pass는 이미지의 가장자리를 추적하여 선명도를 높일 때 주로 사용합니다.

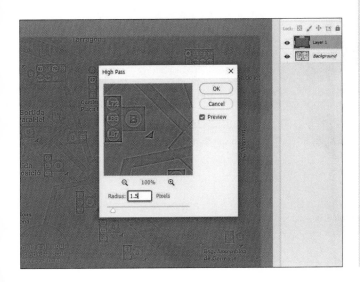

03 미리보기를 확인하며 반경을 설정합니다.

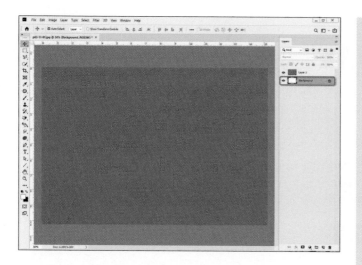

04 전경색을 흰색으로 설정하고 Layers 패널에서 Background 레이어를 선택합니다. [Alt]+[Delete]를 눌러 배경을 흰색으로 채웁니다.

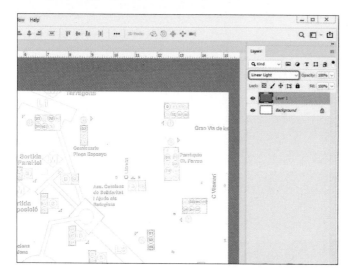

05 다시 필터를 적용한 레이어를 선택한 후 혼합 모드를 Linear Light로 설정합니다. 연필 스케치 느낌의 지도가 만들어 집니다.

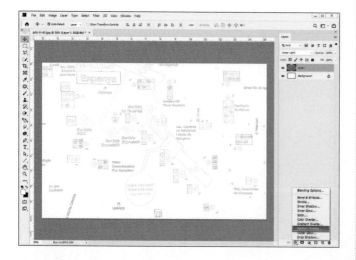

06 Layers 패널 하단의 [fx] 아이콘을 클릭하면 팝업 메뉴가 표시됩니다. 스타일 목록에서 Pattern Overlay를 선택합니다.

강의노트 🖉

레이어를 더블 클릭하여 레이어 스타일 대화상자를 불러 올 수도 있습니다.

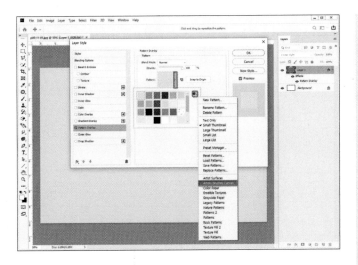

07 패턴의 ☑를 클릭하고 ⚙를 눌러 패턴 피커를 표시한 후 Artist Brushes Canvas를 불러옵니다.

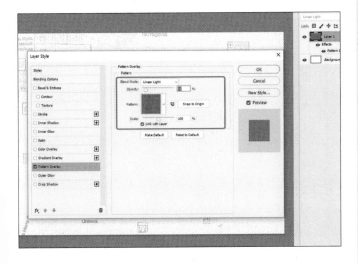

08 Artist Brushes Canvas 목록에서 Yankee Canvas를 선택합니다. 나머지 옵션을 화면과 같이 설정합니다.

강의노트 🖉

적용된 스타일은 레이어 밑에 표시되며 눈 아이콘으로 스타일을 숨기거나 표시할 수 있습니다. 적용된 스타일을 더블 클릭하면 현재 적용된 설정값을 확인할 수 있습니다.

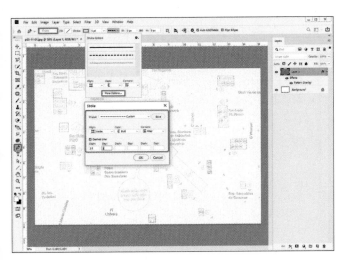

09 이번에는 펜 툴(✐.)을 선택하고 옵션 막대에서 모드를 Shape 그리기 모드로 설정합니다. 동선을 점선으로 표현하기 위해 [More Option] 버튼을 눌러 칠과 획 옵션을 설정합니다.

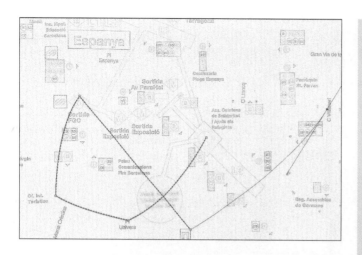

10 출발 지점을 시작으로 방문할 곳을 순서대로 클릭하며 동선을 그립니다.

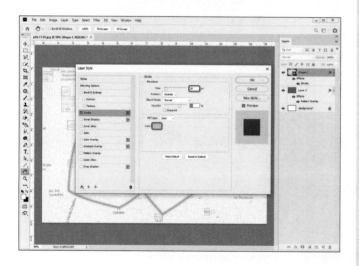

11 동선을 그린 레이어를 더블 클릭한 후 Stroke 스타일을 선택합니다. 그림과 같이 크기와 색상을 설정합니다.

강의노트 🖊

미리 보기에 체크하면 스타일이 적용된 결과를 미리 볼 수 있습니다.

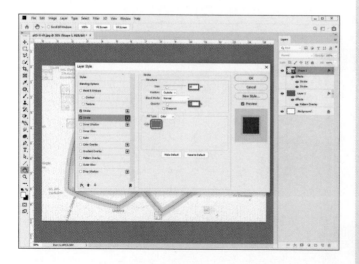

12 Stroke 스타일 오른쪽의 ➕를 클릭하면 획 스타일이 추가됩니다. 그림과 같이 옵션을 설정합니다.

강의노트 🖊

같은 스타일끼리는 순서를 변경하여 화면에 보이는 순서를 설정할 수 있습니다. 적용된 스타일은 Layers 패널에 표시됩니다.

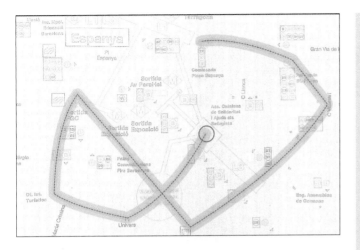

13 시작 지점을 강조하기 위해 점선 과 같은 색상의 원을 그려 넣 습니다.

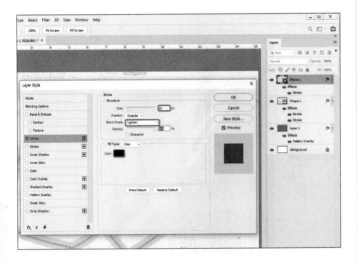

14 Elipse 모양 레이어를 더블 클릭 하고 위에 위치한 획의 옵션을 그 림처럼 설정합니다.

강의노트 🖉

색상을 검은색으로 설정하고 혼합 모드를 Lighten로 적용하면 설정한 두께의 획만큼 투 명하게 표현됩니다.

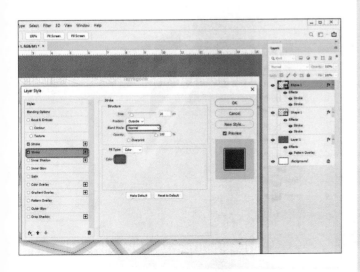

15 두 번째 획을 선택하고 그림과 같 이 옵션을 설정합니다.

16 "Sample>part03" 폴더 안의 "p03-11-02.jpg" 파일을 불러온 후 다각형 올가미 툴(∑.)로 간판을 선택합니다. Ctrl + C 를 눌러 선택 영역을 복사합니다.

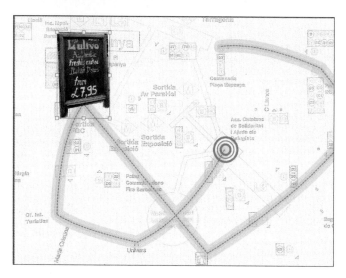

17 지도 이미지 문서로 돌아와 Ctrl + V 를 눌러 간판을 붙여넣습니다. Ctrl + T 를 눌러 크기와 위치, 각도를 조절합니다.

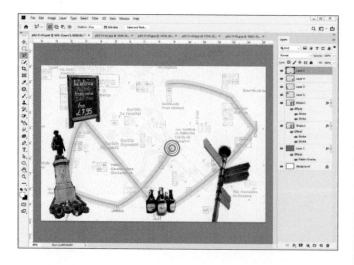

18 동일한 방법으로 동상, 병, 안내 표지판을 붙여 넣은 후 크기와 위치를 조절합니다.

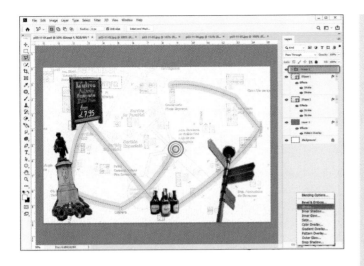

19 추가한 이미지 레이어를 모두 선택하고 Ctrl + G 를 눌러 그룹화합니다. Layers 패널 하단의 fx 아이콘을 클릭하면 팝업 메뉴가 표시됩니다. 목록에서 Stroke를 선택합니다.

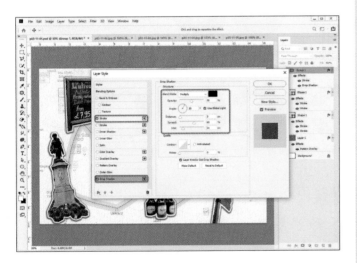

20 흰색 테두리를 적용한 후 Drop Shadow에 체크하고 그림과 같이 그림자를 적용합니다.

강의노트 🖉

전체 조명 사용 항목에 체크하면 다른 스타일의 조명까지 가장 최신의 설정으로 변경됩니다.

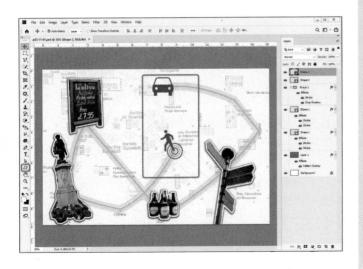

21 마지막으로 사용자 정의 도형 툴로 도형(🚗)을 그려 넣고 작업을 마무리합니다.

보충수업 레이어 스타일

레이어를 더블 클릭하거나 [Layers]–[Layer Style] 메뉴
또는 Layers 패널 하단의 아이콘을 클릭하여 적용할 수
있습니다. 대화상자 왼쪽에는 사전 설정 스타일과
레이어의 혼합 옵션 및 스타일 종류가 표시됩니다.

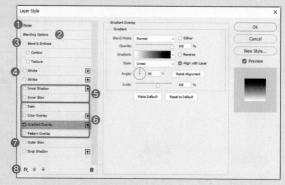

원본

Bevel & Emboss

Stroke

Inner Shadow

Inner Glow

Satin

Color Overlay

Gradient Overlay

Pattern Overlay

Outer Glow

Drop Shadow

❶ **Style** : 스타일 패널에 사전 등록된 스타일이 표시됩니다.

❷ **Blending Options** : 레이어의 혼합 모드를 설정합니다.

❸ **Bevel & Emboss** : 5가지 입체 효과를 적용합니다.

❹ **Stroke** : 이미지 윤곽을 따라 색, 패턴, 그레이디언트를 채운 테두리를 적용합니다. 가장자리가 선명한 문자
혹은 패스를 포함한 개체에 적용하는 것이 좋습니다.

❺ **Inner Shadow & Glow** : 레이어 내용의 가장자리 안쪽으로 그림자 또는 빛이 발광하는 효과를 만듭니다.

❻ **Overlay** : 레이어 내용을 새틴, 패턴, 색상, 그레이디언트로 칠하거나 질감을 적용합니다.

❼ **Outer Glow & Shadow** : 레이어 내용의 가장자리 밖으로 빛이 발광하는 효과와 그림자를 만듭니다.

❽ 레이어 스타일도 사용자 정의 기능이 강화되어 자주 사용하는 스타일 목록만 표시할 수 있습니다. 또한, ⊞
표시가 있는 스타일은 최대 10개까지 중복 적용할 수 있고 순서도 변경할 수 있습니다.

※ **Use Global Light** : Bevel & Emboss, Inner Shadow, Shadow 효과처럼 그림자를 만들 때 전체 조명 사용
에 체크하면 모든 레이어 효과의 조명 각도를 통일합니다. 조명 각도는 가장 나중에 적용한 각도가 반영되며
독립적인 조명이 필요할 때는 전체 조명 사용 항목의 체크를 해제합니다.

 실전문제

01. 레이어 스타일을 이용하여 돌에 양각으로 새긴 글자 효과를 만들어 보세요.

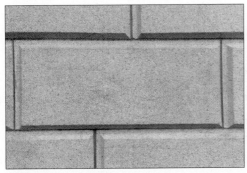

준비파일 | Sample〉part03〉p03-11-06.jpg

완성파일 | Artwork〉part03〉p03-11-06.psd

Hint 1. [File]-[Open] 명령으로 준비된 소스 파일을 불러옵니다.
   2. 사각형 툴로 기다란 직사각형을 만들고 복사, 기울기 변경하여 화살표를 만듭니다.
   3. 수평 문자 툴로 텍스트를 입력합니다.
   4. 도형과 텍스트를 그룹으로 묶은 후 Layers 패널 하단의 *fx.* 아이콘을 누르고 Bevel & Emboss를 선택합니다.
   5. 엠보스 효과를 적용한 후 그룹의 Fill Opacity를 0%로 설정합니다.

02. 레이어 스타일을 이용하여 입체적인 글자를 만들어 보세요.

완성파일 | Artwork〉p03-11-07.psd

Hint 1. [File]-[New] 명령으로 새 문서를 만듭니다.
   2. 수평 문자 툴로 텍스트를 입력한 후 Layers 패널 하단의 *fx.* 아이콘을 누르고 Shadow를 선택합니다.
   3. 크기가 0인 검은색 그림자와 텍스트의 거리를 1로 설정합니다. Drop Shadow 오른쪽의 ⊞ 를 눌러 Drop
      Shadow를 최대한 추가합니다.
   4. 추가된 Drop Shadow를 순서대로 클릭하고 거리를 1씩 늘려 적용합니다. Layers 패널로 돌아와 효과를 마우스
      오른쪽 버튼으로 클릭하고 레이어 만들기 명령을 실행합니다.
   5. 적용되었던 Drop Shadow Style이 레이어로 만들어지면 가장 마지막 그림자를 고급 개체로 변환한 후 앞서
      적용한 그림자 효과들을 다시 적용합니다.
   6. 텍스트 레이어를 선택하고 [Window]-[Styles] 메뉴를 선택합니다. Styles 패널이 나타나면 사전 설정 스타일 중
      HSB를 적용합니다.
   7. 마지막으로 Background 레이어를 더블 클릭하여 일반 레이어로 전환한 후 Gradient Overlay 스타일을
      적용합니다.

레이어 마스크로 이미지 강조하고 연기 만들기

레이어 마스크는 작업 레이어의 이미지를 숨기거나 보여주기 위해 사용합니다. 레이어에 마스크를 씌우고 검은색을 칠하면 작업 레이어가 완전히 가려져 하위 레이어 이미지가 100% 보이도록 처리됩니다. 흰색으로 채워진 영역은 작업 레이어를 보이게 하며 회색 음영은 농도에 따라 가려지는 정도가 달라집니다. 레이어 마스크는 여러 사진을 하나의 이미지로 합성하거나 색상을 교정할 때 유용하게 사용됩니다.

Zoom In
알찬 예제로 배우는
레이어 마스크
합성

준비 파일 Sample〉part03〉p03-12-01.jpg
완성 파일 Artwork〉part03〉p03-12-01.psd

Keypoint Tool

_ 레이어 마스크 검은색은 레이어 내용을 숨기고 흰색은 레이어 내용을 보여줍니다.

_ 동작 흐림 효과 설정한 각도 방향으로 흐림 효과를 적용합니다.

Knowhow

_ Shift+썸네일 Shift 를 누른 채 레이어 마스크 썸네일을 클릭하면 레이어 마스크를 사용 또는 사용 안함으로 전환됩니다.

_ Alt+썸네일 Alt 를 누른 채 레이어 마스크 썸네일을 클릭하면 레이어 마스크 화면이나 합성 이미지 화면으로 전환됩니다.

01 [File]-[Open] 메뉴를 실행하여 "Sample〉part03" 폴더 안의 "p03-12-01.jpg" 파일을 불러온 후 Ctrl+J를 눌러 Background 레이어를 복제합니다.

02 복제된 레이어의 눈 아이콘을 클릭하여 레이어를 숨깁니다. Background 레이어를 선택하고 [Image]-[Adjustments]-[Black & White] 메뉴를 실행합니다.

03 대화상자가 나타나면 하단의 Tint 항목에 체크하고 Saturation을 조절합니다.

강의노트 🖉

Black & White 적용이 확인되지 않으면 Layers 패널의 표시/숨기기를 확인합니다.

04 이번에는 숨겼던 레이어를 표시하고 선택합니다. `Alt`를 누른 채 Layers 패널 하단의 ▣ 아이콘을 클릭하면 선택한 레이어에 연결된 마스크 창이 생성됩니다.

강의노트 ✎

해당 레이어에 마스크를 씌우고 검은색으로 칠해 하위 레이어가 그대로 보여집니다.

05 툴 패널에서 전경색을 흰색으로 설정한 후 브러시 툴(✒)을 선택합니다. 옵션 막대에서 Size와 Hardness를 지정하고 라면을 드래그하면 작업 레이어 이미지가 나타납니다.

06 나머지 부분도 드래그하여 라면이 모두 나타나도록 합니다.

07 Layers 패널 하단의 아이콘 을 클릭하여 새 레이어를 만듭니 다. 옵션 막대 브러시에서 Assorted Brushes를 불러옵니다.

08 Ornament 3 브러시를 선택하고 Size를 크게 설정합니다.

09 라면 위를 클릭하면 브러시 모양 이 찍힙니다. 크기를 조절하고 연 기가 피어오르는 모양새와 비슷하게 브 러시 모양을 추가합니다.

10 툴 패널에서 손가락 툴( )을 선택하고 적당한 크기로 조정합니다. 브러시로 그린 부분을 좌우로 드래그하여 연기가 퍼지는 모양새를 만들어 냅니다.

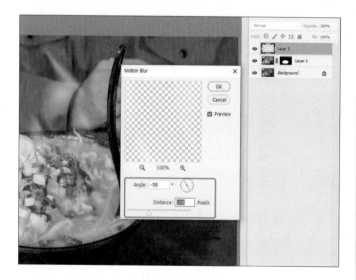

11 [Filter]-[Blur]-[Motion Blur] 메뉴를 실행하고 Angle과 Distance 값을 조절합니다.

12 Layers 패널 하단의 아이콘을 클릭하여 레이어 마스크를 만들고 다시 브러시 툴( )을 선택합니다.

13 전경색을 검은색으로 설정하고 옵션 막대에서 Opacity를 조절합니다. 연기를 클릭하거나 드래그하여 자연스러운 연기를 만들어갑니다.

14 Ctrl + J를 눌러 연기 레이어를 복제한 후 Ctrl + T를 눌러 연기를 추가할 곳으로 이동시키고 크기와 각도를 조절합니다. 위 방법과 동일하게 레이어 마스크를 적용하고 연기를 수정합니다.

15 Background 레이어를 선택하고 그레이디언트 툴(□)을 클릭합니다. 옵션 막대에서 Radial, Black, White 그레이디언트를 선택하고 모드를 Linear Burn, Opacity를 15%로 설정한 후 Reverse에 체크합니다. 이미지 중심에서 바깥쪽으로 드래그하여 가장자리를 어둡게 연출합니다.

실전문제

01. 레이어 마스크를 이용하여 이미지를 자연스럽게 합성시켜 보세요.

준비파일 | Sample〉part03〉p03-12-02~03.jpg

완성파일 | Artwork〉part03〉p03-12-02.psd

Hint 1. [File]-[Open] 명령으로 준비된 소스 파일들을
불러옵니다.
2. 건물 내부 이미지를 바다 이미지 문서로
드래그하여 가져옵니다.
3. Alt 를 누른 채 Layers 패널 하단 ▣ 아이콘을
클릭하여 마스크를 적용합니다.
4. 브러시 툴로 바다 이미지가 자연스럽게
나타나도록 드래그합니다.
5. 수평 문자 툴로 텍스트를 입력하고 뒤틀어진
텍스트 기능으로 텍스트 모양을 변형합니다.
혼합 모드는 Overlay를 선택하고 Opacity를
조절합니다.

실전문제

02. 레이어 마스크와 혼합 모드로 빈티지한 느낌의 이미지를 만들어 보세요.

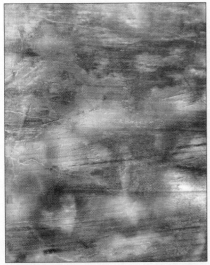

준비파일 | Sample⟩part03⟩p03-12-04~06.jpg

완성파일 | Artwork⟩part03⟩p03-12-04.psd

Hint 1. [File]-[Open] 명령으로 준비된 소스 파일들을 불러옵니다.

2. Ctrl+J 기능으로 배경으로 사용할 텍스처 이미지를 복제한 후 혼합 모드를 Screen으로 설정하고 Ctrl+E를 눌러 두 레이어를 합칩니다.

3. 다시 레이어를 복제하고 Opacity만 50%로 변경한 후 위 단계를 똑같이 반복합니다.

4. 툴 패널에서 브러시 툴을 선택하고 Alt를 누른 채 이미지의 연한 베이지색 부분을 클릭합니다. 전경색으로 추출되면 옵션 막대에서 모드를 Darken, Opacity는 70%으로 설정한 후 적당한 크기의 브러시로 빛에 반사된 부분을 칠합니다.

5. 철골 이미지를 텍스처 문서로 가져오고 위치를 조절한 후 빠른 선택 툴로 철골 아래 부분을 선택합니다.

6. Alt를 누른 채 Layers 패널 하단 ▢ 아이콘을 클릭하여 마스크를 적용하고 혼합 모드를 Diffrence로 설정합니다.

7. 이번에는 야경 이미지를 텍스처 문서로 가져오고 Ctrl+T를 눌러 크기를 조절합니다. 야경 이미지의 혼합 모드도 Diffrence로 지정하고 ▢ 아이콘을 클릭하여 마스크를 적용합니다.

8. 철골과 야경 레이어의 마스크 썸네일을 각각 선택하고 브러시 툴로 철골과 야경의 가장자리를 클릭하여 낡은 느낌을 연출합니다. 브러시 종류는 테두리가 거친 브러시로 선택하고 Opacity를 조절하는 것이 효과적입니다.

조정 레이어로 원본 보호하며
이미지 보정하기

같은 시간, 같은 장소에서 촬영했음에도 상대방이 찍은 사진이 더 멋있어 보이거나, 어두운 실내 환경으로 만족스럽지 않은 사진이 찍혔던 경험이 있을 것입니다. 이럴 때 조정 메뉴로 밝기를 보정하고, 색감을 더한다면 맛있는 음식을 더욱 맛있게, 반짝이는 도시 야경을 더욱 화려하게 표현할 수 있습니다. [Image]-[Adjustments] 메뉴를 실행하여 원본 데이터를 직접 수정하는 방법과 조정 레이어를 만들어 원본 데이터를 보호하며 보정하는 방법이 있습니다. 이번 예제에서는 Adjustments 패널로 조정 레이어를 만들어 보정하는 방법에 대해 알아보기로 하며 이미지 보정은 사용 빈도가 높고 꼭 필요한 기능이므로 완벽하게 마스터하길 바랍니다.

Zoom In
알찬 예제로 배우는
원본 보호를
활용한 보정

준비 파일 Sample〉part03〉p03-13-01.jpg
완성 파일 Artwork〉part03〉p03-13-01.psd

Keypoint Tool

_ 곡선 조절점을 움직여 개별 채널의 밝은 영역, 중간 영역 및 어두운 영역을 조정합니다. 조절점은 최대 14개까지 만들 수 있습니다.

_ 레벨 개별 채널에 픽셀 분포를 설정하여 색상 균형을 조정합니다.

Knowhow

_ 작업 효율 조정 레이어를 사용하면 원본 이미지를 보호하고, 보정 값을 불투명도, 혼합 모드, 마스크 기능과 함께 적용할 수 있습니다.

01 [File]-[Open] 메뉴를 실행하여 "Sample〉part03" 폴더 안의 "p03-13-01.jpg" 파일을 불러옵니다.

02 [Window]-[Adjustments] 메뉴를 실행하여 Adjustments 패널을 불러옵니다. [Image]-[Adjustments] 메뉴가 아이콘으로 등록되어 클릭 한 번으로 조정 레이어를 만들 수 있습니다.

강의노트 🖉

이미지 메뉴를 사용하여 보정 명령을 적용하면 원본의 픽셀 값을 변형시키는 반면 조정 레이어는 원본을 보호하면서 보정할 수 있습니다.

03 먼저 이미지의 화이트 밸런스를 교정하기 위해 Adjustments 패널의 🔟 아이콘을 클릭합니다. 세부 조정을 할 수 있는 Properties 패널이 나타나고 Layers 패널에는 레벨 조정 레이어가 생성됩니다.

04 Properties 패널에서 왼쪽의 🖋 스포이드를 선택하고 이미지 보정 시 흰색의 기준으로 삼을 곳을 클릭합니다.

강의노트 🖊

스포이드 도구를 사용하면 이전에 적용한 조정 값이 취소되므로 스포이드를 먼저 사용한 후 옵션을 설정합니다.

05 툴 패널의 자동 선택 툴(🪄)로 접시를 선택 영역으로 지정합니다. Properties 패널에서 🔲 아이콘을 클릭하면 레벨 조정 레이어가 추가로 만들어지고 선택 영역을 제외한 영역에 마스크가 적용됩니다.

06 슬라이더의 조절점을 이동시켜 접시의 중간 톤을 밝게 보정합니다.

강의노트 🖊

슬라이더 왼쪽 조절점부터 어두운 톤, 중간 톤, 밝은 톤 조절점입니다.

07 전경색을 검은색으로 설정한 후 브러시 툴(✐)로 음식 앞부분의 깨진 픽셀을 드래그하여 제거합니다.

08 다시 접시를 선택 영역으로 지정하고 이번에는 ▦ 아이콘을 클릭합니다.

09 Ctrl + I 를 눌러 마스크 영역을 반전시키고 Properties 패널의 마스크 조정 창에서 Feather 값을 조절합니다.

10 Properties 패널에서 다시 곡선 조정 창으로 돌아옵니다. 곡선을 클릭, 위로 드래그하면 조절점이 추가되면서 밝은 영역이 더욱 밝게 보정됩니다.

11 이번에는 음식을 더욱 맛있어 보이도록 Adjustments 패널에서 ▽ 아이콘을 클릭합니다. Properties 패널에 옵션이 표시되면 Vibrance와 Saturation 수치를 높게 설정합니다.

12 마지막으로 장식용 잎의 색상을 더욱 진하게 보정하기 위해 ▣ 아이콘을 클릭합니다. 녹색 계열의 녹청 수치는 높게, 마젠타 수치는 낮게 설정합니다.

보충수업 Adjustments 명령

포토샵은 이미지의 색상 및 색조를 조정할 수 있는 다양한 툴들이 제공됩니다.
이미지 메뉴에 있는 대부분의 보정 명령들은 Adjustments 패널에 아이콘으로
등록되어 있고 아이콘을 클릭하면 Adjustments 레이어가 자동으로 만들어집니다.
Adjustments 레이어를 사용하면 원본 이미지를 보호하며 교정할 수 있고 언제든지
조정된 값이나 적용 범위를 수정할 수 있습니다. 또한, 사전 설정된 값을 불러와
적용하거나 새로 조정한 값을 사전 설정으로 저장할 수 있습니다.

❶ **세밀한 보정을 할 수 있는 곡선과 레벨** : 레벨과 곡선 명령은 개별 색상 채널의 밝은 영역, 중간 영역, 어두운
영역을 나누어 세밀하게 교정할 수 있어 자주 사용되는 명령입니다.

- Curves : 원본 이미지의 색조를 곧은 대각선으로 표시하고, 선을 클릭, 드래그하면 조절점이 추가되어 색
조를 조정할 수 있습니다. 곡선의 오른쪽 위는 밝은 영역, 왼쪽 아래는 어두운 영역을 표시하며 오른쪽 윗
부분에 있는 점을 기준선 밑으로 옮기면 밝은 영역이 어둡게 조정됩니다. 곡선의 양쪽 끝점 이미지에서 가
장 밝은 흰 점과 가장 어두운 점을 표시하며 곡선의 경사가 가파를수록 대비가 높아집니다. 조절점을 삭제
할 때는 그래프 밖으로 드래그하거나 키보드의 Delete를 누릅니다.

- Levles : 그래프 하단의 검은색 입력 슬라이더와 흰색 입력 슬라이더를 이동시키면 출력 슬라이더 설정
으로 매핑합니다. 중간의 입력 슬라이더를 이동시키면 밝고 어두운 영역은 크게 바꾸지 않으면서 회색 색
조의 중간 범위 강도 값을 변경할 수 있습니다. Channel 패널에서 특정 채널의 색조 값을 변경할 때는
[Image]-[Adjustments]-[Levels] 명령을 사용합니다.

- 스포이드로 색상 및 색조 조정 : 사진 촬영 시 색온도가 낮으면 붉은 빛을 띄고, 색온도가 높으면 파란 빛
을 띄게 됩니다. 이렇게 이미지에 원치 않는 빛의 색감이 적용되었을 때 스포이드 툴을 사용하면 간단하게
색 균형을 조절할 수 있습니다. 다만, 스포이드 툴을 사용하면 이전에 조정한 내용이 모두 취소되므로 스포
이드 툴 색 균형을 조절한 후 레벨 슬라이더나 곡선 조절점으로 세밀하게 조정하는 것이 좋습니다. 각각의
스포이드로 이미지를 클릭하거나 스포이드를 더블 클릭한 후 색상 피커에서 정한 색상을 기준으로 가장 어
두운 톤, 중간 톤, 가장 밝은 톤을 설정합니다.

❷ **이미지에 특수한 색상 효과를 적용하는 명령**

Invert　　　　　Posterize　　　　　Threshold　　　　Selective Color　　　　Grandient Map

보충수업 자동 보정 기능

❶ 이미지 자동 보정 메뉴

[Image] 메뉴의 하위 메뉴로 톤, 대비, 색상을 빠르게 보정할 수 있
습니다. 자동 톤 보정은 가장 어두운 영역과 밝은 영역을 찾아 클리
핑한 후 가장 어두운 픽셀을 처리하는 방식으로 채널 별 색조 범위를
최대화하여 세밀하게 교정합니다. 자동 대비 보정은 전체 색상은 그
대로 유지하면서 밝은 영역은 더 밝게, 어두운 영역은 더 어둡게 보
정하고, 자동 색상 보정은 어두운 영역, 중간 영역, 밝은 영역을 찾아
이미지의 대비와 색상을 보정합니다.

자동 톤 보정   자동 대비 보정   자동 색상 보정

❷ Auto Color Coreection Options

명도/대비, Curves, Levels 명령의 조정 항목 중 자동은 클릭 한 번으로 자동 교정된 값을 이미지에 적용합
니다. 이 중 곡선과 레벨은 자동 색상 교정 옵션을 설정할 수 있습니다. Alt 를 누른 채 자동을 클릭하거나
패널 메뉴에서 자동 색상 교정 옵션 대화상자를 불러옵니다.

- Algorithms : 자동 교정 알고리즘을 선택합니다.
- Snap Neutral Midtones : 색상 관련 알고리즘 선택 시 활성
  화되며 이미지의 중간 색상을 찾아 보정하고 중간색으로 만
  듭니다.
- Target Colors & Clipping : 이미지의 가장 어두운 영역, 중
  간 영역, 가장 밝은 영역의 색상을 지정하고 클리핑할 검은색
  픽셀과 흰색 픽셀의 양을 설정합니다. 색상 관련 알고리즘 선
  택 시 활성화됩니다.

 실전문제

01. 조정 레이어로 원본 이미지를 보호하며 음식이 맛있어 보이게 보정하여 보세요.

준비파일 | Sample)part03)p03-13-02.jpg   **완성파일** | Artwork)part03)p03-13-02.psd

Hint 1. [File]-[Open] 명령으로 준비된 소스 파일을 불러옵니다.
　　 2. Levels 조정 레이어를 만들고 레벨의 조절점을 이동하여 이미지를 밝게 조정합니다.
　　 3. Levels 조정 레이어를 하나 더 만들고 이미지 하단의 명암에 맞춰 밝기를 조정합니다. 너무 밝게 조정된 이미지 상단은 브러시 툴로 마스크를 적용합니다.
　　 4. 선택 툴로 방울 토마토와 잎을 선택 영역으로 지정하고 다시 Levels 조정 아이콘을 클릭합니다. Levels 조정 레이어가 생성되면 밝기를 조정합니다.
　　 5. 마지막으로 Vibrance 조정 레이어를 만들고 Vibrance와 Saturation를 조정합니다.

02. 조정 레이어로 원본 이미지를 보호하며 판화 느낌의 이미지를 만들어 보세요.

준비파일 | Sample)p03-13-03.jpg   **완성파일** | Artwork)p03-13-03.psd

Hint 1. [File]-[Open] 명령으로 준비된 소스 파일을 불러옵니다.
　　 2. Threshold 조정 레이어를 만들고 조절점을 이동시켜 배경과 건축물이 흑백으로 깔끔하게 나뉘도록 조정합니다.
　　 3. Curves 조정 레이어를 만들고 Threshold 조정 레이어 밑으로 이동시킵니다. 조절점을 추가하면서 곡선을 움직여 흑백이 반전되도록 만듭니다. 아래쪽 곡선에 조절점을 추가하여 중간선 위로 움직이고 위쪽 곡선에 조절점을 추가하여 중간선 밑으로 움직입니다.
　　 4. Gradient Map 조정 레이어를 만들고 Threshold 조정 레이어 위로 이동시킵니다. Properties 패널의 Gradient Map 조정 창에서 그레이디언트 피커를 열고 원하는 그레이디언트를 선택합니다.

필터 갤러리를 활용한 스케치 효과 만들기

필터란 이미지가 가진 픽셀 정보를 변형시켜 다양한 특수 효과를 적용하는 기능으로 기본 값이 설정되어 있어 초보자들도 손쉽게 색다른 분위기를 연출할 수 있습니다. 이번 학습에서는 필터 중에서도 필터 갤러리 메뉴로 이미지에 질감이나 회화 느낌을 적용하는 방법에 대해 알아봅시다.

Zoom In
알찬 예제로 배우는
자연스러운
스케치 효과

준비 파일 Sample〉part03〉p03-14-01~02.jpg
완성 파일 Artwork〉part03〉p03-14-01.psd

Keypoint Tool

_ 포스터 가장자리 이미지의 색상 수를 줄여 포스터화한 후 가장자리에 검정 선을 그립니다.

_ 그물눈 이미지의 세부 묘사는 유지하면서 그물같이 대각선으로 교차된 연필 선을 추가하고 가장자리를 거칠게 만듭니다.

_ 그래픽 펜 배경색 용지에 전경색 잉크를 사용하여 가는 펜으로 스케치한 효과를 적용합니다.

_ 필터 갤러리 효과 레이어 순서를 변경하면 이미지에 적용된 최종 결과도 달라집니다.

01 [File]-[Open] 메뉴를 실행하여 "Sample〉part03" 폴더 안의 "p03-14-01.jpg" 파일을 불러온 후 [Filter]-[Convert for Smart Filter] 메뉴를 실행합니다.

강의노트 ✏️

일반 레이어가 고급 개체 레이어로 전환되어 다시 편집할 수 있는 고급 필터를 적용할 수 있습니다.

02 [Filter]-[Filter Gallery] 메뉴를 실행하면 필터 갤러리 대화상자가 나타납니다. Artistic의 Poster Edges 효과를 선택하고 그림과 같이 옵션을 설정합니다.

강의노트 ✏️

Poster Edges 효과는 포스터화 옵션에 따라 이미지의 색상 수를 줄여 포스터화한 후 가장자리에 검정 선을 그립니다.

03 오른쪽 하단의 New effect layer 아이콘을 클릭하면 현재 적용된 효과가 복제됩니다.

강의노트 ✏️

효과 레이어 순서를 변경하면 이미지에 적용된 최종 결과도 달라집니다.

04 Brush Stroke의 Angled Strokes 효과를 선택하고 그림과 같이 옵션을 설정합니다.

강의노트 ✏️

Angled Stroke 효과는 이미지의 세부 묘사는 유지하면서 그물같이 대각선으로 교차된 연필 선을 추가하고 가장자리를 거칠게 만듭니다.

05 [OK] 버튼을 클릭하면 레이어 아래에 마스크 창과 적용된 필터가 표시됩니다.

강의노트 ✏️

Layers 패널에서 필터 갤러리 글자를 더블 클릭하면 필터 갤러리 대화상자가 나타나 적용된 필터를 수정할 수 있습니다. 茲를 더블 클릭하면 필터 갤러리의 혼합 옵션을 설정하는 대화상자가 나타납니다.

06 다시 [Filter]-[Filter Gallery] 메뉴를 실행합니다.

강의노트 ✏️

필터 메뉴 가장 위에는 최근에 적용한 효과가 표시됩니다. 메뉴를 실행하면 일반 레이어의 경우 최근에 적용한 필터 설정 그대로 이미지에 적용됩니다. 고급 개체는 최근에 사용한 필터의 대화상자를 불러옵니다.

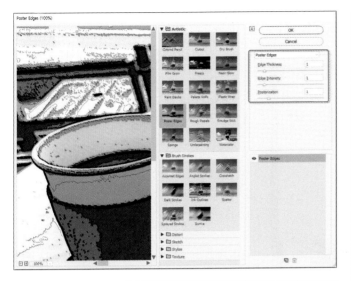

07 필터 갤러리 대화상자가 나타나면 Angled Strokes 효과를 삭제하고 Poster Edges 옵션을 그림과 같이 변경합니다.

08 [OK] 버튼을 클릭하면 Layers 패널에 추가로 적용한 필터 갤러리가 표시됩니다. 를 더블 클릭하고 Opacity를 40%로 설정합니다. 이미지의 윤곽을 조금 더 선명하게 만들어 연필 스케치 느낌을 더합니다.

09 레이어 하단의 아이콘을 클릭하고 Levels 조정 레이어를 만듭니다. 조절점을 이동시켜 이미지를 밝게 보정합니다. Alt 를 누른 채 레이어 경계를 클릭하여 클리핑 마스크를 적용합니다.

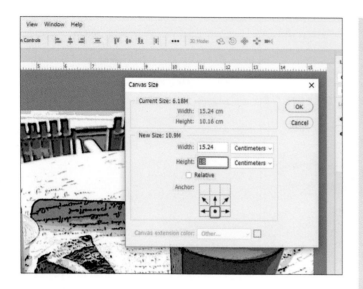

10 이번에는 [Image]-[Canvas Size] 메뉴를 실행하고 캔버스 높이를 변경합니다. 이미지를 문서 하단에 배치할 것이므로 기준을 하단 중앙으로 선택합니다.

11 Layers 패널에서 새 레이어를 추가하고 가장 밑으로 배치합니다. 전경색을 설정한 후 Alt + Delete 를 눌러 레이어를 채웁니다.

강의노트 ✎

확장한 배경을 채울 때 기존의 이미지에서 색을 추출하면 자연스러운 결과물을 만들 수 있습니다.

12 이미지 가장자리를 수정하기 위해 Layer 0 레이어를 선택한 후 레이어 마스크를 적용합니다. 브러시 툴 (✎)을 선택하고 브러시 모양과 크기를 조정한 후 가장자리를 드래그합니다.

13 확장한 배경에 사용할 이미지를 불러온 후 빠른 선택 툴(📷)로 커피잔을 선택 영역으로 지정합니다. Ctrl + C 를 눌러 클립보드에 저장합니다.

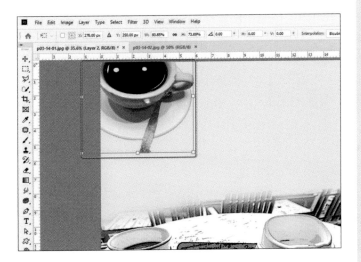

14 기존의 이미지 창으로 돌아와 Layer 1을 선택하고 Ctrl + V 를 누릅니다. Layer 1 위로 복사한 커피잔이 삽입되면, Ctrl + T 를 눌러 크기와 위치를 조정합니다.

15 [Filter]-[Filter Gallery] 메뉴를 실행하고 Textrue-Texturizer 효과를 선택합니다. 그림과 같이 옵션을 설정한 후 [OK] 버튼을 클릭합니다.

강의노트 🖎

Texturizer 효과는 옵션에서 설정한 텍스처를 이미지에 적용합니다.

16 필터 효과가 적용된 것을 확인하고 Layers 패널에서 Opacity를 조절합니다.

17 이번에는 수평 문자 툴(T.)로 글상자를 만들고 텍스트를 입력합니다. Character 패널과 Paragraph 패널에서 서식을 지정합니다.

18 글씨에 적용할 필터는 전경색과 배경색으로 효과를 만들기 때문에 갈색 계열로 전경색과 배경색을 지정합니다.

19 [Filter]-[Filter Gallery] 메뉴를 실행하면 그림과 같은 경고창이 나타납니다. 적용한 필터를 수정할 수 있는 Convert To Smart Object를 클릭 합니다.

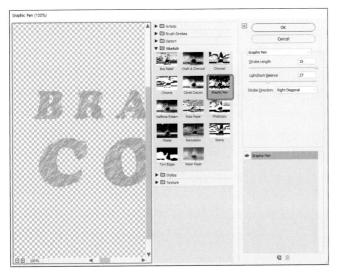

20 필터 갤러리 대화상자에서 Sketch 효과의 Graphic Pen 효 과를 선택하고 그림과 같이 옵션을 설정 합니다.

강의노트 🖉

Graphic Pen 효과는 배경색 용지에 전경색 잉크를 사용하여 가는 펜으로 스케치한 효과를 적용합니다.

21 Layers 패널 하단의 [fx] 아이콘 을 클릭하고 Stroke 효과를 클릭 합니다. 문자 이미지에 테두리를 적용합 니다.

22 이번에는 Layer Style 목록 하단의 Drop Shadow를 선택하고 그림과 같이 옵션을 설정합니다. [OK] 버튼을 클릭하면 획과 그림자가 적용됩니다.

23 레이어 위치를 가장 위로 이동시키고 Ctrl + T를 눌러 각도와 크기를 조정합니다.

강의노트 🖊
변형 중에는 적용된 고급 필터가 잠시 해제되고 변형 완료 후 다시 적용됩니다.

24 다음은 모서리가 둥근 직사각형 툴(◻.)을 선택하고 배경 상단에 그려 넣습니다. [Window]-[Style] 메뉴를 실행하고 점획 사전 설정을 불러온 후 원하는 획 설정을 선택합니다.

25 선택한 획 스타일에 따라 둥근 직 사각형의 칠 투명도를 조절하고 레이어 순서를 이동합니다.

26 다시 수평 문자 툴(T.)로 둥근 직사각형 보다 작은 크기의 글상 자를 만들고 텍스트를 입력합니다.

강의노트 ✏️

실무 작업 시 레이아웃을 잡거나 실제 들어갈 문구가 나오기 전 시각적 연출이 필요할 때 [Type]-[Lorem Ipsum 붙여넣기] 메뉴를 실행하면 임의의 문구로 글상자를 채울 수 있 습니다.

27 마지막으로 펜 툴(∅.)을 선택하 고 커피와 문구를 연결하는 선을 그립니다.

보충수업 Filter Gallery

Filter Gallery에는 주로 질감이나 회화느낌을 적용하는 효과들이 모여 있습니다. 대화상자의 미리보기 창으로 필터 효과가 적용되는 모습을 확인하며 세부 옵션을 조정할 수 있습니다. 오른쪽 하단의 필터 레이어에는 적용된 필터 효과 레이어가 표시되며 적용된 효과 레이어를 삭제 혹은 숨기거나 새로 추가하여 중복 적용할 수 있습니다.

❶ **Brush Strokes :** 다양한 브러시와 잉크 획으로 이미지에 입자, 페인트, 노이즈 및 가장자리 세부 묘사를 추가하여 회화적인 효과를 적용합니다.

| Angled Strokes | Accented Edhes | Crosshatch | Spatter |
| Sumi-e | Spray Strokes | Dark Strokes | Ink Outlines |

❷ **Sketch :** 전경색을 잉크 색, 배경색을 용지 색으로 사용하여 손으로 그리거나 미술 기법을 적용한 듯한 효과를 냅니다.

Torn Edges   Graphic Pen   Stamp   Reticulation

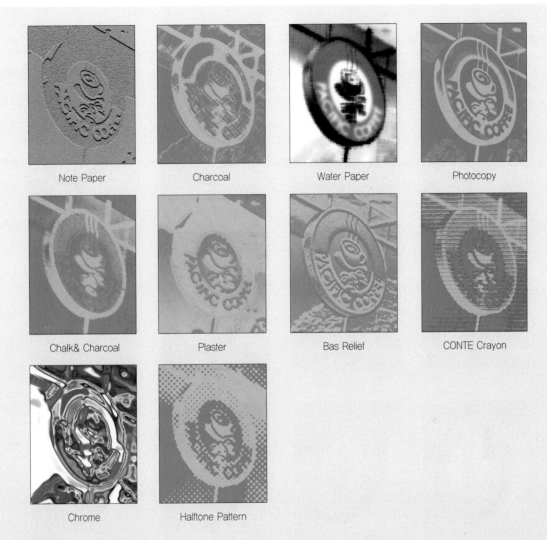

Note Paper · Charcoal · Water Paper · Photocopy

Chalk& Charcoal · Plaster · Bas Relief · CONTE Crayon

Chrome · Halftone Pattern

❸ **Stylize** : 이미지 픽셀을 변위시키기 때문에 누적해서 적용할 수 있는 가장자리 광선 효과만 필터 갤러리에 포함되어 있습니다. 가장자리 색상을 명확하게 하고 네온같은 광선을 추가합니다.

Chrome

❹ **Artistic** : 이미지에 회화적이고 예술적인 효과를 적용합니다.

Rough Pastels

Neon Glow

Dry Brush

Smudge Stick

Plastic Wrap

Colored Pencil

Water Color

Sponge

Underpainting

Cutout

Palette Knife

Paint Daubs

Poster Edges

Presco

Film Grain

❺ **Distort** : 이미지를 기하학적으로 왜곡하여 확산 필터나 유리를 통해 이미지를 보는 것처럼 표현하거나 이미지가 수면 아래에 있는 것 같은 효과를 적용합니다.

Diffusd Glow

Ocean Ripple

Glass

❻ **Texture** : 사각형이나 그레인 또는 불규칙한 형태로 이미지를 분할하고 깊이감을 적용하거나 분할 영역 경계를 다시 칠하여 입체적인 효과를 적용합니다.

Craquelure

Grain

Mosaic Tiles

Patchwork

Stained Glass

Texturizer

실전문제

01. 원본 이미지를 보호하며 거리 풍경을 카툰 이미지로 만들어 보세요.

준비파일 | Sample〉part03〉p03-14-03.jpg   **완성파일** | Artwork〉part03〉p03-14-03.psd

Hint 1. [File]-[Open] 명령으로 준비된 소스 파일을 불러온 후 Background 레이어를 고급 개체 레이어로 전환합니다.
　　　 2. [Filter]-[Filter Gallery] 메뉴를 실행하고 오려내기와 Pster Edges 필터 효과를 차례대로 적용합니다.
　　　 3. 고급 필터의 마스크 썸네일을 클릭하고 브러시 툴로 이미지의 난간과 가장자리 벽을 마스크 적용합니다.
　　　 4. [Ctrl]을 누른 채 고급 필터의 마스크 썸네일을 클릭하여 마스크가 적용되지 않은 영역을 선택 영역으로
　　　　 지정합니다.
　　　 5. Layers 패널 하단의 💿 아이콘을 클릭하고 Vibrance 명령을 선택합니다. Properties 패널에서 Vibrance와
　　　　 Saturation 수치를 조절합니다.
　　　 6. 동일한 방법으로 Levels 명령을 이용하여 거리 풍경의 밝기를 조절합니다.

02. 원본 이미지를 보호하며 필터 갤러리 메뉴로 캔버스 위에 그려진 수채화 느낌을 연출해 보세요.

준비파일 | Sample〉part03〉p03-14-04.jpg   **완성파일** | Artwork〉part03〉p03-14-04.psd

Hint 1. [File]-[Open] 명령으로 준비된 소스 파일을 불러온 후 Background 레이어를 고급 개체 레이어로 전환합니다.
　　　 2. [Filter]-[Filter Gallery] 메뉴를 실행하고 Accented Edges 효과를 적용합니다.
　　　 3. 새 효과 레이어 아이콘을 두 번 클릭하여 필터 효과를 추가합니다.
　　　 4. 가장 위의 필터 효과를 Texturizer로 변경하고 옵션을 설정합니다.

실전문제

03. 원본 이미지를 보호하며 유리창 너머 풍경을 변경하고 격자 무늬가 있는 유리창 효과를 적용하여 보세요.

준비파일 | Sample)part03)p03-14-05~06.jpg

완성파일 | Artwork)part03)p03-14-05.psd

Hint 1. [File]-[Open] 명령으로 준비된 소스 파일들을 불러옵니다.

2. 먼저 창틀 이미지 창을 활성화하고 다각형 올가미 툴로 유리창을 선택한 후 Ctrl + Shift + I 를 눌러 선택 영역을 반전시킵니다.

3. 선택 영역으로 레이어 마스크를 적용한 후 Propertiese 패널의 Feather 값을 조절합니다.

4. 이번에는 Shift 를 누른 채 레고 이미지를 창틀 이미지 문서로 드래그한 후 창틀 레이어 아래에 배치합니다.

5. 레고 이미지 레이어가 선택된 상태에서 다시 다각형 올가미 툴로 유리창을 선택하고 레이어 마스크를 적용합니다. 이때 유리창 크기보다 약간 더 크게 선택 영역으로 지정하고 Propertiese 패널의 Feather 값을 조절합니다.

6. Layers 패널 하단의 [fx] 아이콘을 누르고 Inner Glow를 적용합니다.

7. 레고 이미지 레이어를 고급 개체 레이어로 전환하고 [Filter]-[Filter Gallery] 메뉴를 실행합니다. 필터 갤러리 대화상자가 나타나면 Distort-Glass 효과를 적용합니다.

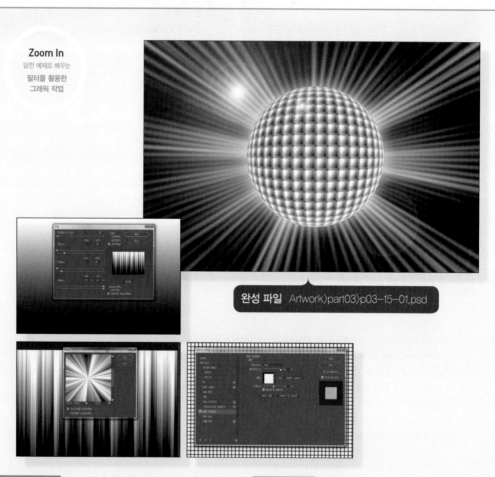

필터를 활용한 주목 효과와 유리볼 만들기

이전 학습에서 이미지에 회화적인 기법을 더하는 필터에 대해 학습했다면 이번 섹션에서는 픽셀을 불규칙 혹은 규칙적으로 왜곡시킨 후 기하학적 패턴을 만드는 필터에 대해 알아보겠습니다. 여러 필터를 중복 적용하면서 다채로운 효과를 연출할 수 있기 때문에 다양한 시도를 통해 자신만의 노하우를 만들어 봅시다.

Zoom In
알찬 예제로 배우는
필터를 활용한
그래픽 작업

완성 파일 Artwork〉part03〉p03-15-01.psd

Keypoint Tool

_ 왜곡 필터 이미지의 형태를 기하학적으로 왜곡합니다.

_ 렌더 필터 구름, 빛의 반사, 굴절 등의 패턴을 적용시키거나 조명을 추가합니다.

Knowhow

_ Alt+Delete 영역을 전경색으로 채웁니다.

_ Ctrl+Delete 영역을 배경색으로 채웁니다.

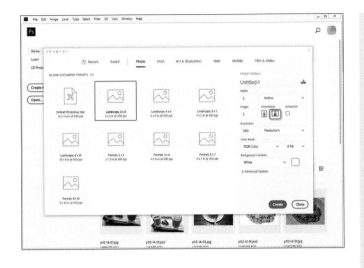

01 [File]-[Create New] 메뉴를 실행하고 폭이 넓은 문서를 새로 만듭니다.

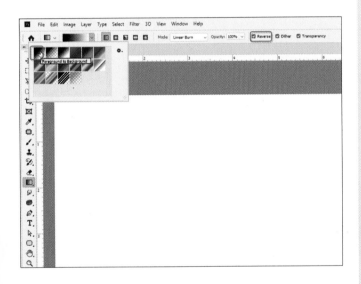

02 D를 눌러 전경색과 배경색을 기본 설정으로 만들고 그레이디언트 툴(■.)을 선택합니다. 그레이디언트 피커창에서 Foregound to Backgruond 사전 설정을 선택하고 Reverse에 체크합니다.

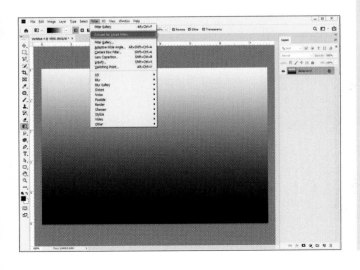

03 마우스 포인터를 위에서 아래로 드래그하여 그레이디언트를 적용합니다. 이때 검은색 비율을 더 많게 하기 위해 문서 위에서 하단 2/3지점까지 드래그합니다. [Filter]-[Convert for Smart Filters] 메뉴를 실행합니다.

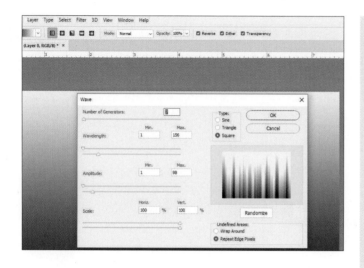

04 Background 레이어가 고급 개체 레이어로 변환된 것을 확인하고 [Filter]-[Distort]-[Wave] 메뉴를 실행합니다. Wave 대화상자가 나타나면 왼쪽 화면과 같이 설정한 후 [OK] 버튼을 클릭합니다.

강의노트 🖊

미리 보기 창 밑의 임의화 버튼을 클릭하면 파형의 형태가 랜덤으로 변경됩니다.

05 이번에는 [Filter]-[Distort]-[Polar Coordinates] 메뉴를 실행한 후 Rectangular to Polar로 설정하고 [OK] 버튼을 클릭합니다.

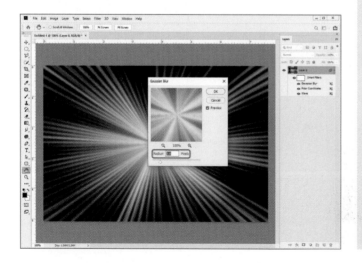

06 경계를 부드럽게 하기 위해 [Filter]-[Blur]-[Gaussian Blur] 메뉴를 실행하고 Radius 값을 적당히 적용합니다. 미리 보기 창을 확인하며 원하는 흐림 정도를 선택합니다.

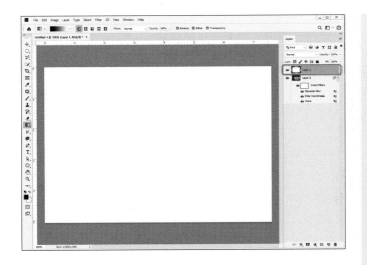

07 Layers 패널에서 새 레이어를 만든 후 [Ctrl] + [Delete]를 눌러 배경색으로 채웁니다.

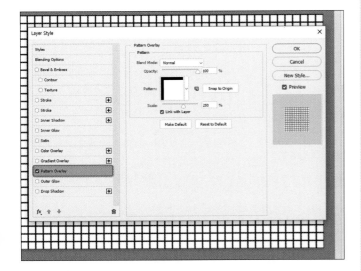

08 새로 만든 레이어를 더블 클릭하여 레이어 스타일 대화상자를 불러오고 패턴 오버레이를 선택합니다. Grid 1 패턴을 선택하고 Scale을 250%로 설정합니다.

강의노트 ✏️

만든 문서 크기에 따라 격자 비율을 조정합니다.

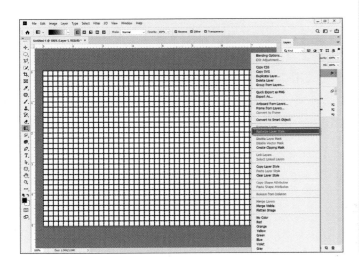

09 스타일이 적용된 레이어를 마우스 오른쪽 버튼으로 클릭한 후 Rasterize Layer Style을 선택합니다.

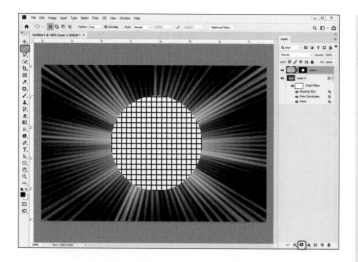

10 툴 패널에서 원형 선택 윤곽 툴
(○)을 선택합니다. Shift 를
누른 채 드래그하여 정원을 그리고
Layers 패널 하단의 □ 아이콘을 눌러
레이어에 마스크를 적용합니다.

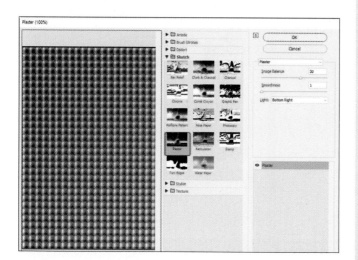

11 레이어 썸네일을 선택하고
[Filter]-[Filter Gallery] 메뉴를
실행하여 [Sketch]-[Plaster] 효과를
적용합니다.

강의노트 🖉

마스크 썸네일이 선택되어 있으면 마스크 영역
에 필터가 적용됩니다.

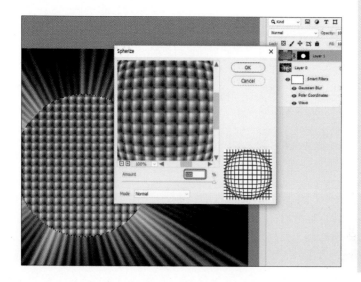

12 Ctrl 을 누른 채 마스크 썸네일
을 클릭하여 선택 영역을 만들고
[Filter]-[Distort]-[Spherize] 메뉴를
적용하면 이미지가 볼록하게 표현됩니
다.

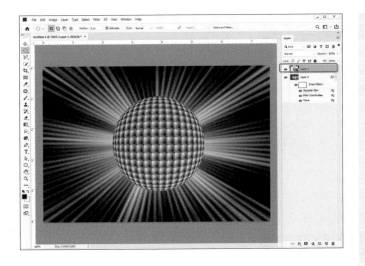

13 Ctrl + D 를 눌러 선택 영역을 해제하고 고급 개체 레이어로 변환합니다.

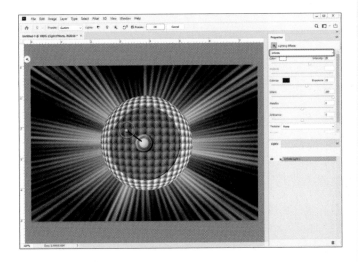

14 [Filter]-[Render]-[Lighting Effects] 메뉴를 실행하면 조명 작업 영역으로 화면이 전환됩니다. Infinite를 선택한 후 구의 조절봉을 움직여 광원 위치를 조정하고 옵션을 설정합니다. 옵션 막대의 [OK] 버튼을 클릭하면 조명이 적용됩니다.

15 이번에는 레이어를 더블 클릭하거나 패널 하단의 fx 아이콘을 누르고 Inner Glow를 선택합니다. 그림과 같이 옵션을 적용합니다.

16 Outer Glow에 체크하고 그림과 같이 옵션을 적용합니다.

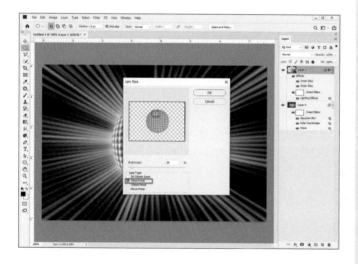

17 [Filter]-[Render]-[Lens Flare] 메뉴를 실행하고 반사되는 조명을 추가합니다. 미리 보기 창에서 조명 위치를 이동시킬 수 있습니다. 같은 방법으로 유리 볼에 반사 빛을 추가합니다.

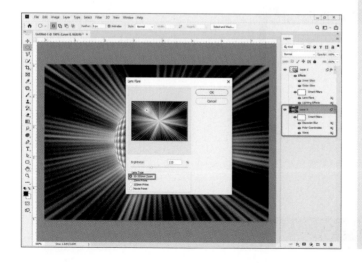

18 마지막으로 Layer 0 레이어를 선택하고 Lens Flare를 추가합니다.

 실전문제

01. 필터를 이용하여 심플한 초대장을 만들어 보세요.

완성파일 | Artwork〉part03〉
p03-15-02.psd

Hint 1. [File]-[Create New] 명령으로 새 문서를 만들고 배경 패턴으로 적용할
색을 전경색, 배경색은 흰색으로 지정합니다.
2. Background 레이어를 고급 개체 레이어로 전환한 후 [Filter]-[Filter
Gallery] 메뉴를 실행합니다. 스케치 효과의 Halftone Pattern을 선택하고
크기와 대비를 최댓값, 패턴 유형을 선으로 설정합니다.
3. [Filter]-[Distort]-[Wave] 메뉴를 실행한 후 유형을 Triangle로 설정하고
Number of Generators, Wavelength의 Min, Max를 조정합니다.
4. 이번에는 사각형 툴로 초대 문구를 넣을 상자를 그리고 Fill과 Stroke
서식을 지정합니다.
5. 새 레이어를 만들고 앞서 만든 사각형의 썸네일을 Ctrl 을 누른 채
클릭합니다. [Filter]-[Render]-[Picturee Prame] 메뉴를 실행하고 원하는
프레임을 선택합니다.
6. 마지막으로 수평 문자 툴로 초대 문구를 입력합니다.

02. 필터를 이용하여 반짝 반짝 빛나는 글리터 배경을 만들어 보세요.

완성파일 | Artwork〉part03〉p03-15-03.psd

Hint 1. [File]-[Create New] 명령으로 새 문서를 만들고 전경색과 배경색을 기본 설정으로 적용합니다.
2. Background 레이어를 고급 개체 레이어로 변환하고 [Filter]-[Filter Gallery] 메뉴를 실행합니다.
3. Texture의 Patchwork 효과를 적용하는데 정사각형 크기는 작게, 부조는 적용하지 않습니다.
4. 새 효과 레이어를 추가하고 Sketch 효과의 Plaster 효과를 적용합니다. 입체적인 느낌은 없고 불규칙한 입자
배열이 나타나도록 옵션을 조절합니다.
4. 다시 새 효과 레이어를 추가하고 Texture의 Patchwork 효과를 적용합니다. 정사각형 크기는 너무 크지 않도록
하고 부조는 적용하지 않습니다.
5. 새 레이어를 추가하고 [Select]-[Color Range] 메뉴를 실행합니다. 선택 항목을 샘플 색상으로 지정하고
이미지의 밝은 부분을 클릭한 후 허용량을 조절합니다. 빛에 반사되어 반짝이는 영역이므로 양이 너무 많지
않도록 합니다.
6. Alt + Delete 를 눌러 선택 영역을 흰색으로 채우고 Ctrl + D 를 눌러 선택 영역을 해제합니다.
7. 반짝이는 레이어는 Outer Glow 스타일을 적용하고 필터를 적용한 레이어는 Gradient Overlay 스타일을
적용합니다.

필터 이용하여 흔들린 사진 보정하고 주제 부각시키기

그동안 선명 효과 필터는 픽셀 깨짐이나 노이즈로 인해 흔들린 사진 보정 시 메인 기능 보다는 서브 기능으로 많이 사용되었습니다. 흐림 효과 필터에는 필드–흐림, 조리개 흐림, 기울기 이동 효과에 이어 경로 흐림, 회전 흐림 효과가 새롭게 추가되었습니다. 아웃포커싱이나 미니어처 효과 등의 흐림 스타일을 적용할 수 있는 흐림 효과는 흐림 효과 갤러리로 분리되어 결과물을 미리 확인하며 작업할 수 있습니다.

Zoom In
알찬 예제로 배우는
주제를 부각한
사진 보정

준비 파일 Sample〉part03〉p03-16-01.jpg
완성 파일 Artwork〉part03〉p03-16-01.psd

Keypoint Tool

_ 선명 효과 필터 인접한 픽셀의 대비를 높여 이미지를 선명하게 만듭니다.

_ 흐림 효과 필터 이미지를 흐리게 하여 전체 분위기를 부드럽게 바꿔줍니다.

Knowhow

_ Zoom In `Ctrl`+`+`를 누를 때마다 이미지를 확대합니다.

_ Zoom Out `Ctrl`+`-`를 누를 때마다 이미지를 축소합니다.

01 [File]-[Open] 메뉴를 실행하여 "Sample〉part03" 폴더 안의 "p03-16-01.jpg" 파일을 불러옵니다.

02 Backgruond 레이어를 고급 개체 레이어로 전환하고 돋보기 툴(🔍)로 무대의 두 사람이 잘 보이도록 확대합니다.

03 [Filter]-[Sharpen]-[Unsharp Mask] 메뉴를 실행하고 그림과 같이 옵션을 설정합니다.

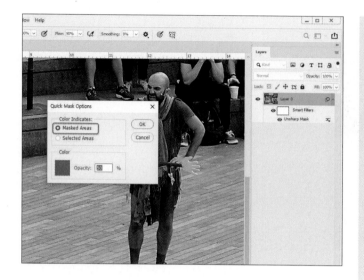

04 툴 패널 하단의 아이콘을 더블 클릭하여 빠른 마스크 옵션을 불러옵니다. 색상 표시 내용을 마스크 영역으로 설정합니다. 표준 모드가 빠른 마스크 모드로 전환되고 레이어에도 빨간색으로 표시가 됩니다.

05 전경색을 검은색으로 지정하고 브러시 툴( )로 배우를 칠하면 빨간색으로 표시됩니다. 삐져나간 곳은 흰색으로 칠하며 수정합니다.

06 선택을 완료한 후 툴 패널 하단의 아이콘을 누르면 브러시로 칠하지 않은 영역이 선택 영역으로 지정됩니다. 고급 필터의 마스크 썸네일을 클릭하고 Alt + Delete 를 눌러 선택 영역을 검은색으로 채운 후, Ctrl + D 로 선택을 해제합니다.

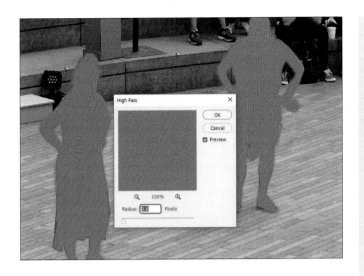

07 다시 레이어 썸네일를 선택하고 배우들의 윤곽선을 뚜렷하게 하기 위해 [Filter]-[Other]-[High Pass] 메뉴를 실행합니다. 반경을 최소 값에서부터 서서히 수치를 올려가며 뚜렷하고 가늘게 윤곽선이 나타나면 효과를 적용합니다.

08 Layers 패널에서 High Pass 오른쪽의 [fx]를 더블 클릭하고 모드를 Overlay로 설정합니다.

09 흐림 효과를 적용하기 위해 Ctrl+J를 눌러 레이어를 복제한 후 마우스 오른쪽 버튼으로 클릭하고 Convert to Smart Object를 선택합니다.

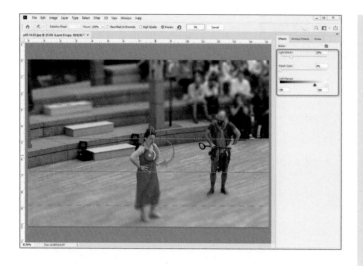

10 [Filter]-[Blur Gallery]-[Tilt Shift] 메뉴를 실행하면 흐림 효과 갤러리 작업 영역이 나타나고 이미지 위로 기본 설정이 적용된 흐림 효과 핀과 영역을 구분하는 선이 표시됩니다. 핀을 원하는 위치로 드래그하여 이동시키고 핸들로 흐림 효과 수치를 조정합니다.

11 강조하려는 영역에 맞춰 실선 영역과 기울기를 조정하고 흐림 효과가 점진적으로 적용되는 점선 영역도 조정합니다. 설정을 완료하면 Enter 를 클릭하거나 옵션 막대의 [OK] 버튼을 클릭합니다.

12 마지막으로 Layers 패널 하단의 ◑ 아이콘을 클릭하고 Levels 명령을 선택합니다. 이미지를 확인하며 밝기를 조정합니다.

보충수업 [Filter]-[Sharpen]-[Shake Reduction]

Shake Reduction 필터는 사진 촬영 시 선형 동작, 부채꼴 모양 동작, 회전 동작 및 지그재그 동작 등 여러 가지 유형의 흔들림으로 발생한 이미지 흐림 현상을 자동으로 분석하여 교정합니다. 다소 시간이 걸리지만 여러 단계의 작업 없이 흔들림을 보정할 수 있고 강한 대비나 재질이 적용된 영역에서 더욱 효과적입니다.

필터를 실행하면 흐림 효과 추정에 가장 적합한 영역에만 자동으로 흔들기 감소가 적용됩니다. 하나의 이미지지만 영역별로 흐림 모양이 다를 수 있기 때문에 고급의 아이콘을 클릭하여 흐림 효과 추정 영역을 추가하거나 흐림 효과 추정 도구로 드래그하여 영역을 추가합니다.

❶ 흐림 현상이 있는 영역을 수동으로 지정합니다.

❷ 흐림 추적의 방향 길이를 수동으로 지정합니다. 키보드의 ⬆나 ⬇ 키를 누르면 길이를 단계적으로 조정할 수 있습니다. Ctrl 을 누른 채 ⬆나 ⬇ 키를 누르면 각도가 조정됩니다.

❸ **Blur Trace Settings**

- Blur Trace Bounds : 선택한 흐림 효과 추적의 최대 테두리를 픽셀 단위로 설정합니다.
- Source Noise : 자동, 낮음, 중간, 높음 중 이미지의 노이즈 양을 설정합니다. 소스 이미지의 실제 노이즈 양과 설정이 같을 때 최상의 결과를 얻을 수 있습니다.
- Smoothing : 흔들림을 감소시킨 결과에서 빈도수가 높은 노이즈를 줄입니다.
- Artifact Suppression : 선명하게 하는 과정에서 보이는 가공물을 무시합니다. 100%에 가까울수록 원래 이미지로 돌아갑니다.

❹ **Advenced** : 흐림 효과 추적이 적용된 영역의 흐림 효과 모양과 정도가 표시됩니다.

- Show Blur Estimation Regions : 미리 보기에서 흐림 효과 추정 영역의 테두리를 숨기거나 표시합니다.

흔들기 감소 적용 전

흔들기 감소 적용 후

보충수업 [Filter]-[Blur Gallery]

Field Blur, Iris Blur, Tilt-Shift, Path Blur, Spin Blur가 추가되면서 Blur Gallery로 따로 구성되었습니다. Blur Gallery는 전체 크기의 실시간 미리 보기와 미리 보기 위로 오버레이 조절 기능이 제공되어 직관적인 효과 적용이 가능합니다.

- Field Blur : 핀을 꽂은 지점을 중심으로 흐림 효과를 적용합니다. 이미지 외부에 핀을 꽂아 모서리에 흐림 효과를 적용하거나 흐림 정도를 달리한 다중 흐림 효과를 적용할 수 있습니다.
- Iris Blur : 핀을 꽂으면 타원이나 둥근 사각형 모양 주변으로 흐림 효과를 적용합니다.
- Tilt-Shift : 기울기-이동 렌즈로 찍은 이미지를 만들어 미니어쳐 효과를 연출할 수 있습니다. 흐림 효과 영역 층과 흐림에서 선명해지는 영역, 선명 효과 영역을 정의합니다.
- Path Blur : 사용자가 자유롭게 그린 경로를 따라 이동하는 동작 흐림 효과를 적용합니다.
- Spin Blur : 핀을 꽂고 영역을 정의하면 팽이가 빙글 빙글 도는 것 같은 회전 흐림 효과를 적용합니다.

원본

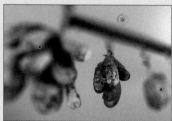

Field Blur

Iris Blur

Tilt-Shift

Path Blur

Spin Blur

- 동작 효과 : Motion Blur와 Radial Blur 적용 시 활성화되며 동작 상태에 있는 물체의 움직임 강도와 단계를 설정합니다.

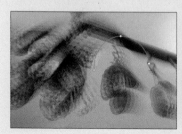

Motion Blur

Radial Blur

 실전문제

01. 필터를 이용하여 미니어처 효과를 적용하여 보세요.

준비파일 | Sample〉part03〉p03-16-02.jpg   **완성파일** | Artwork〉part03〉p03-16-02.jpg

Hint 1. [File]-[Open] 명령으로 준비된 소스 파일을 불러옵니다.
2. [Filter]-[Blur Gallery]-[Tilt-Shift] 메뉴를 선택합니다.
3. 흐림 효과 갤러리 작업 영역이 나타나면 미니어처 효과를 적용할 곳으로 핀을 이동하고 핸들로 흐림 정도를 조정합니다.
4. 기울기와 실선, 점선 영역을 조정한 후 옵션 막대의 [OK] 버튼을 클릭합니다.

02. 필터를 이용하여 이미지를 선명하게 보정하고 주제를 부각시켜 보세요.

준비파일 | Sample〉part03〉p03-16-03.jpg   **완성파일** | Artwork〉part03〉p03-16-03.psd

Hint 1. [File]-[Open] 명령으로 준비된 소스 파일을 불러옵니다.
2. Background 레이어를 고급 개체 레이어로 전환한 후 [Filter]-[Sharpen]-[Unsharp Mask]를 적용합니다.
3. Ctrl+J를 눌러 레이어를 복제한 후 레이어에 마스크를 적용합니다. 브러시 툴로 흔들린 영역을 칠해 선택 영역으로 지정합니다.
4. [Filter]-[Other]-[High Pass] 메뉴를 실행하고 High Pass의 혼합 모드를 Overlay로 설정합니다.
5. Ctrl+Shift+Alt+E를 눌러 화면에 보이는 이미지를 새 레이어로 만든 후 고급 개체 레이어로 전환하고 [Filter]-[Blur Gallery]-[Iris Blur] 명령을 적용합니다.

필터와 레이어 혼합 모드로 팝아트 이미지 만들기

친근하고 평범한 소재를 단순하고 강렬한 색채로 표현하거나 판화 기법으로 찍어내 망점이 그대로 노출되는 팝아트 효과는 필터 기능을 이용하여 쉽게 연출할 수 있습니다. 이미지의 명암을 단순화하고 면을 분할한 후 채도가 높은 색상으로 채색하는 걸로도 충분히 팝아트 느낌을 낼 수 있기 때문에 '꼭 이렇게 해야 합니다' 같은 정해진 방법은 없습니다. 이미지에 어떤 효과를 적용할지, 어떤 느낌을 표현하고자 하는지 고민하고 특징을 잡아낸 후 맞는 필터를 찾다보면 나만의 독특한 표현 기법을 찾아낼 수 있을 것입니다. 필터가 내는 효과와 순서에 대해 생각하며 예제를 따라해 보고 여러 가지 필터를 조합하여 같은 효과를 낼 수 있는 방법을 찾아봅시다.

Zoom In
알찬 예제로 배우는
평범한 사진을
특별하게…

준비 파일 Sample)part03)p03-17-01.jpg
완성 파일 Artwork)part03)p03-17-01.psd

Keypoint Tool

_ 픽셀화 필터 유사한 색상을 가진 픽셀들을 여러 가지 모양의 입자 형태로 표현합니다.

_ 그레이디언트 칠 레이어 레이어 전체를 그레이디언트로 채웁니다. 마스크 기능으로 칠 영역을 수정할 수 있습니다.

Knowhow

_ 작업 효율 Layers 패널뿐 아니라 채널, 패스의 썸네일도 Ctrl 을 누른 채 클릭하면 해당 내용이 선택됩니다.

01 [File]-[Open] 메뉴를 실행하여 "Sample〉part03" 폴더 안의 "p03-17-01.jpg" 파일을 불러옵니다.

02 Paths 패널에 저장된 작업 패스를 선택 영역으로 지정합니다. [Ctrl]을 누른 채 작업 패스 썸네일을 클릭하거나 패널 하단의 ⊙ 아이콘을 클릭합니다.

03 [Ctrl]+[J]를 세 번 눌러 선택 영역을 세 개 복제하고 두, 세 번째 레이어는 숨겨 놓습니다. 첫 번째 복제 레이어를 선택하고 조정 패널의 ▦ 아이콘을 클릭합니다.

04 Curves 조정 레이어가 생기면 아래 레이어에 클리핑 마스크 처리한 후 Properties 패널에서 곡선을 움직여 색조를 보정합니다. 색상 단계를 줄이기 위한 과정이므로 대비를 높입니다.

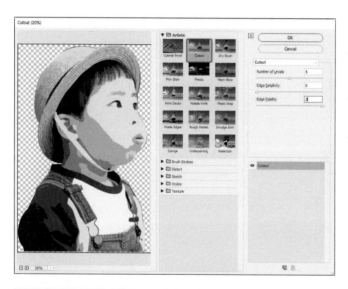

05 두 번째 복제 레이어의 눈 아이콘을 클릭하고 고급 개체로 변환합니다. [Filter]-[Filter Gallery] 메뉴를 실행하고 Artistic의 Cutout 효과를 적용합니다.

06 필터 갤러리 하단의 🖿 아이콘을 눌러 새 효과 레이어를 추가하고 Artistic의 Poster Edges 효과를 적용한 후 [OK] 버튼을 클릭합니다.

07 레이어의 혼합 모드를 Color Burn으로 설정한 후 곡선 조정 레이어를 추가합니다. 곡선을 움직여 원 색 느낌이 많이 나도록 조정합니다.

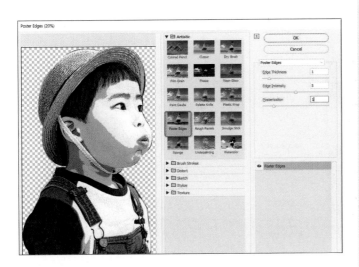

08 마지막 복제 레이어의 눈 아이콘 을 켜고 고급 개체 레이어로 변환 합니다. [Filter]–[Filter Gallery] 메뉴 를 실행한 후 Artistic의 Poster Edges 효과를 적용합니다.

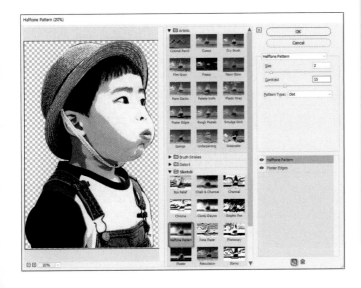

09 필터 갤러리 하단의 아이콘 을 눌러 새 효과 레이어를 추가하 고 Sketch의 Halftone Pattern 효과를 적용한 후 [OK] 버튼을 클릭합니다.

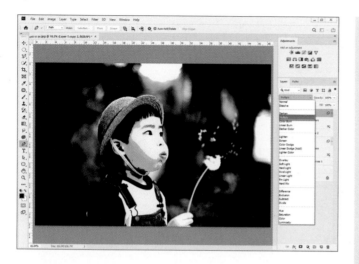

10 레이어의 혼합 모드를 Multiply
로 설정합니다.

11 Backgruond 레이어를 선택하고
패널 하단의 아이콘을 클릭
한 후 Gradient를 선택합니다.

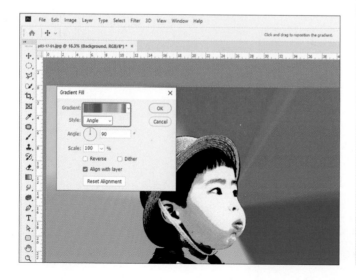

12 Gradient Fill 대화상자에서
Specturm 그레이디언트를 선택
하고 Style을 Angle로 설정합니다.

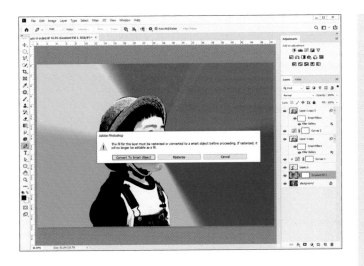

13 [Filter]-[Pixelate]-[Color Halftone] 메뉴를 실행하고 경고 창이 나타나면 고급 개체로 변환합니다.

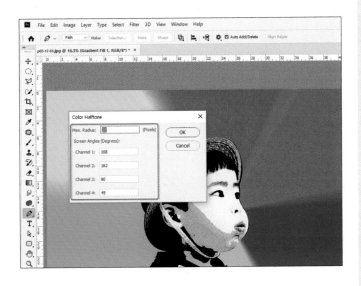

14 Color Halftone 옵션을 그림과 같이 설정한 후 [OK] 버튼을 클릭합니다.

15 색상 경계에서 다른 색상과 혼합 되는 정도에 따라 크고 작은 원으로 표현됩니다.

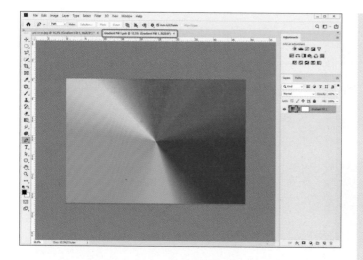

16 고급 개체로 변환했기 때문에 칠 레이어의 속성을 가지고 있습니다. 썸네일을 더블 클릭하면 그레이디언트 칠 파일이 따로 열리고 내용을 수정한 후 [File]-[Save] 메뉴를 실행하면 변경 사항이 현재 문서에 반영됩니다.

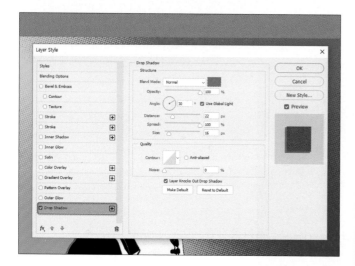

17 첫 번째 인물 레이어를 더블 클릭하고 그림과 같이 Drop Shadow 를 적용합니다.

18 Drop Shadow를 추가한 후 그림과 같이 옵션을 설정하고 [OK] 버튼을 클릭합니다.

실전문제

01. 준비된 이미지를 색상 하프톤 필터와 혼합 모드로 카툰 느낌이 나게 연출하고 말풍선을 그려 넣어 보세요.

준비파일 | Sample〉part03〉p03-17-02.jpg   **완성파일** | Artwork〉part03〉p03-17-02.psd

Hint 1. [File]-[Open] 명령으로 준비된 소스 파일을 불러옵니다.
　　2. Ctrl+J를 눌러 Background 레이어를 복제하고 빠른 마스크 모드로 전환합니다.
　　3. 가장자리가 부드러운 브러시로 스파이더맨을 포함한 선택 영역을 만들고 [Filter]-[Pixelate]-[Color Halftone]
　　　필터를 적용합니다.
　　4. 표준 모드로 돌아온 후 전경색을 채도가 높은 색으로 지정하고 Alt+Delete를 눌러 선택 영역을 채웁니다.
　　　레이어 혼합 모드는 Overlay로 설정합니다.
　　5. 선택 영역과 칠 색을 변경하면서 위의 2~4번 단계를 두 번 반복합니다.
　　6. 펜 툴로 흰 색의 말 풍선을 그리고 그림자 스타일을 적용합니다.
　　7. 수평 문자 툴로 텍스트를 입력하고 텍스트 뒤틀기로 부채꼴 모양을 만든 후 획 스타일을 적용합니다.

02. 레이어 혼합 모드, 필터 갤러리, 조정 레이어를 이용하여 준비된 이미지에 팝아트 효과를 적용하여 보세요.

준비파일 | Sample〉part03〉p03-17-03.jpg
완성파일 | Artwork〉part03〉p03-17-03.psd

Hint 1. Ctrl+J를 두 번 눌러 Background
　　　레이어를 두 개 복제합니다. 첫 번째 복제
　　　레이어를 선택하고 고급 개체로 변환합니다.
　　2. [Filter]-[Filter Gallery] 메뉴를 실행한 후
　　　Cutout, Palette Knife, Palette Knife, Paint
　　　Daubs 효과를 차례대로 적용합니다.
　　3. 곡선 조정 레이어를 첫 번째 복제 레이어
　　　위에 만들고 색조 대비를 증가시킵니다.
　　4. 두 번째 복제 레이어를 고급 개체로 변환한
　　　후 [Filter]-[Filter Gallery]를 실행합니다.
　　　Poster Edges, Half tone 효과를 차례대로
　　　적용한 후 [OK] 버튼을 클릭합니다. 혼합
　　　모드를 Overlay로 설정합니다.
　　5. Vibrance 조정 레이어를 두 번째 복제
　　　레이어 위에 만들고 채도를 증가시킵니다.

신기능 원근 뒤틀기로 간단하게 원근 조정하기

원근 뒤틀기 기능은 평면을 정의하는 레이아웃 모드와 정의된 평면의 원근을 조정하는 뒤틀기 모드로 구성되어 있습니다. 레이아웃에서 정의한 평면의 각 모서리를 독립적으로 조작할 수 있어 단일 이미지에서 다른 원근을 가질 수 있고 수정된 원근은 화면에 바로 적용되기 때문에 원근 조작이 한층 수월해졌습니다. 또한, 주위 영역에 영향을 주지 않고 이미지 특정 부분의 원근감을 조정합니다.

Zoom In
알찬 예제로 배우는
사진의 원근감
변경

준비 파일 Sample〉part03〉p03-18-01.jpg
완성 파일 Artwork〉part03〉p03-18-01.psd

Keypoint Tool

_ **원근 뒤틀기** 정의된 평면의 원근을 수정합니다. 빌딩같이 직선과 평면 표면을 가진 이미지에 효과적입니다.

_ **레이아웃 모드** 두 개 이상의 평면을 정의하는데 평면의 한 변을 다른 평면의 한 변에 스냅하여 모퉁이를 만듭니다.

Knowhow

_ **사양** 512MB 이상의 VRAM이 필요하며, 그래픽 프로세서 사용과 계산 속도 향상 항목이 활성화되어야 합니다.

_ **작업 효율** 평면을 정의할 때 평면의 가장자리가 건물의 직선과 평행하도록 합니다.

01 [파일]-[열기] 메뉴를 실행하여 "Sample〉part03" 폴더 안의 "p03-18-01.jpg" 파일을 불러옵니다.

02 [Edit]-[Perspective Wrap] 메뉴를 실행하고 건물 모서리 각이 진 부분에 맞춰 사각형 박스를 그립니다. 박스를 먼저 그리고 핀을 움직여 정확하게 맞출 것이므로 대충 그려도 됩니다.

03 각 모서리의 핀을 클릭, 드래그하여 평면으로 정의할 영역을 수정합니다. 평면을 정의할 때 이미지의 직선과 평행하도록 합니다.

04 이번에는 오른쪽 측면을 정의하기로 합니다. 앞서 그린 평면 옆에 박스를 그리면 파란색 면이 스냅되어 평면이 추가됩니다.

강의노트 🖉

오른쪽 평면은 둘로 나누어 정의합니다.

05 원근 뒤틀기가 적용될 대상이 평면 안에 포함되어야 하기 때문에 평면을 확장시킵니다. 그림과 같이 선분을 이동시키면 이어진 선분들이 같이 움직입니다.

06 동일한 방법으로 오른쪽 남은 영역과 왼쪽 영역도 이미지의 직선과 수평을 유지하며 평면으로 정의합니다.

07 옵션 막대의 Wrap 모드를 클릭하면 모든 핀이 검은색으로 변하고 평면의 삼등분 선이 사라집니다.

08 Shift를 누른 채 선분을 클릭하면 클릭한 선분이 노란색으로 변하며 똑바르게 하기가 적용됩니다.

강의노트 🖉

Shift를 누른 채 다시 클릭하면 똑바르게 하기가 취소됩니다. 똑바르게 하기는 원근이 조정되는 중에도 유지됩니다.

09 원근을 조정하다보면 창문 수평이나 가운데 기둥의 굵기 등과 같이 맞지 않는 부분이 나타날 수 있습니다.

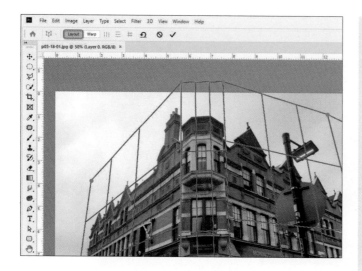

10 이럴 땐 다시 Layout 모드로 돌아가 핀의 위치를 수정합니다. 수정된 핀의 위치는 앞서 조정한 원근에 반영됩니다.

11 Wrap 모드에서 양 옆으로 핀을 이동시켜 여백을 최대한 없애고 어색한 부분의 원근을 수정합니다. 옵션 막대의 [OK] 버튼을 클릭하면 원근 뒤틀기가 적용됩니다.

강의노트 ✏️

원근 뒤틀기가 적용되면 Background 레이어는 일반 레이어로 변환됩니다.

12 하늘의 빈 공간을 선택 영역으로 지정하고 Shift + F5 를 눌러 내용 인식 채우기를 실행합니다. 마지막으로 Ctrl + L 을 눌러 Levels 명령으로 명도를 조절하며 작업을 마무리합니다.

실전문제

01. 원근 뒤틀기 기능으로 주어진 이미지의 왜곡된 원근을 바로 잡아 보세요.

준비파일 | Sample〉part03〉p03-18-02.jpg

완성파일 | Artwork〉part03〉p03-18-02.psd

Hint 1. [File]-[Open] 명령으로 준비된 소스 파일을 불러옵니다.
    2. [Edit]-[Perspective Wrap] 명령을 실행한 후 건물 외곽에 맞춰 사각형 박스를 만듭니다.
    3. 사각형 박스 하단 근처에서 다시 박스를 만들어 두 평면을 스냅시킵니다. 핀을 움직여 동상이 있는 단과
     평행이 되도록 박스를 수정합니다.
    4. 옵션 막대에서 Wrap 모드로 전환한 후 수직선 근처에서 자동으로 똑바르게 하기 아이콘을 클릭합니다.
    5. [Shift]를 누른 채 수평선을 클릭하여 똑바르게 합니다. 원근 조정을 완료하면 [OK] 버튼을 클릭합니다.

02. 준비된 이미지의 원근감을 강조하여 보세요.

준비파일 | Sample〉part03〉p03-18-03.jpg

완성파일 | Artwork〉part03〉p03-18-03.psd

Hint 1. [File]-[Open] 명령으로 준비된 소스 파일을 불러옵니다.
    2. [Edit]-[Perspective Wrap] 명령을 실행한 후 성당 이미지의 직선에 맞춰 사각형 박스를 만듭니다.
    3. Wrap 모드로 전환한 후 [Shift]를 누른 채 위, 아래 가로선을 클릭합니다.
    4. 상단의 좌우 핀을 중심부로 이동시켜 원근감을 극대화 시킨 후 [OK] 버튼을 클릭합니다.
    5. 자르기 툴로 캔버스 크기를 조정하고 성당 이미지에 맞춰 자르기를 실행합니다.
    6. 다각형 올가미 툴로 성당의 양 옆 영역을 선택하고 복제 도장 툴로 배경을 정리합니다.

새로워진 픽셀 유동화 기능으로 웃는 얼굴 만들기

픽셀을 밀어 자연스럽게 눈을 크게 키우거나 두꺼운 다리를 가늘게 만드는 등 인물 보정에 많이 사용되던 픽셀 유동화 기능이 강화되었습니다. 얼굴 인식 기능과 눈 기울기, 미소, 얼굴 너비, 턱 높이 등의 세부 항목이 추가되어 일정 수치 안에서 빠르고 자연스러운 보정이 가능해졌습니다. 예제를 통해 굳게 경직된 얼굴도 클릭 몇 번이면 미소 띈 얼굴로 만들 수 있는 픽셀 유동화 기능에 대해 학습해 봅시다.

Zoom In
알찬 예제로 배우는
픽셀 유동화로
표정 만들기

준비 파일 Sample〉part03〉p03-19-01.jpg
완성 파일 Artwork〉part03〉p03-19-01.psd

Keypoint Tool

_ 매끄럽게 도구 브러시 중심에서 가장자리로 갈수록 점차 복구 강도가 약해져 변형된 픽셀과 자연스럽게 이어지도록 합니다.

_ 얼굴 도구 얼굴형과 눈, 코, 입을 자동으로 식별하여 쉽게 보정할 수 있습니다.

Knowhow

_ 그래픽 프로세서 사용 얼굴 인식 픽셀 유동화 기능 사용을 위한 필수 요건입니다. [Edit]-[Preference]-[Performance] 메뉴에서 설정합니다.

_ 작업 효율 이미지를 보정할 때 전체 화면을 확인해가며 조금씩 손을 봐야 자연스러운 결과물을 만들 수 있습니다.

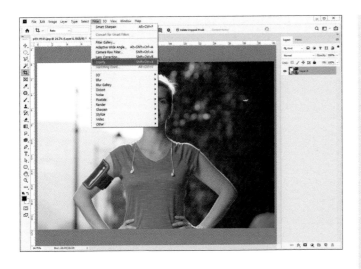

01 [File]-[Open] 메뉴를 실행하여 "Sample>part03" 폴더 안의 "p03-19-01.jpg" 파일을 불러옵니다. Backgruond 레이어를 고급 개체 레이어로 변환하고 [Filter]-[Liquify] 메뉴를 실행합니다.

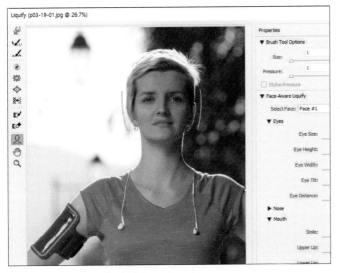

02 왼쪽의 도구 모음에서 얼굴 툴(☺)를 선택하면 얼굴 주변에 하얀색 라인이 표시됩니다. 이 하얀색 라인까지의 픽셀을 움직여 자연스럽게 형태가 변경됩니다.

03 우선 돋보기 툴(🔍)로 얼굴을 확대하고 다시 얼굴 툴(☺)을 선택합니다. 커서를 얼굴 가까이 가져가면 얼굴형을 변형할 수 있는 윤곽선과 조절점이 나타납니다.

아래에서 위로 찍은 느낌을 없애기 위해 이마와 턱을 높이면 얼굴형 뿐만 아니라 얼굴 주변의 픽셀도 자연스럽게 이동되면서 오른쪽 Properties 영역의 Face-Aware Liquify 항목에 반영됩니다.

얼굴형의 변화를 보면서 천천히 변경합니다.

좀 더 갸름한 얼굴형이 되도록 얼굴 너비와 턱선도 조절합니다.

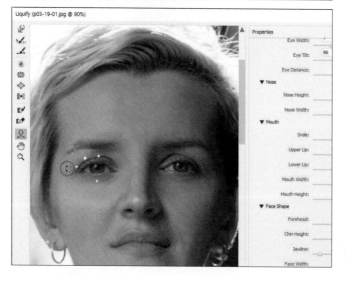

이목구비 변형을 위해 이미지를 좀 더 확대하고 눈으로 마우스 포인터를 가져갑니다. 눈의 기울기를 변경하여 쳐진 눈을 보정하고 눈의 너비와 높이를 왼쪽, 오른쪽 각각 변경하여 크기를 맞춰줍니다.

07 이번에는 입술의 너비와 입꼬리 각도, 입술 두께를 조절하여 웃고 있는 표정을 만듭니다.

강의노트 🖉

Ctrl + Z 과 Ctrl + Alt + Z 을 누르면 실행 을 취소할 수 있습니다. 얼굴 보정을 모두 취소 하고 싶을 때는 얼굴 선택 옆의 [재설정] 버튼을 클릭합니다.

08 이번에는 [Filter]-[Camera Raw Filter] 메뉴를 선택합니다. 흰색 균형과 노출을 자동으로 보정하고 Dehaze와 Vibrance의 수치를 변경한 후 [OK] 버튼을 클릭합니다.

09 마지막으로 선명도를 높이고 노 이즈를 감소시키기 위해 [Filt er]- [Sharpen]-[Smart Shar pen] 메 뉴를 실행합니다. 그림과 같이 옵션을 설정하고 적용하여 작업을 마무리합니 다.

보충수업 Liquify

❶ **Forward Warp Tool** : 드래그 방향으로 픽셀을 연장합니다.

❷ **Reconstruct Tool** : 브러시 영역에 포함된 모든 변형 픽셀을 원래대로 복구합니다.

❸ **Smooth Tool** : 브러시 중심을 기준으로 점차 복구 강도가 약해져 변형된 픽셀과 자연스럽게 이어지도록 합니다. 재구성 툴과 매끄럽게 툴은 에어브러시 속성을 갖고 있습니다.

❹ **Twirl Clockwise Tool** : 시계 방향이나 시계 반대 방향으로 회전시키며 에어브러시 속성을 갖습니다.

❺ **Pucker Tool** : 브러시 영역을 축소시키면서 브러시 밖 영역과 연결된 브러시 가장자리 픽셀을 연장시킵니다. 에어브러시 속성을 갖습니다.

❻ **Bloat Tool** : 브러시 영역을 확대시키면서 브러시 밖 영역과 연결된 브러시 가장자리 픽셀을 축소시킵니다. 에어브러시 속성을 갖습니다.

❼ **Push Left Tool** : 드래그 영역의 왼쪽 픽셀을 오른쪽으로 연장시킵니다.

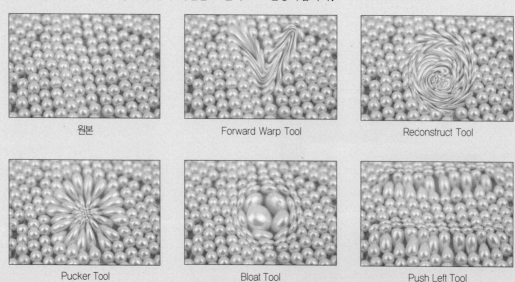

원본	Forward Warp Tool	Reconstruct Tool
Pucker Tool	Bloat Tool	Push Left Tool

❽ **Freeze Mask Tool** : 드래그 영역을 마스크로 지정하여 이미지를 보호합니다.

❾ **Thaw Mask Tool** : 마스크 영역을 해제합니다.

❿ **Face Tool** : 이미지에서 얼굴을 자동으로 인식하고 인식된 얼굴형과 눈, 코, 입 위로 윤곽선과 조절점이 표시되어 즉각적인 수정이 가능합니다. 양 눈을 개별적으로 수정할 수 있고 얼굴형과 이목구비 주변 픽셀도 함께 수정이 가능하기 때문에 이전보다 훨씬 빠르고 쉽게 얼굴 보정이 가능합니다. 단, 얼굴 툴로 수정된 픽셀은 재구성 툴로 복구할 수 없습니다.

인식된 얼굴은 Face-Aware Liquify 옵션의 얼굴 선택에 등록됩니다. 여러 명이 찍힌 단체 사진일 땐 인식된 얼굴이 모두 등록되고 얼굴별로 선택하여 보정할 수 있습니다.

왼쪽 사진처럼 얼굴형과 이목구비가 확실히 나오지 않으면 선명하고 크게 찍혀도 얼굴 인식이 되지 않습니다.

실전문제

01. 픽셀 유동화 기능으로 그림 속 인물의 표정을 웃는 표정으로 바꾸고 모자 장식을 부풀려 보세요.

준비파일 | Sample〉part03〉p03-19-02.jpg

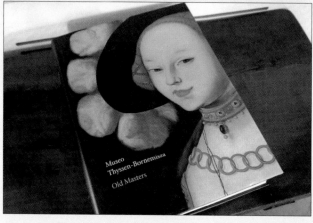

완성파일 | Artwork〉part03〉p03-19-02.psd

Hint 1. [File]-[Open] 명령으로 준비된 소스 파일을 불러온 후 Background 레이어를 고급 개체 레이어로 변환합니다.

2. [Filter]-[Liqufy] 메뉴를 실행합니다. Face Tool을 선택하고 Properties 영역의 보기 옵션에서 얼굴 오버레이 표시에 체크합니다.

3. Face-Aware Liquify 항목의 수치를 조정하거나 미리 보기 창에서 얼굴 인식 오버레이를 움직여 표정과 얼굴형을 수정합니다.

4. 돋보기 툴로 눈을 확대하고 웃는 눈 꼬리를 만들기 위해 마스크 고정 툴로 눈꺼풀을 선택합니다. 시계 방향 돌리기 툴로 **Alt** 를 누른 채 눈 밑을 클릭하면 눈꼬리가 자연스럽게 위로 살짝 올라갑니다. 마스크 고정 해제 도구로 선택 영역을 드래그합니다.

5. 이번에는 반대로 눈 밑을 선택 영역으로 지정하고 뒤틀기 툴을 선택합니다. 눈꺼풀을 위로 올려 눈 크기를 키우고 브러시 크기를 작게 조정한 후 눈꼬리를 살짝 연장합니다. [OK] 버튼을 클릭합니다.

6. 추가 보정을 위해 다각형 올가미 툴로 책 표지를 선택 영역으로 지정합니다.

7. 다시 [Filter]-[Liqufy] 메뉴를 실행하고 뒤틀기 툴을 선택합니다. 얼굴을 수정하면서 생긴 책의 오른쪽 가장자리를 바깥쪽으로 드래그합니다.

8. 이번에는 모자 장식을 바깥쪽으로 드래그하면서 픽셀을 연장하고 블록 툴로 장식의 끝부분을 부풀립니다.

9. 재구성 도구로 울퉁불퉁해진 책의 가장자리를 정리한 후 [OK] 버튼을 눌러 변형을 완료합니다.

실전문제

02. 픽셀 유동화 기능으로 컵의 모양을 자연스럽게 바꿔 보세요.

준비파일 | Sample〉part03〉p03-19-03.jpg

완성파일 | Artwork〉part03〉p03-19-03.psd

Hint 1. [File]-[Open] 명령으로 준비된 소스 파일을 불러온 후 Background 레이어를 고급 개체 레이어로 변환합니다.
2. [Filter]-[Liqutfy] 메뉴를 실행하고 Freeze Mask Tool을 이용하여 감자칩이 든 바구니를 선택 영역으로 지정합니다.
3. Foward Warp Tool을 선택한 후 오른쪽 Properties 영역의 브러시 툴 옵션에서 Pin Edge 항목에 체크합니다.
4. 브러시 크기를 조정하고 왼쪽 컵의 하단을 잘록하게, 상단을 볼록하게 변형합니다. Recontruct Tool과 Smooth Tool로 나무결과 바구니가 있던 픽셀 자리를 정리합니다.
5. 다시 마스크 고정 툴을 선택하고 왼쪽 컵을 선택 영역에 추가합니다.
6. 왼쪽 컵과 마찬가지로 Foward Warp Tool을 이용하여 오른쪽 컵도 하단은 잘록하게, 상단은 볼록하게 변형합니다. 일그러진 나무결은 Recontruct Tool과 Smooth Tool로 수정합니다.
7. 좀 더 자연스럽게 표현하기 위해 Thaw Mask Tool로 선택 영역을 해제하고 오목 툴을 선택합니다. 브러시 크기를 크게 조정한 후 컵의 하단을 클릭한 채로 있습니다. 변형 정도를 확인해가며 적당한 순간에 마우스에서 손을 뗍니다.
8. 컵의 상단은 Bloat Tool로 로고있는 부분을 클릭하고 적당한 순간까지 클릭한 상태를 유지합니다. 나머지 컵도 같은 방법으로 모양을 변형합니다.
9. Recontruct Tool과 Smooth Tool로 컵 입구와 주변을 정리합니다.

변형 메뉴로 모양에 맞춰 이미지 합성하기

원래 그 자리에 있었던 것처럼 자연스럽게 이미지를 합성할 때 가장 먼저 해야 할 것은 합성할 개체들의 구도와 모양을 맞추는 것입니다. 이렇게 모양을 변형해야 할 때 단축키 Ctrl+T를 눌러 했던 자유 변형 기능 외에 [Edit] 메뉴에는 비율이면 비율, 기울기면 기울기 등 선택한 명령의 변형만 가능한 메뉴가 있습니다. 바운딩 박스의 조절점을 움직여 모양을 변형하는 자유 변형 기능과 유사하며, 가로로 뒤집기, 180° 회전하기 등의 단순 기능과 바운딩 박스를 9등분 하고 자유롭게 변형하는 뒤틀기 기능은 자주 사용하게 되는 메뉴이므로 숙지해두는 것이 좋습니다.

Zoom In
알찬 예제로 배우는
**감쪽같이 원하는
오브젝트 합성**

준비 파일 Sample〉part03〉p03-20-01.jpg
완성 파일 Artwork〉part03〉p03-20-01.psd

Keypoint Tool

_ Drop Shadow 자연스러운 그림자 효과를 적용합니다.
_ 레이어 만들기 Layers 패널에서 효과 이름을 마우스 오른쪽 버튼으로 클릭하고 메뉴를 실행하면 효과 내용을 새 레이어로 만듭니다.

Knowhow

_ 눈금자 & 안내선 디자인 작업 시 기준선을 잡아주고 작업하면 보다 정돈된 결과물을 만들 수 있습니다. 눈금자를 표시하고 눈금자를 원하는 곳으로 드래그 & 드롭하면 안내선이 생성됩니다.

01 [파일]-[열기] 메뉴를 실행하여 "Sample〉part03" 폴더 안의 "p03-20-01.jpg" 파일을 불러옵니다.

02 빠른 선택 툴(🖌)로 아래쪽 스티커를 드래그하여 선택한 후 Ctrl+J를 눌러 새 레이어에 붙여 넣습니다.

03 변형할 때 사용할 기준선을 만들기 위해 Ctrl+R을 누릅니다. 눈금자가 표시되면 세로, 가로 눈금자를 드래그 & 드롭합니다.

04 [Edit]-[Transform]-[Rotate] 메뉴를 실행하면 바운딩 박스가 나타납니다. 컵 중앙으로 스티커를 이동시킨 후 스티커 가로선과 수평 안내선이 일치하도록 박스를 회전시킵니다.

05 바운딩 박스가 실행된 상태에서 [Edit]-[Transform]-[Skew] 메뉴를 선택합니다. 조절점을 이동시키며 찌그러진 모양을 바로 잡은 후 Enter 를 눌러 변형을 완료합니다.

강의노트 🖋

모양 변형 중 Ctrl 을 누른 채 안내선에 커서를 가져가면 안내선을 이동시킬 수 있습니다.

06 이번엔 컵 모양에 맞춰 모양을 변형하기 위해 [Edit]-[Transform]-[Warp] 메뉴를 실행합니다. 원기둥 형태에 맞춰 조절점과 핸들을 움직여 이미지를 변형시킵니다.

07 바운딩 박스가 실행된 상태에서 [Edit]-[Transform]-[Perspective] 메뉴를 선택한 후 윗부분의 원근을 수정합니다. 옵션 막대의 [OK] 버튼이나 Enter 를 눌러 변형을 완료합니다.

08 다음은 컵에 그림자를 적용하기 위해 Background 레이어를 선택한 후 펜 툴로 컵의 가장자리를 따라 패스를 만듭니다.

강의노트 🖉

[보기]-[표시자] 메뉴의 체크를 해제하면 안내선을 숨길 수 있습니다.

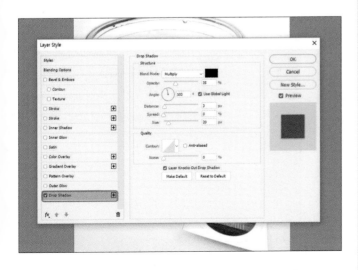

09 패스를 선택 영역으로 전환한 후 Ctrl + J 를 눌러 새 레이어에 붙여 넣습니다. 붙여 넣은 새 레이어를 더블 클릭하고 Drop Shadow 스타일을 적용합니다.

10 스타일이 적용되면 Layers 패널에서 레이어에 적용된 효과를 마우스 오른쪽 버튼으로 클릭하고 Create Layer를 선택합니다.

11 적용했던 스타일이 새 레이어로 분리된 것을 확인하고 [Edit]-[Transform]-[Perspective] 메뉴를 실행합니다. 바운딩 박스의 조절점을 드래그하여 그림자의 원근을 수정합니다.

12 바운딩 박스가 실행된 상태에서 [Edit]-[Transform]-[Scale] 메뉴를 선택하여 크기를 조정합니다. 변형을 완료하면 Enter 를 클릭합니다.

보충수업 [Edit]–[Transform] 메뉴

메뉴를 실행하면 바운딩 박스가 나타나 조절점이나 핸들을 움직여 변형합니다. 모든 변형이 가능한 [Edit]–[Free Transform]과는 달리 특정 변형 기능만을 선택하여 사용합니다.

원본

Scale

Rotate

Skew

Distort

Perspective

Wrap

Rotate180°

Rotate 90° Clockwise

Rotate 90° Counter Clockwise

Flip Horizontal

Flip Vertical

❶ **Scale** : 이미지의 크기를 조절합니다.

❷ **Rotate** : 이미지를 각도를 조절합니다.

❸ **Skew** : 이미지의 기울기를 조절합니다.

❹ **Distort** : 바운딩 박스의 모든 조절점을 움직여 형체를 왜곡합니다.

❺ **Perspective** : 이미지의 원근감을 조절합니다.

❻ **Warp** : 이미지를 9등분하고 조절점이나 등분 선, 영역을 움직여 자유롭게 변형합니다.

❼ **Rotate 180도** : 이미지를 180도 회전시킵니다.

❽ **Rotate 90° Clockwise** : 이미지를 시계 방향으로 90° 회전시킵니다.

❾ **Rotate 90° Counter Clockwise** : 이미지를 반시계 방향으로 90° 회전시킵니다.

❿ **Filp Horizontal** : 이미지를 수평으로 반사시킵니다.

⓫ **Filp Vertical** : 이미지를 수직으로 반사시킵니다.

실전문제

01. [Edit]-[Transform] 메뉴로 이미지 모양을 변형하여 플랫카드를 기둥에 게시해 보세요.

준비파일 | Sample〉part03〉p03-20-02~03.jpg   **완성파일** | Artwork〉part03〉p03-20-03.psd

Hint 1. [File]-[Open] 명령으로 준비된 소스 파일들을 불러온 후 배너 이미지를 기둥 이미지로 드래그합니다.
2. [Edit]-[Transform]-[Scale] 메뉴를 실행하고 기둥 크기에 맞춰 크기를 조절합니다.
3. 바운딩 박스가 실행된 상태에서 [Edit]-[Transform]-[Perspective] 메뉴를 선택합니다. 배너 하단의 조절점을
   드래그하여 원근을 수정합니다.
4. 동일한 방법으로 [Edit]-[Transform]-[Warp] 메뉴를 선택하고 기둥에 맞춰 배너를 둥글게 왜곡합니다.
5. 변형이 완료되면 Enter 를 누르고 Inner Shadow 스타일과 Shadow 효과 스타일을 적용합니다.

02. [Edit]-[Transform] 메뉴로 조형물에 그림자를 적용해 보세요.

준비파일 | Sample〉part03〉p03-20-04.jpg   **완성파일** | Artwork〉part03〉p03-20-04.psd

Hint 1. [File]-[Open] 명령으로 준비된 소스 파일을 불러온 후 다각형 올가미 툴로 조형물을 선택 영역으로 지정합니다.
2. Ctrl + J 를 눌러 새 레이어에 붙여 넣은 후 더블 클릭하고 Drop Shadow 스타일을 적용합니다.
3. Layers 패널에서 적용된 효과를 마우스 오른쪽 버튼으로 클릭하고 Create Layer를 선택합니다.
4. 사각형 선택 윤곽 도툴로 바닥과 창틀에 생기는 그림자로 영역을 나누어 각각 선택하고 [Edit]-[Transform]
   메뉴로 기울기 및 크기를 조정합니다.

 실전문제

03. 변형 기능과 마스크 기능을 이용하여 입체적인 이미지를 만들어 보세요.

준비파일 | Sample〉part03〉p03-20-05.jpg

완성파일 | Artwork〉part03〉p03-20-05.psd

Hint 1. [File]-[Open] 명령으로 준비된 소스 파일을 불러옵니다.

2. 펜 툴로 스탠드를 선택 영역으로 지정한 후 [Ctrl]+[J]를 눌러 복제합니다.

3. Backgruond 레이어를 선택하고 [Ctrl]+[J]를 눌러 복제한 후 사각형 선택 윤곽 툴로 선택 영역을 만듭니다.

4. [Select]-[Transform Selection] 메뉴로 바운딩 박스를 표시하고 [Edit]-[Transform] 메뉴로 선택 영역 모양을 변형합니다.

5. 변형을 완료하면 Layers 패널 하단의 ◇ 아이콘을 눌러 마스크를 적용하고 Stroke와 Shadow 스타일을 적용합니다.

6. Backgruond 레이어를 선택하고 [Image]-[Adjustments]-[Black & White] 메뉴를 실행합니다.

7. 레벨 조정 레이어를 추가하고 배경을 좀 더 어둡게 표현합니다.

퍼펫 뒤틀기 기능으로
포즈 변경하기

Photoshop에는 선택 영역이나 이미지를 변형할 수 있는 여러 가지 방법이 있습니다. 그중 퍼펫 뒤틀기는 대상을 삼각형으로 분할하여 메시를 만들고 특정 혹은 전체 영역을 왜곡하는 기능입니다. 예를 들어, 인형이나 사람을 배경에서 분리하고 포즈를 바꾸거나 광각 이미지 또는 텍스처 맵을 뒤틀어 왜곡을 바로잡을 수도 있습니다.

이번 예제는 조형물을 배경에서 분리하고 조형물의 형태를 바꾸는 일련의 과정으로, 예제를 따라 해보며 퍼펫 뒤틀기 기능을 익히고 기본 기능 활용법을 연습해 봅시다.

Zoom In
알찬 예제로 배우는
**퍼펫 뒤틀기
활용**

준비 파일 Sample〉part03〉p03-21-01.jpg
완성 파일 Artwork〉part03〉p03-21-01.psd

Keypoint Tool

_ 퍼펫 뒤틀기 그래픽, 텍스트 또는 이미지를 잘게 쪼개고 기준점을 만들어 특정 형태로 왜곡합니다.

_ 고정핀 핀을 꽂아 메시가 변형되지 않도록 고정하거나 메시를 이동시켜 변형합니다.

Knowhow

_ 작업 효율 대상을 선택할 때 한 가지 도구만 고집하기보다 여러 도구를 사용하면 더욱 효율적으로 선택 영역을 지정할 수 있습니다.

_ 메시 메시를 촘촘하게 설정하면 정밀도는 높아지지만 처리 시간이 길어집니다.

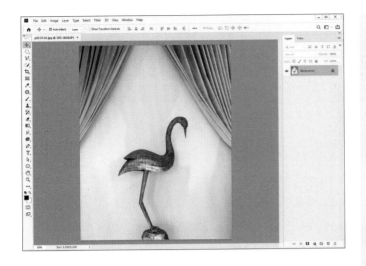

[File]-[Open] 메뉴를 실행하여 "Sample〉part03" 폴더 안의 "p03-21-01.jpg" 파일을 불러옵니다.

02 빠른 선택 툴( )로 조형물을 드래그하여 선택하고 매끄럽지 않은 부분은 다각형 올가미 툴( )로 다듬습니다.

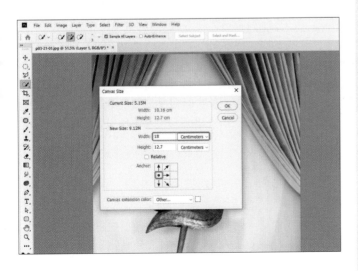

03 Ctrl+J를 눌러 선택 영역을 복제한 후 [Image]-[Canvas Size] 메뉴를 실행합니다. 대화상자에서 Width를 18cm로 변경하고 기준을 왼쪽 중앙으로 설정합니다.

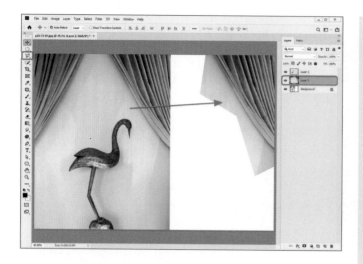

04 이번에는 Backgruond 레이어를 선택하고 다각형 올가미 툴(▷.) 로 오른쪽 커튼을 러프하게 선택합니다. [Ctrl]+[J]를 눌러 새 레이어로 붙여 놓고 오른쪽 끝으로 이동시킵니다.

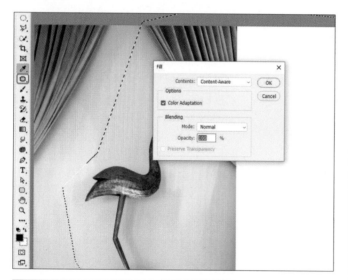

05 Backgruond 레이어를 제외한 나머지 레이어를 숨기고 다시 Backgruond 레이어를 선택합니다. 왼쪽 커튼을 제외한 영역을 러프하게 선택한 후 [Shift]+[F5]를 누르고 선택 영역을 Content-Aware으로 채웁니다. 내용 인식으로 채워진 영역의 부자연스러운 부분은 패치 툴(◉.)로 수정합니다.

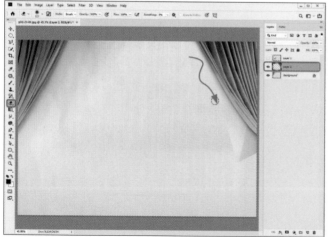

06 오른쪽 커튼을 붙여놓은 레이어를 선택하고 눈 아이콘을 클릭합니다. 지우개 툴(◆.)의 브러시 가장자리를 부드럽게 설정하고 배경과 합성한 티가 많이 나는 부분을 지워 줍니다.

07 이동 툴(⊕)을 선택하고 조형물 레이어를 선택합니다. 조형물 레이어의 눈 아이콘을 클릭한 후 Alt + Shift 를 누른 채 오른쪽으로 드래그하여 조형물을 복제합니다. 한 번 더 드래그하여 총 3개의 조형물이 되도록 합니다.

08 가장 왼쪽의 조형물 레이어를 선택하고 [Edit]-[Puppet Warp] 메뉴를 실행합니다. 이미지가 여러 개의 삼각형으로 쪼개진 메시 형태로 변합니다. 이미지 하단을 클릭하면 핀이 생깁니다.

강의노트 ✏️

핀은 메시가 변형되지 않도록 고정 시키거나 메시를 이동시켜 변형하는 용도입니다. ESC 를 누르면 Puppet Warp이 해제됩니다.

09 모양을 고정시킬 다리와 몸통, 몸통과 목의 경계를 클릭해 핀을 만듭니다. 이번에는 자세를 변경하기 위해 머리를 클릭하고 왼쪽으로 드래그하면 머리가 뒤로 이동하면서 목이 자연스럽게 구부러집니다. 키보드의 Enter 를 누르거나 옵션 막대의 [OK] 버튼을 클릭합니다.

강의노트 ✏️

Alt 를 누른 채 핀을 클릭하면 핀이 제거되고 Shift 를 누른 채 핀을 클릭하면 여러 개의 핀을 동시에 선택할 수 있습니다.

10 오른쪽 조형물 이미지를 선택하고 다시 [Edit]-[Puppet Warp] 메뉴를 실행합니다. 하단과 다리 관절에 핀을 만든 후 Alt 를 누른 채 커서를 핀 주변으로 이동시키면 원이 표시됩니다. 클릭, 드래그하여 원하는 각도로 변경합니다.

11 동일한 방법으로 머리에 핀을 만들고 아래로 구부린 후 각도를 변경합니다. 옵션 막대의 [OK] 버튼을 눌러 모양을 완성합니다.

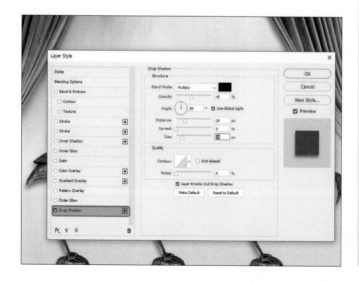

12 조형물 이미지 레이어를 모두 선택하고 Ctrl +G 를 눌러 그룹으로 묶습니다. 그룹 레이어를 더블 클릭하고 Drop Shadow 스타일을 적용합니다.

실전문제

01. Puppet Warp 명령으로 탑의 모양을 변형시켜 보세요.

준비파일 | Sample〉part03〉p03-21-02.jpg   **완성파일** | Artwork〉part03〉p03-21-02.psd

Hint 1. [File]-[Open] 명령으로 준비된 소스 파일을 불러옵니다.
　　 2. 빠른 선택 툴로 시계탑을 드래그한 후 다각형 올가미 툴로 선택 영역을 다듬습니다.
　　 3. [Ctrl]+[J]를 눌러 선택 영역을 복제하고 [Edit]-[Puppet Warp] 메뉴를 실행합니다.
　　 4. 모드를 Distort로 설정하고 탑 아래 건물을 클릭하여 고정 핀을 생성합니다.
　　 5. 시계탑 꼭대기를 클릭하고 드래그하여 탑을 변형한 후 키보드의 [Enter]를 누릅니다.

02. Puppet Warp 기능으로 깃발이 나부끼는 모양을 변형하여 보세요.

준비파일 | Sample〉part03〉p03-21-03.jpg   **완성파일** | Artwork〉part03〉p03-21-03.psd

Hint 1. [File]-[Open] 명령으로 준비된 소스 파일을 불러옵니다.
　　 2. 빠른 선택 툴로 깃발을 선택한 후 [Ctrl]+[J]를 눌러 선택 영역을 복제합니다.
　　 3. [Edit]-[Puppet Warp] 메뉴를 실행하고 핀을 생성하여 깃발의 모양을 변형시킵니다.
　　 4. [Shift]를 누른 채 고정 핀을 클릭하면 핀이 추가로 선택할 수 있고, [Alt]를 누른 채 개별 핀 근처로 커서를
　　　 가져가면 각도를 변경할 수 있습니다. 변형을 완료하면 키보드의 [Enter]를 클릭합니다. Backgruond 레이어를
　　　 선택하고 깃발을 선택 영역으로 다시 지정한 후 [Shift]+[F5]를 눌러 내용 인식 채우기를 실행합니다.

중첩된 레이어 스타일로 네온사인 효과 적용하기

레이어 스타일을 활용하면 금속, 유리, 나무 등의 질감이나 석양, 빛바랜 사진 등의 특수 효과를 적용할 수 있습니다. 이전 시간에 레이어 스타일을 소개하고 적용하는 방법에 대해 학습했다면 이번 시간에는 도형 툴로 모양을 만들고 네온사인 효과를 적용하면서 레이어 스타일을 활용하는 방법에 대해 알아봅시다. 더불어 도형 툴로 모양을 다룰 때 작업 시간을 단축시킬 수 있도록 단축키 사용 연습을 해봅시다.

Zoom In
알찬 예제로 배우는
레이어 중첩을
활용한 특수 효과

준비 파일 Sample〉part03〉p03-22-01.jpg
완성 파일 Artwork〉part03〉p03-22-01.psd

Keypoint Tool

_ **모서리가 둥근 직사각형 도구** 설정한 모서리 반경으로 모서리가 둥근 직사각형을 그립니다. 모서리 반경을 개별적으로 편집할 수 있습니다.

_ **모양 병합 구성 요소** 겹치는 모든 구성 요소를 하나의 구성 요소로 만듭니다.

Knowhow

_ 단일 레이어에 포함된 여러 가지 모양 정렬은 패스 선택 후 옵션 막대의 패스 정렬 팝업 메뉴에서 실행합니다.

_ 각각의 레이어에 포함된 모양 정렬은 이동 툴의 옵션 막대에서 할 수 있습니다.

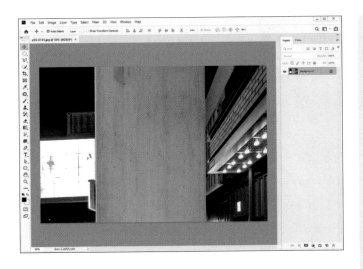

01 [File]-[Open] 메뉴를 실행하여 "Sample〉part03" 폴더 안의 "p03-22-01.jpg" 파일을 불러옵니다.

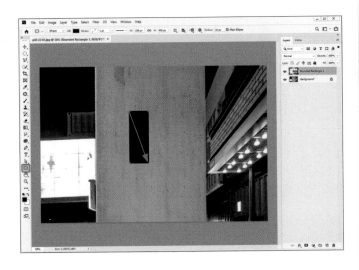

02 툴 패널에서 모서리가 둥근 직사각형 툴(□)을 선택하고 길쭉한 직사각형을 만듭니다.

03 Ctrl + Alt 를 누른 채 옆으로 이동하여 복제합니다. Ctrl + T 명령으로 90° 회전시키고 처음에 만든 직사각형 왼쪽 아래 가장자리에 맞춥니다.

강의노트 🖉

[View]-[Extras], [View]-[Show]-[Smart Guides], [View]-[Snap]에 체크하면 모양이나 선택 영역을 쉽게 정렬할 수 있습니다.

04 다시 모서리가 둥근 직사각형 툴(▢)을 선택하고 Ctrl + Alt 를 눌러 직사각형을 복제하고 Ctrl + T 명령으로 45° 회전시킵니다. 위치는 두 직사각형의 대각선으로 배치합니다.

강의노트 🖉

도형 툴 사용 중 Ctrl 을 누르면 누르는 동안 패스 선택 툴로 전환됩니다. 툴 패널에서 툴을 전환하지 않아도 되기 때문에 작업 시간을 상당히 단축시킬 수 있습니다.

05 옵션 막대의 패스 작업 항목에서 Merge Shape Components를 클릭하여 하나의 패스로 이뤄진 화살표를 만듭니다.

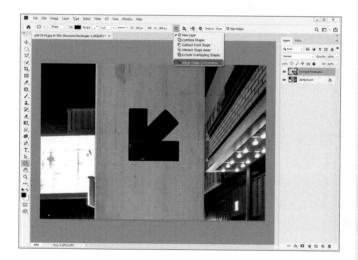

06 이번에는 화살표 보다 큰 원을 만들고 패스 작업의 모양 Exclude Overlapping Shapes를 클릭합니다.

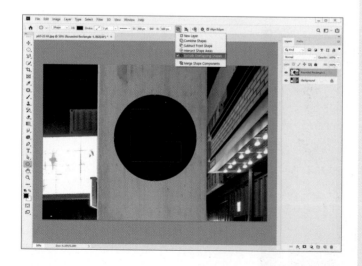

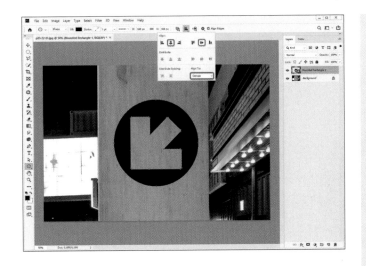

07 원에 화살표 모양의 구멍이 생기면 Ctrl + Shift 를 누르고 원과 화살표 패스를 선택합니다. 옵션 막대의 패스 정렬 항목에서 캔버스에 정렬을 선택한 후 수직 가운데, 수평 가운데를 클릭합니다.

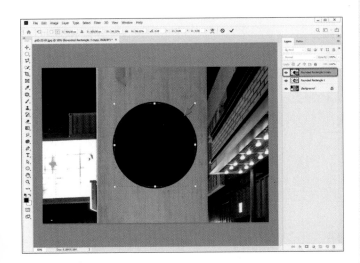

08 Ctrl + Shift 를 누른 채 화살표 패스를 클릭하여 패스 선택을 해제하고 Ctrl + J 를 누르면 원 모양이 복제됩니다. Ctrl + T 를 눌러 바운딩 박스를 표시하고 Shift + Alt 를 누른 채 모서리를 드래그하면 가운데를 중심으로 크기를 조절할 수 있습니다. 원래 크기보다 약간 작게 조절합니다.

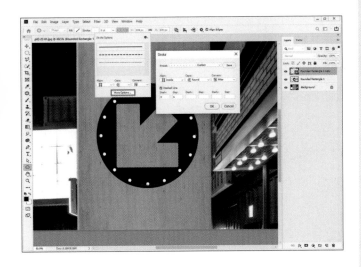

09 옵션 막대에서 그림과 같이 칠과 More Options을 클릭하여 획 옵션을 설정합니다.

강의노트 ✏️

획 색상은 원판과 같은 검은색으로 설정합니다. 과정 중에는 색이 겹쳐 보이지 않기 때문에 밝은색으로 설정하였습니다. 또한 원의 크기에 따라서 점선의 간격이 일정하지 않을 수 있으므로 화면과 같은 간격으로 조절해 줍니다.

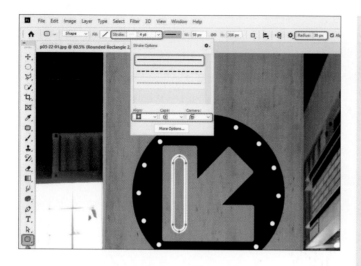

10 다시 모서리가 둥근 직사각형 툴 (□)을 선택하고 옵션 막대에서 획의 종류는 실선, 색상은 흰색, 두께는 4pt, Radius는 30px, 획 옵션의 정렬을 중앙, 모서리를 원으로 설정하고 앞에서 만든 방법으로 작은 화살표를 만듭니다.

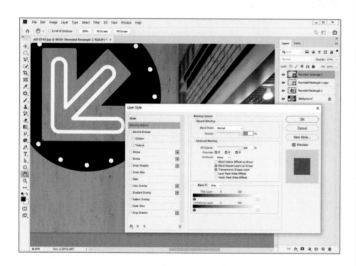

11 이제는 작은 화살표에 네온사인 효과를 적용하기 위해 Layer Style 대화상자를 불러옵니다. 적용된 효과를 바로 확인할 수 있게 화면을 확대하고 대화상자를 배치합니다.

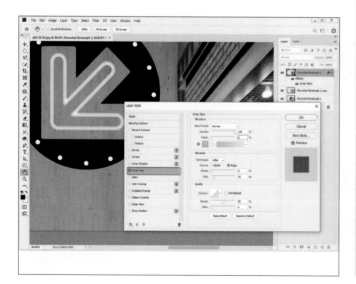

12 우선 내부의 발광 효과를 내기 위해 그림과 같이 Inner Glow 효과를 적용합니다.

강의노트 🖉

Layer Style 대화상자가 나타나면 사용 중이던 모든 도구는 손바닥 툴로 전환되어 화면을 이동시킬 수 있습니다. Ctrl 혹은 Alt 를 누르면 돋보기 툴로 전환됩니다.

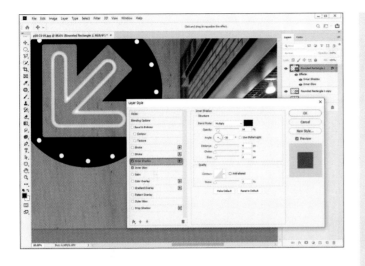

13 입체감을 더하기 위해 그림과 같이 Inner Shadow를 추가합니다.

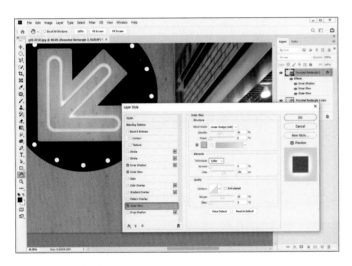

14 빛이 외부로 퍼지는 효과를 적용하기 위해 그림과 같이 Outer Glow 스타일을 추가하고 [OK] 버튼을 클릭합니다.

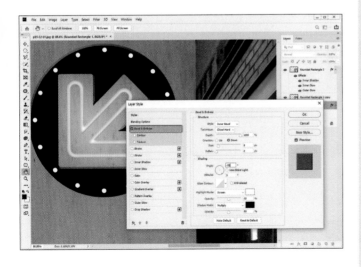

15 이번에는 화살표 모양으로 뚫린 원판 레이어를 선택하고 Layer Style 대화상자를 불러옵니다. Bevel & Emboss 효과를 그림과 같이 적용하여 입체 효과를 냅니다.

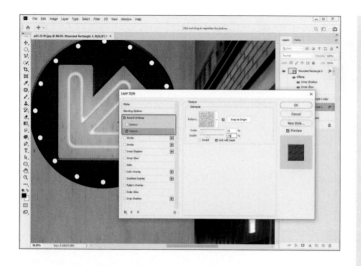

16 Bevel & Emboss에 Texture를 적용합니다. 패턴은 Extra Heavy Canvas로 선택합니다.

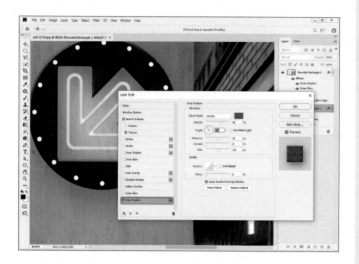

17 이번에는 가장 연하고 넓게 퍼지 는 그림자를 만들기 위해 Drop Shadow에 체크하고 그림과 같이 옵션 을 적용합니다.

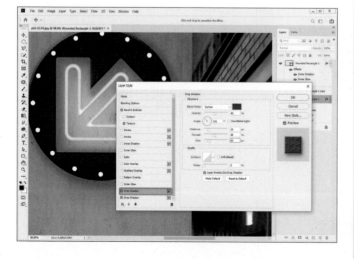

18 Drop Shadow를 추가하고 중간 톤의 그림자를 추가합니다.

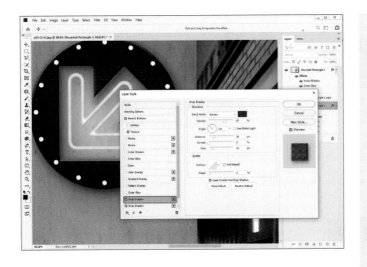

19 Drop Shadow를 하나 더 추가하고 가장 어두운 그림자를 추가합니다.

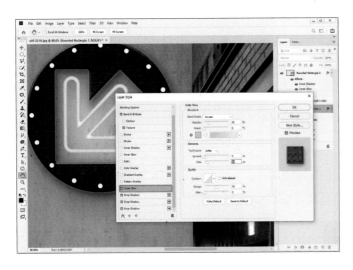

20 마지막으로 네온사인 불빛이 반사되는 것을 표현하기 위해 Outer Glow를 적용한 후 [OK] 버튼을 클릭합니다.

21 Alt 를 누른 채 원판의 Bevel & Emboss를 복제했던 모양 레이어로 드래그한 후 놓으면 같은 스타일이 적용됩니다. 점선의 획 색을 검은색으로 변경합니다.

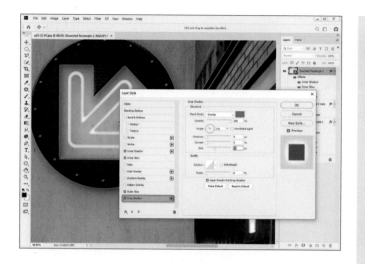

22 화살표 레이어를 선택하고 Drop Shadow 스타일을 추가합니다. 원판 아래쪽 빛을 붉은 계열로 했기 때문에 화살표 네온 사인에도 붉은 계열의 퍼지는 그림자를 추가합니다.

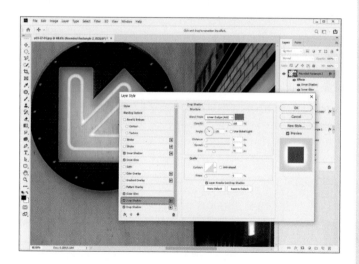

23 위에서 만든 그림자보다 좀 더 진하고 가깝게 드리우는 그림자를 추가합니다.

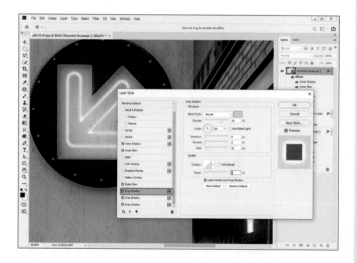

24 마지막으로 그림자와 대비되는 네온 사인의 노란 불빛을 추가하고 작업을 완료합니다.

 실전문제

01. 레이어 스타일로 장식과 텍스트에 오래된 금속 느낌을 적용하여 보세요.

준비파일 | Sample)part03)p03-22-02.psd   **완성파일** | Artwork)part03)p03-22-02.psd

Hint 1. [File]-[Open] 명령으로 준비된 소스 파일을 불러옵니다.
2. 문자 레이어를 선택한 후 Layers 패널 하단의 *fx* 를 클릭하고 Bavel & Emboss를 선택합니다.
3. Layer Style 대화상자에서 Inner Bavel 스타일을 적용하고 금속 느낌이 나도록 음영 색상과 혼합 모드를 설정합니다. 매끄럽지 않은 오래된 금속 느낌을 적용하기 위해 Texture도 적용합니다.
4. 그레이디언트 오버레이 효과에서 금속 사전 설정을 적용한 후 그림자도 적용합니다.
5. [OK] 버튼을 클릭하여 스타일 적용을 완료한 후 [Alt]를 누른 채 문자 레이어에 적용한 효과를 모양 레이어로 드래그하여 복제합니다.

02. 레이어 스타일로 창문에 맺힌 물방울 효과를 만들어 보세요.

준비파일 | Sample)part03)p03-22-03.jpg   **완성파일** | Artwork)part03)p03-22-03.psd

Hint 1. [File]-[Open] 명령으로 준비된 소스 파일을 불러옵니다.
2. 새 레이어를 만들고 사각형 선택 윤곽 도구로 창문을 선택 영역으로 지정합니다.
3. Brush 패널을 열고 원형 브러시의 간격과 모양, 분산 옵션의 지터를 조정하여 흩뿌려지는 브러시 모양을 만든 후 화면을 칠합니다. 브러시 자국이 너무 겹치지 않도록 칠합니다.
4. [Filter]-[Liquify] 메뉴를 실행하고 위에서 칠한 브러시 자국의 모양을 변형합니다.
5. 브러시 크기를 작게 조정하고 작은 물방울을 추가로 그려 넣은 후 [Ctrl]+[D]를 눌러 선택 영역을 해제합니다.
6. 레이어의 칠 Opacity를 0으로 조정한 후 Layer Style에서 Bavel & Emboss, Inner Shadow, Inner Glosw를 적용합니다.

3D 개체 만들기

3D 개체를 구성하는 것은 3가지입니다. 개체의 기본 구조를 시각화한 메시와 표면의 질감과 색을 입히는 재질, 좀 더 현실감을 부여하는 조명. 이 세 가지를 기억하고 메시, 재질, 조명 순으로 3D 개체를 만들어 가면 어렵지 않게 원하는 3D 개체를 만들 수 있습니다.

Zoom In
알찬 예제로 배우는
**3D 개체를
활용**

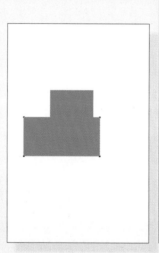

완성 파일 Artwork〉part03〉p03-24-01.psd

Keypoint Tool

_ **3D 돌출 만들기** 레이어, 작업 패스, 선택 영역 및 모양을 3차원으로 확장할 수 있습니다.

_ **렌더 3D** 작업을 완료하고 렌더를 실행하면 3D 개체의 질감, 그림자를 좀 더 사실적으로 만듭니다.

Knowhow

_ **제어 모드 전환** 이동 툴로 3D 개체나 배경, 조명을 클릭하면 자동으로 클릭한 요소의 제어 모드로 전환됩니다.

_ **3D 파일 저장** 3D 모델 위치, 조명, 렌더 모드 및 횡단면을 유지하려면 3D 레이어가 있는 파일을 PSD, PSB, TIFF 또는 PDF 형식으로 저장합니다.

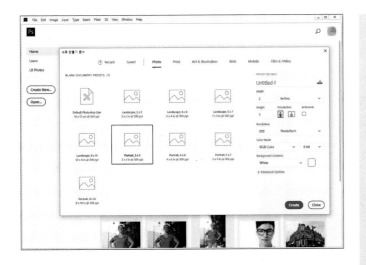

01 [File]-[Create New] 메뉴를 실행하여 새 문서를 만듭니다.

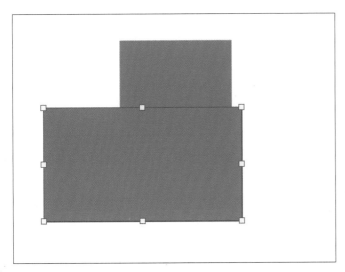

02 툴 패널에서 사각형 툴(□)을 선택하고 그림과 같이 큰 박스와 작은 박스를 겹쳐 그립니다.

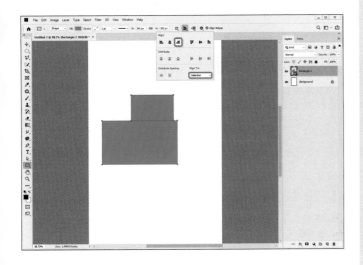

03 도형 레이어를 모두 선택하고 Ctrl+E를 눌러 두 레이어를 합칩니다. Ctrl+Shift를 누른 채 사각형을 모두 클릭한 후 옵션 막대의 패스 정렬, 오른쪽 가장자리를 선택합니다.

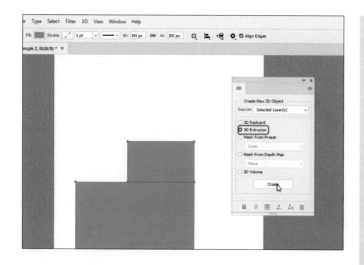

04 [Window]-[3D]로 3D 패널을 불러온 후 선택한 레이어로 3D Extrusion을 실행합니다.

강의노트

3D Extrusion을 실행할 때 3D 작업 환경으로 바꾸겠냐는 대화상자가 나타납니다. 현재 작업 환경을 유지하려면 NO 버튼을 클릭합니다.

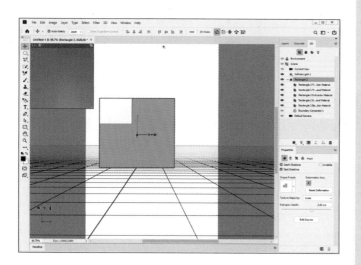

05 작업 공간이 3D 작업 공간으로 전환되고 3D 보조 보기와 지표 평면, 3D 메시 테두리 상자 및 3D 축이 나타납니다.

강의노트

[보기]-[표시] 메뉴에서 3D 관련 보기 항목을 숨기거나 표시합니다.

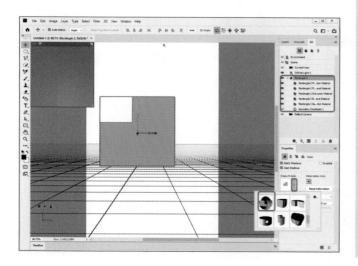

06 Properties 패널에서 []를 눌러 모양 사전 설정을 활성화한 후 Bend X 360 Right를 선택합니다.

강의노트

3D 개체가 선택되면 3D 메시 테두리 상자와 3D 축이 표시되고 3D 패널에도 사각형 2 레이어가 활성화됩니다.

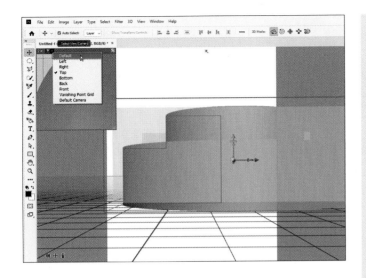

07 모양이 2단 케이크처럼 바뀐 것을 볼 수 있습니다. 전체 모양을 확인할 수 있도록 왼쪽 상단의 보기를 Default으로 변경합니다.

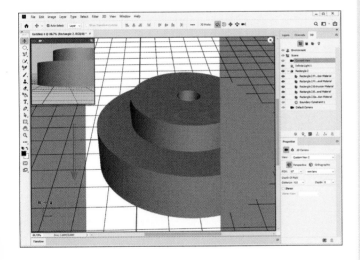

08 배경을 클릭하면 화면 테두리에 노란색 띠가 생기면서 카메라 제어 모드가 됩니다. 아래로 드래그하여 3D 개체의 윗면이 보이도록 시점을 변경합니다.

강의노트 🖉

만약 배경을 클릭한 후 드래그해도 원하는 각도를 만들 수 없다면, 좌측 하단에 3D 카메라 궤도 회전, 팬, 이동 아이콘을 클릭한 후 드래그합니다.

09 가운데 구멍을 없애기 위해 다시 3D 개체를 클릭하고 Properties 패널에서 Extrusion Depth를 0.01로 입력합니다. 이번에는 전체 모양을 변경하기 위해 Edit Source 버튼을 클릭합니다.

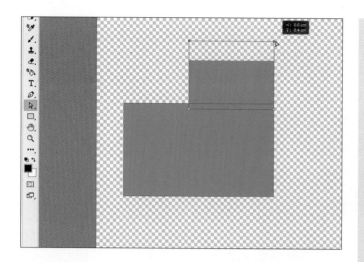

10 소스가 별도의 파일로 열리면 직접 선택 도구(▷)로 모양을 변경하고 Ctrl+S나 [File]-[Save] 메뉴를 실행합니다.

11 소스를 변경한 내용이 3D 개체에 반영된 것을 확인할 수 있습니다.

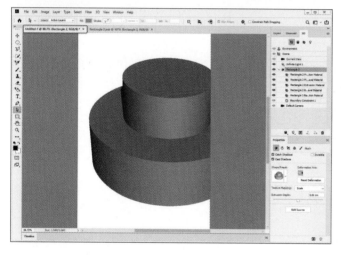

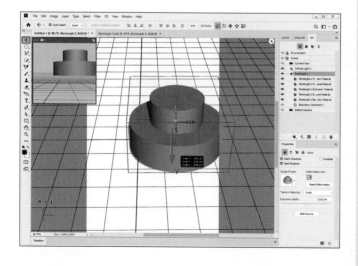

12 이동 툴(✛)을 선택하면 다시 지표 평면과 보기 창이 표시됩니다. 개체를 선택하고 3D 축의 가운데 정육면체로 마우스 포인터를 가져가면 노란색으로 색이 변합니다. 노란색으로 변했을 때 클릭하고 아래로 드래그하면 크기가 작아집니다.

강의노트 🖉

3D 축은 x, y, z 축과 각 축의 원뿔, 선분, 육면체와 중앙의 정육면체로 구성되어 있습니다. 원뿔은 위치, 선분은 각도, 육면체는 크기를 제어합니다.

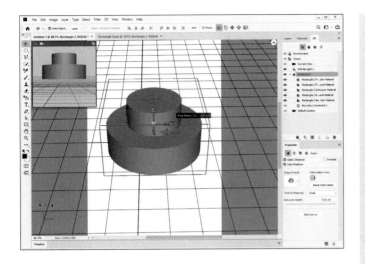

13 화면 중앙으로 개체를 이동시키기 위해 x 축 원뿔에 커서를 가져가고 노란색으로 색이 변하면 왼쪽으로 드래그합니다.

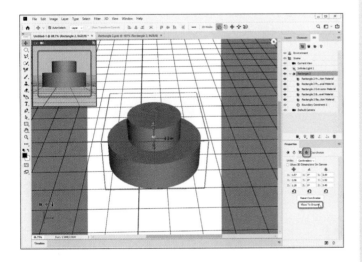

14 Properties 패널에서 Coordinates를 선택하고 Move To Ground을 클릭합니다. 보조 보기에서 공중이 떠 있던 케이크가 지표에 놓인 것을 확인할 수 있습니다.

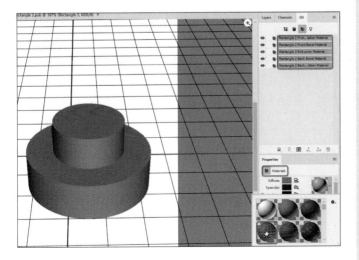

15 이번에는 3D 패널에서 질감으로 필터링합니다. 케이크의 모든 질감 레이어를 선택한 후 Properties 패널의 Meterials 사전 설정에서 Fun Texturde를 선택하면 해당 텍스처가 3D 개체에 입혀집니다.

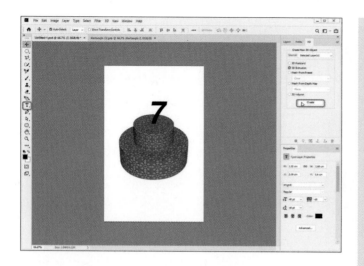

17 케이크 위에 올릴 숫자 초를 만들기 위해 수평 문자 툴(T.)을 선택합니다. 숫자를 입력하고 3D 패널에서 선택한 레이어로 3D Extrusion을 실행합니다.

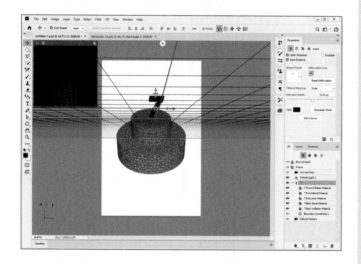

18 앞서 만든 케이크와는 다른 3차원 공간에 3D 개체로 만들어 집니다.

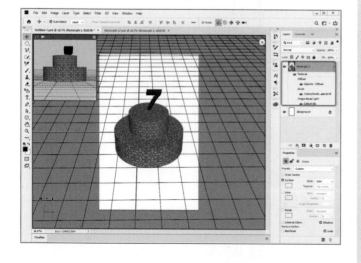

19 Layers 패널로 돌아가 문자 레이어와 사각형 3D 레이어를 선택하고 Ctrl + E를 누르면 같은 3D 공간에 2개의 개체로 합쳐집니다.

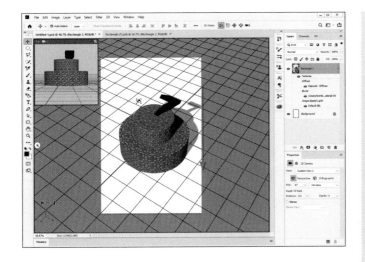

20 화면을 클릭하고 아래로 드래그
하여 문자 레이어로 만들어진 3D
개체가 더 잘 보이도록 합니다.

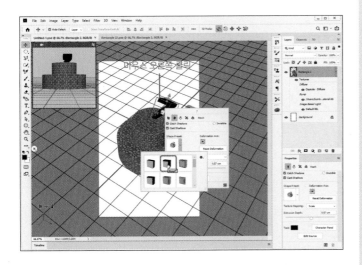

21 숫자 3D 개체를 마우스 오른쪽
버튼으로 클릭하면 숫자 3D 개체
주위로 검은색 3D 메시 테두리 상자가
표시되며 Properties 패널의 내용이 팝
업 창으로 나타납니다. 모양 사전 설정
과 돌출 심도를 적당히 조정합니다.

강의노트 🖉

화면 테두리가 노란색으로 표시된 카메라 제어
모드이나 검은색 3D 메시 테두리가 나타났을
때 마우스 오른쪽 버튼을 클릭하면 메시 위치를
설정할 수 있습니다.

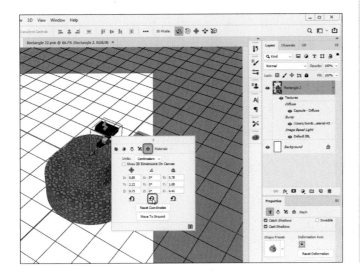

22 팝업창의 Coordinates 아이콘을
선택하고 Reset rotation을 클릭
하면 기울었던 숫자 3D 개체가 똑바르
게 조정됩니다.

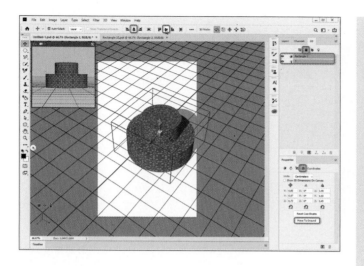

23 숫자 3D 개체를 클릭하고 Properties 패널 좌표의 Move To Ground 버튼을 클릭합니다. 케이크 가운데 숫자를 위치시키기 위해 3D 패널에서 사각형 2와 숫자 메시를 선택하고 옵션 막대의 수직 가운데 정렬, 수평 중앙 정렬을 클릭합니다.

강의노트

카메라 제어 모드에서는 3D 개체가 여러 개일 때 지표로 이동 명령을 개별적으로 적용할 수 없습니다.

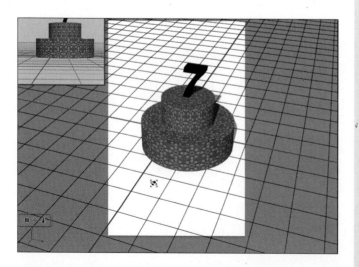

24 다시 숫자 3D 개체 메시만 선택한 후 Y축으로 이동시킵니다.

25 배경을 클릭하고 3D 카메라 궤도와 3D 카메라 팬을 움직여 시점을 조정합니다.

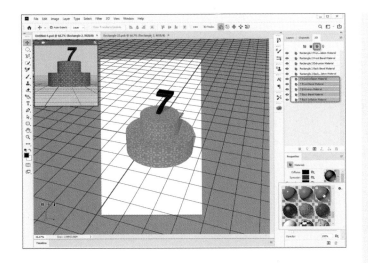

26 3D 패널에서 질감으로 필터링합니다. 숫자 3D 개체의 재질을 모두 선택한 후 Properties 패널 사전 설정 Materials를 선택하면 숫자 3D 개체에 선택한 재질이 입혀집니다.

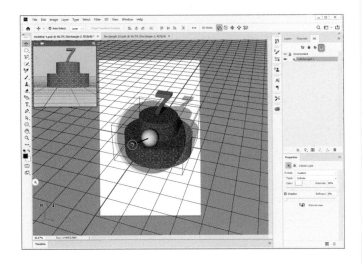

27 3D 패널에서 조명으로 필터링하고 핸들을 움직여 빛의 각도를 조정합니다.

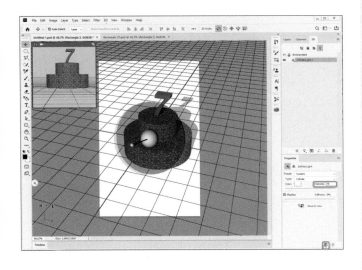

28 조명 강도를 조절하는 조도를 70%로 낮추고 패널 하단의 렌더 아이콘을 클릭합니다.

강의노트 ✏️

렌더란 개체의 질감, 그림자를 좀 더 사실적으로 만드는 작업입니다.

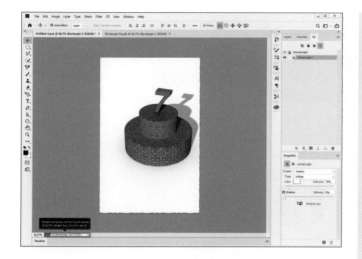

29 화면 왼쪽 하단에 렌더 진행률과 남은 시간이 표시됩니다. ESC 를 누르면 렌더를 취소할 수 있습니다.

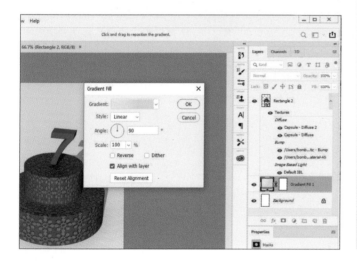

30 마지막으로 Layers 패널로 돌아 온 후 배경 레이어 위에 그레이디 언트 칠 레이어를 만들고 원하는 그레이 디언트로 채웁니다.

보충수업 3D 패널 알아보기

이전 버전에서는 포토샵에서 만든 3D 개체를 인쇄하려면 프린팅이 가능한 파일로
변환하기 위해 변환 프로그램이 필요했습니다. 그러나 Photoshop CC에서는 3D
인쇄를 사용하여 실제 3D 디자인을 3D 프린터 또는 온라인 서비스로 모델을 인쇄할 수
있습니다. 또한, VRML, U3D, PLY, IGES 등 새로운 파일 포맷 지원으로 3D 워크플로우를
확장할 수 있습니다.

[3D 패널로 3D 개체 만들기]

3D 패널에서 선택한 레이어, 작업 패스, 현재 선택, 파일 중 소스를 지정하고 아래
3D 만들기를 설정합니다. 3D 엽서나 3D 볼륨은 선택한 레이어를 3D 환경에
이미지를 배치하거나 볼륨을 만듭니다. 텍스트나 원하는 모양의 3D 개체를 만들
때는 3D 돌출 만들기를 실행합니다.

❶ **3D Extrusion** : 선택한 레이어나 패스, 선택 영역, 텍스트로 3D 개체를 만듭니다. 3D 패널의 다른 3D 만들기
와 달리 3D 개체의 돌출 설정이나 표면의 모양 등 메시 옵션을 하나 하나 설정할 수 있습니다.

• Mesh
1. Shape Preset : 18개의 돌출 형태 사전 설정을 제공합니다.
2. Deformation Axis : 변형 기준점을 설정합니다.
3. Texture Mapping : 텍스처 매핑 유형을 설정합니다.
4. Extrusion Depth : 돌출 깊이를 설정합니다. 음수 값 적용도 가능합니다.
5. Edit Source : 소스로 사용한 내용이 별로의 파일로 불려와 편집할 수 있습니다.

• Deform
돌출 모양의 깊이, 크기, 소점의 각도, 휘어짐 등의 세부 옵션을 설정합니다.

• Cap
전, 후면의 부풀리기 각도와 강도를 설정합니다.

❷ **Mash From Preset** : 사전 설정 메시로 만들 수 있는 3D 개체는 총 12가지입니다. 선택한 레이어의 내용을 재질로 사용하여 3D 개체를 만들며, 만들어진 개체의 재질, 조명을 달리하며 다양한 개체 표현이 가능합니다.

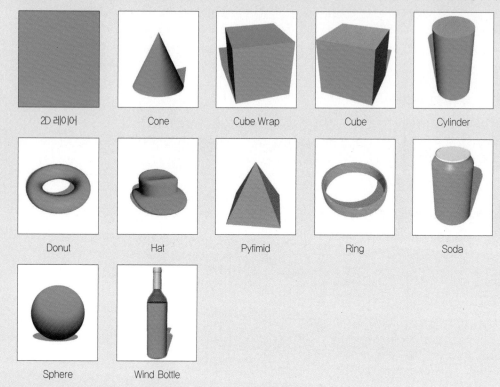

2D 레이어	Cone	Cube Wrap	Cube	Cylinder
Donut	Hat	Pyfimid	Ring	Soda
Sphere	Wind Bottle			

❷ **Mash From Depth Map** : 선택된 레이어의 명암을 구분하여 3D 메시를 만듭니다.

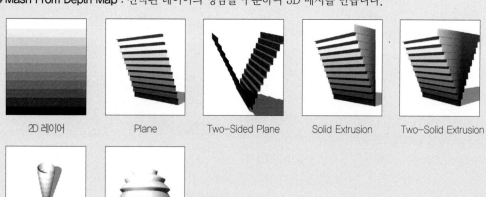

2D 레이어	Plane	Two-Sided Plane	Solid Extrusion	Two-Solid Extrusion
Cylinder	Sphere			

 실전문제

01. 완성한 3D 개체의 내용을 수정하고 색상과 크기를 변경하여 보세요.

준비파일 | Sample)part03)p03-24-01.psd

완성파일 | Artwork)part03)p03-24-02.psd

Hint 1. [File]-[Open] 명령으로 준비된 소스 파일을 불러옵니다.

2. Layers 패널에서 3D 레이어를 선택하고 3D 패널에서 숫자 3D 개체의 메시를 선택합니다.

3. Properties 패널에서 소스 편집 버튼을 클릭하고 새 창으로 소스 파일이 열리면 텍스트를 변경합니다. 텍스트 변경 후 Ctrl+S를 눌러 저장합니다.

4. 원래 파일로 돌아와 변경된 문자 3D 개체를 선택하고 3D 축으로 크기와 위치를 조정합니다. 배경을 클릭하고 카메라 위치도 조정합니다.

5. 문자 3D 개체의 재질을 모두 선택하고 Properties 패널에서 확산 항목의 색상을 변경합니다.

6. 조명 위치를 조정한 후 렌더 아이콘을 클릭합니다. 렌더링이 완료되면 그레이디언트를 변경하고 [File]-[Save As] 메뉴로 저장합니다.

02. 3D 기능으로 입체적인 로고를 만들어 보세요.

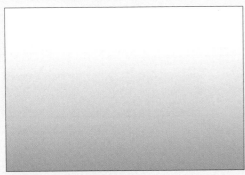

준비파일 | Sample)part03)p03-24-03.jpg

완성파일 | Artwork)part03)p03-24-03.psd

Hint 1. [File]-[Open] 명령으로 준비된 소스 파일을 불러옵니다.

2. 사용자 정의 모양 도구와 수평 문자 툴로 2D 로고를 그린 후 Ctrl+E를 눌러 두 레이어를 합칩니다.

3. 3D 패널에서 선택한 레이어로 3D Extrusion을 실행합니다. 3D 작업 공간이 나타나면 이동 도구로 3D 개체를 선택하고 Properties 패널에서 모양 사전 설정과 돌출 심도를 설정합니다.

4. 3D 패널에서 필터링을 질감으로 한 후 모든 질감을 선택하고 Properties 패널에서 재질과 옵션을 설정합니다.

5. 마지막으로 조명 위치를 조정한 후 렌더 아이콘을 클릭합니다.

애니메이션 기능으로
움직이는 사진 만들기

이번 시간에는 한때 인터넷상으로 유행하던 축전이나 움짤(움직이는 사진)을 만들 수 있는 애니메이션 기능에 대해 학습합니다. 준비된 예제 이미지에 여러 각도의 조명을 그려 넣은 후 애니메이션 패널에 프레임을 추가하고 조명 순서를 바꾸면 움직이는 불빛 쇼 이미지를 완성할 수 있습니다. 타임라인 패널의 세부 옵션과 움직이는 이미지를 저장하는 방법에 대해 알아봅시다.

Zoom In
알찬 예제로 배우는
움직이는
이미지 만들기

준비 파일 Sample〉part03〉p03-25-01.jpg
완성 파일 Artwork〉part03〉p03-25-01.gif

Keypoint Tool

_ 페더 선택 영역의 외곽을 부드럽게 처리합니다.
_ 렌즈 플레어 필터 강한 빛이 카메라 렌즈에 반사됐을 때 생기는 빛 번짐 현상을 적용합니다.

Knowhow

_ 미리 보기 타임라인 패널 하단의 재생 버튼을 누르면 적용된 애니메이션을 미리 볼 수 있습니다.
_ 웹용으로 저장 웹용으로 저장 메뉴를 실행하고 확장자를 gif로 설정하면 움직이는 이미지로 저장됩니다.

01 [File]-[Open] 메뉴를 실행하여 "Sample>part03" 폴더 안의 "p03-25-01.jpg" 파일을 불러옵니다.

02 새 레이어를 만들고 다각형 올가미 툴( )을 선택합니다. 옵션 막대에서 Feather 값을 10px로 설정합니다.

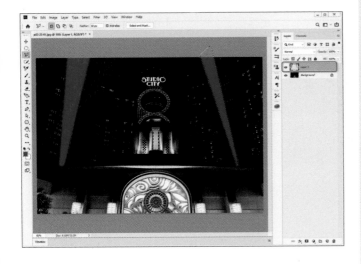

03 조명을 적용할 영역을 그린 후 전경색을 파란색으로 지정하고 Alt + Delete 를 눌러 채웁니다.

04 `Ctrl`+`D`를 눌러 선택 영역을 해제하고 레이어 혼합 모드를 Screen으로 설정합니다. Layers 패널 하단의 아이콘을 눌러 레이어 마스크를 적용합니다.

05 추가된 레이어 마스크를 선택한 후 브러시 툴(브러시)을 선택하고 브러시 가장자리와 불투명도를 조절한 후 조명의 끝부분과 가장자리가 약간 흐릿해지도록 칠해줍니다.

06 동일한 방법으로 레이어를 만들고 조명을 추가합니다.

07 Background 레이어를 복제하고 가장 위에 배치합니다.

08 복제한 레이어를 고급 개체 레이어로 변환한 후 [Filter]-[Render]- [Lens Flare] 메뉴를 실행합니다. 건물 이름에 Movie Frime을 적용합니다.

강의노트 ✏️

Lens Flare란 카메라 촬영 시 강한 빛이 렌즈에 반사됐을 때 생기는 빛 번짐 현상을 일컫습니다. Lens Flare 대화상자 미리 보기에서 효과를 적용할 위치를 조정할 수 있습니다.

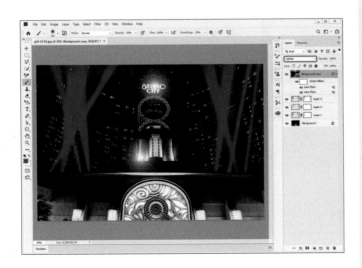

09 다시 [Filter]-[Ren der]- [Lens Flare] 메뉴를 실행하여 Movie Frime 현상을 추가한 후 레이어의 혼합 모드를 Lighten로 설정합니다.

10 [Window]–[Timeline] 메뉴로 타임라인 패널을 불러오고 Create Frame Animation 버튼을 클릭합니다.

11 화면에 보이는 장면이 애니메이션 프레임으로 만들어진 것을 확인할 수 있습니다. 배경을 제외한 모든 레이어의 눈 아이콘을 클릭하여 화면에 보이지 않게 합니다.

강의노트 🖉

[Alt]를 누른 채 배경 레이어 눈 아이콘을 클릭하면 배경 레이어를 제외한 모든 레이어의 보기를 숨길 수 있습니다.

12 Timeline 패널의 🔲 아이콘을 클릭하면 선택한 프레임이 복제됩니다. Layers 패널에서 첫 번째 조명 레이어와 복제한 배경 레이어의 눈 아이콘을 클릭하여 나타나게 합니다.

13 다시 프레임을 복제하고 두 번째 조명과 배경 레이어만 보이게 설정합니다.

14 동일한 방법으로 프레임을 복제한 후 세 번째 조명 레이어와 고급 필터 내용이 보이게 설정합니다.

15 이번에는 프레임을 추가한 뒤 고급 필터 내용은 숨기고 두 번째 조명과 세 번째 조명이 보이게 설정합니다.

16 마지막으로 프레임을 복제한 후 고급 필터 내용과 모든 조명이 보이게 설정합니다.

17 Timeline 패널에서 첫 번째 프레임을 복제한 후 프레임 끝으로 이동시킵니다.

18 이번에는 6, 7번째 프레임을 선택하고 🔲 아이콘을 두 번 클릭하면 6, 7번째 프레임이 두 개씩 복제됩니다. 11번째 프레임은 🗑을 눌러 삭제합니다.

19 첫 번째 프레임을 클릭하고 Shift 를 누른 채 여섯 번째 프레임을 클릭하여 선택합니다. 프레임 하단의 초 설정을 클릭하고 1.0으로 설정합니다.

강의노트 ✎

설정한 시간은 해당 프레임이 화면에서 보이는 시간입니다.

20 7~9번째 프레임은 프레임 지연 시간을 0.2초로 설정하고 10번째 프레임은 2초로 설정합니다.

강의노트 ✎

타임라인 패널의 재생 버튼을 눌러 애니메이션을 확인해 볼 수 있습니다.

21 애니메이션 재생을 계속으로 변경하고 [File]-[Export]-[Save for Web(Legacy)] 메뉴를 실행합니다. 파일 형식은 GIF로 설정합니다.

실전문제

01. 준비된 파일로 이미지 색상이 변하는 6 프레임 애니메이션을 만들어 보세요.

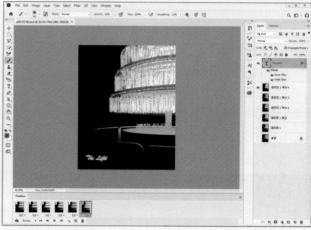

준비파일 | Sample〉part03〉
         p03-25-02.jpg

완성파일 | Artwork〉part03〉p03-25-02.gif

Hint 1. [File]-[Open] 명령으로 준비된 소스 파일을 불러옵니다.
     2. 키보드의 [Ctrl]+[J]를 5번 눌러 Background 레이어를 복제합니다.
     3. [Image]-[Adjustments]-[Hue/Saturation] 명령으로 이미지의 색상을 변경합니다.
     4. 나머지 레이어들도 [Image]-[Adjustments]-[Hue/Saturation] 명령으로 색상을 변경합니다.
     5. 이번에는 수평 문자 툴로 문구를 입력하고 Inner Glow과 Outer Glow 스타일을 적용합니다. Layers 패널에서
        문자 레이어를 가장 위에 배치시킵니다.
     6. [Window]-[Timeline] 메뉴를 실행하고 프레임 애니메이션 만들기 버튼을 클릭합니다. 패널 메뉴를 클릭하고
        레이어에서 프레임 만들기 메뉴를 실행합니다. 모든 레이어가 각각의 프레임으로 만들어집니다.
     7. Timeline 패널에서 문자 프레임을 삭제한 후 1, 3, 5번째 프레임에 문자가 나타나도록 프레임 내용을 수정합니다.
     8. 프레임을 모두 선택한 후 프레임 지연 시간을 1.0초로 설정하고, 재생 횟수는 계속으로 변경합니다.
     9. [File]-[Export]-[Save for Web(Legacy)] 명령을 실행하여 GIF 파일로 저장합니다.

 실전문제

02. 애니메이션 기능으로 전파 수신이 안되는 티비 화면을 만들어 보세요.

준비파일 | Sample〉p03-25-02.jpgp03-25-03.jpg   **완성파일** | Artwork〉p03-25-02.jpgp03-25-03.gif

Hint 1. [File]-[Open] 명령으로 준비된 소스 파일을 불러옵니다.

2. 펜 툴로 티비 화면 가장자리를 따라 가며 패스를 만듭니다. 패스를 선택 영역으로 지정한 후 [Ctrl]+[Shift]+[I]를 눌러 선택 영역을 반전시킵니다. Layers 패널 하단의 ◘ 을 누르면 티비 화면에 마스크가 적용됩니다.

3. 화면 안쪽으로 그림자를 적용하기 위해 *fx.* 아이콘을 누르고 Outer Glow 스타일을 적용합니다.

4. 새 레이어를 추가하고 흰색 브러시로 오른쪽 티비 화면에 빛 반사를 그립니다. 혼합 모드는 Overlay로 설정합니다.

5. 다시 새 레이어를 추가하고 흰색으로 채웁니다. [Filter]-[Noise]-[Add Noise] 메뉴를 실행하여 컬러 노이즈를 두 번 추가한 후 Layers 패널 가장 아래에 배치합니다.

6. 움직이는 화면을 만들기 위해 노이즈 레이어 위로 새 레이어를 추가하고 높이가 다른 여러 개의 흰색 띠를 만든 후 [Filter]-[Blur]-[Gaussian Blur]를 적용합니다. 흰색 띠의 가로 길이는 화면 크기보다 길게 만듭니다.

7. 다시 새 레이어를 추가하고 높이가 다른 여러 개의 흰색 띠를 만든 후 [Filter]-[Blur]-[Gaussian Blur]를 적용합니다. 이때 흰색 띠의 위치는 6번 레이어와 다르게 합니다.

8. 흰색 띠 레이어 두개 모두 혼합 모드를 Overlay로 설정하고 Opacity를 50%로 조정합니다.

9. 오래된 티비 화면의 불룩함을 표현하기 위해 흰색 띠 레이어 모두 [Filter]-[Distort]-[Spherize] 필터를 적용합니다.

10. 이제 움직임을 만들기 위해 [Window]-[Timeline] 메뉴를 실행하고 프레임 애니메이션 만들기 버튼을 클릭합니다. 두 번째 흰색 띠 레이어를 숨긴 후 ◙ 아이콘을 눌러 프레임을 추가합니다.

11. 이번에는 첫 번째 흰색 띠 레이어를 숨기고 두 번째 흰색 띠 레이어를 표시합니다. 지연 시간은 0초, 재생횟수는 계속으로 변경합니다.

12. [File]-[Export]-[Save for Web(Legacy)] 명령을 실행하여 GIF 파일로 저장합니다.

알찬 예제로 배우는

Photoshop CC 20&19

2019년 9월 10일 초판 1쇄 인쇄
2019년 9월 20일 초판 1쇄 발행

지은이 : 김지연
펴낸이 : 양진오
펴낸곳 : (주)교학사
주　소 : (공장) 서울특별시 금천구 가산디지털1로 42 (가산동)
　　　　 (사무소) 서울특별시 마포구 마포대로14길 4 (공덕동)
전　화 : 02-707-5310(편집), 02-839-2505, 02-707-5147(영업)
팩　스 : 02-839-2728
등　록 : 1962년 6월 26일 〈18-7〉

교학사 홈페이지 주소
http://www.kyohak.co.kr